象棋
特级大师讲布局
骗着与对策

阎文清 张强 著

九州出版社
JIUZHOUPRESS

阎文清（左侧）与张强

阎文清、张强与他们的弟子唐丹（左一）、蒋川（左二）、尤颖钦（右一）

阎文清、张强与他们的弟子探讨布局

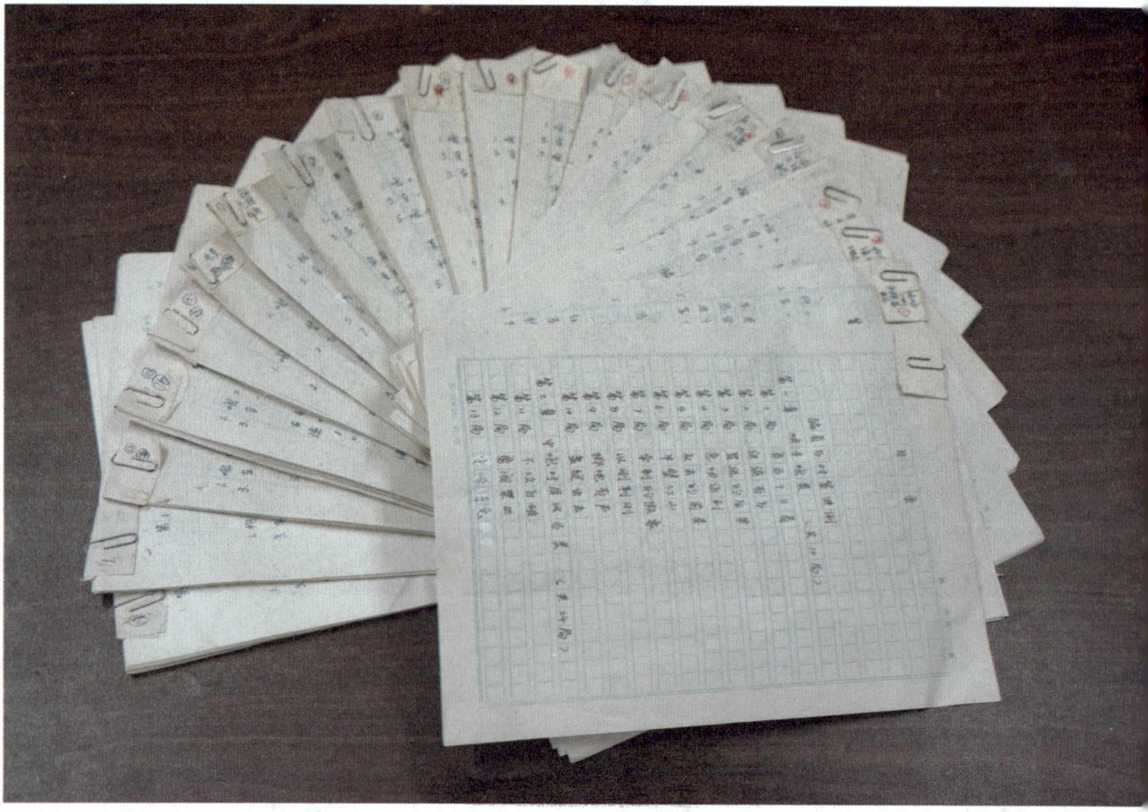

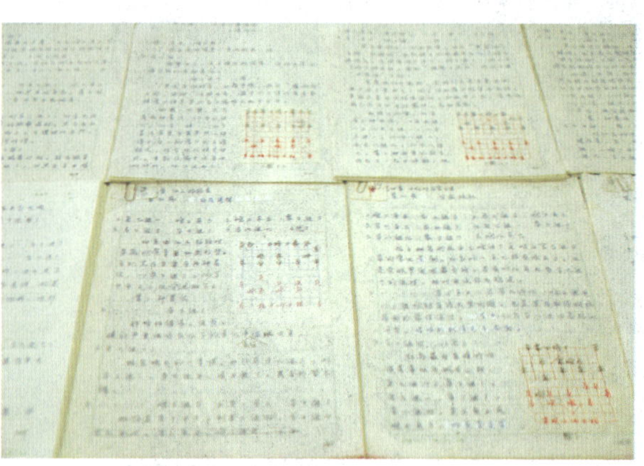

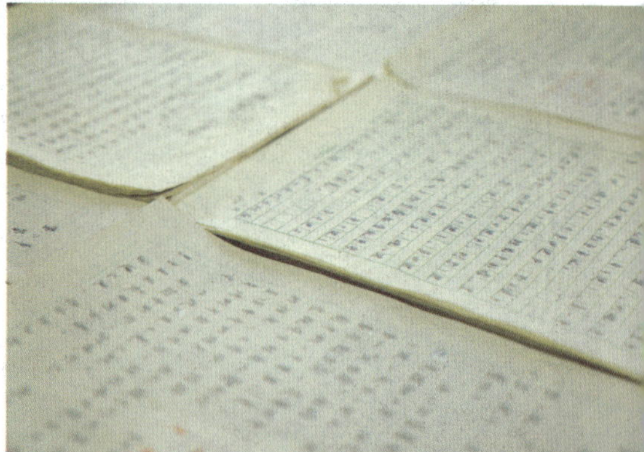

作者部分手稿展示

序

象棋艺术似博大广袤的崇山峻岭，深蕴着宏富的知识和智慧，又如浩瀚的海洋，翻腾着瑰丽迷人的浪花。

亲爱的读者，当你面对卷帙浩繁的象棋布局书籍，扼腕兴叹象棋布局如此之难的时候；当一本又一本专集、一册又一册“秘诀”、一把又一把“飞刀”、一颗又一颗“洲际导弹”让你眼花缭乱，不知所措的时候；当你感叹专集如此之多，究竟哪一本才是真正的布局秘籍的时候，可曾想到，阎文清、张强两位象棋特级大师早就与你共鸣了。

你可能已拜读过许多优秀的布局力作，但鱼龙混杂、良莠不齐的作品还是伤了你的兴致，被埋在书山之中，你又怎能超越布局领域中的重重障碍，揭开布局中那困人的谜团呢?

正当你彷徨不解时，阎文清、张强两位象棋特级大师用他们智慧的火花，写下了本套图书。

作者以强烈的责任心和使命感，站在大师的高度俯瞰象棋布局世界，以初级、中级水平读者为对象，从象棋艺术和文化的层面出发，标新立异，锐意创新，以敏锐的穿透力梳理了布局领域中经常出现的问题，甚至挖掘出了许多不被人注意的死角。我相信卓越的命题、精辟的分析、独领风骚的见地，定能使你从《定式与战理》中汲取从容谈兵的营养，从《骗着与对策》中体会击破骗着的兴奋，从《疑形与攻击》中享受攻击疑形的快乐！我相信此套图书对专业棋手也有借鉴价值。

布局定式是历代名家从实践中提炼出来的，总结了布局阶段一定回合内着法明显的合理性。在《定式与战理》篇中，作者对前人留存下的丰富翔实的资料做了系统而深入的分析，削其繁，取其精。对典型的定式进行了更合理的归纳和剖析，层次分明，析理透彻，启迪你寻求突破传统模式的途径。

布局骗着是在布局阶段某几个回合内，对弈者某方主动抛开“定式”，突然采取具有迷惑性、侵扰性的手段，有计划地弈出诱使对方应对失误从而上当受骗的着法。在《骗着与对策》篇中，作者以详备丰富的内容，新颖独特的见解，去伪存真，帮你揭开骗着的神秘面纱，并回之以最有效的反击！

布局疑形是在布局阶段内，由于对弈者某方缺乏针对性与合理性，或出于习惯性应对，下意识形成的带有隐形弱点的棋形结构。在《疑形与攻击》篇中，作者精辟地指出，何为疑形，怎样避免疑形，又怎样攻击疑形，帮助你建立优势，把握胜机。

本套图书以独特的笔触，为广大象棋爱好者勾勒出了一个精彩而神奇的布局世界，以定式为参照物，以正着为定量，以骗着、疑形为变量，以棋理为方程式，以对抗力学为原则，求出对策与攻击的正解。这就是作者奉献给你进入象棋王国的一把金钥匙。

作为两位作者的兄长与挚友，能为此书作序，我感到十分高兴！更为他们能在象棋世界里辛勤耕耘、不断突破由衷感到欣慰！最后，希望本套图书能成为广大棋友的良师益友。

象棋特级国际大师：李来群

2017年5月于石家庄

前　　言

作为战争模拟体制的中国象棋艺术和文化，在历代棋手的精心研究下现已进入了空前的繁荣时期。布局更是日新月异地发展，各种新变化的出现，各种定式的不断翻新，把初中级棋迷朋友带入了一个眼花缭乱的世界。如何使他们正确理解和使用定式，提高鉴别新着的能力，是我们专业研究人员义不容辞的责任。

象棋布局在全局中占有极其重要的战略地位，尤其是高水平棋手之间的胜负在很大程度上取决于对布局的研究深度，业余棋手与专业棋手的差距主要在布局。20世纪六七十年代，一代宗师胡荣华先生由于在布局领域不断推陈出新，从而取得了辉煌的战绩。当时象棋布局很多领域都是尚未开发的处女地，这是与象棋的时代局限性密不可分的。当今的布局已经达到了相当的广度和深度，目前正向高、精、深、微的方向发展。

布局定式的形成，是历代象棋高手不断探索研究的成果。掌握定式是学好布局的基础，但对定式的认识要以时代的观点和发展变化的观点来看待，而不能以一成不变的观点使之僵化。

布局骗着的出现与定式的发展变化密切相关。一般来讲，骗着的使用带有隐蔽性、主动性的特点，而高手对低手使用，带有试验“研究室内新着”正确与否的意味，带有明显的有计划有准备的色彩。其心理特征是估计对手找不出正确的反击手段，即使对手应对正确或接近正确，往往有后续的应着而不致迅速陷入被动。水平相当的棋手之间使用骗着，尽管有计划但未必有把握，其心理特征是期望对手对骗着不察或对该定式领域有盲点，一旦对手反击得力，未必能有效地把握局势的发展。而低手向高手使用骗着，往往怀有一种侥幸的心理，希望对手应对失误，而对手一旦反击有力往往不堪一击。初中级棋手对“飞刀”“陷阱”的使用，常常从棋谱上随意拿来而不加鉴别，使用时也会常受误导而陷入被动。

疑形产生的背景与骗着不同，任何高层次水平的棋手在对弈过程中都可能走出疑形。疑形的出现缺乏准备性和计划性，往往由于大意、随手、刻意求变或惯性思维而不知不觉误入歧途。疑形的棋形结构弱点不明显，隐蔽性较深，不易被察觉或破解，由于疑形中棋子之间的内在联系较强，往往要经过多个回合的反复争夺才能剥剔出来，所以疑形的判断需要有高度的局面嗅觉力、分析力和预测力。

象棋战理即对弈过程中模形结构的客观规律，反映着棋子之间的内在联系。对骗着的对策及对疑形实施攻击都要尊重象棋竞赛的客观规律，充分发挥主观能动性。违背了象棋战理的客观规律，必将在实践中失利。

本书对定式、骗着、疑形以新颖的观点进行了尝试性的论述，希望能对提高初中级棋手的布局作战能力有所裨益。尽管我们以追求象棋布局的完美性为出发点，但书中的论述与博大精深的象棋艺术和文化内涵还相去甚远。如果本套书能促进象棋布局向更完美的方向发展，则无愧于时代赋予我们的重任了。

本套书共三册，分别为《象棋特级大师讲布局：定式与战理》《象棋特级大师讲布局：骗着与对策》《象棋特级大师讲布局：疑形与攻击》。本次出版为再版。在原版基础上，我们进行了重新修订，查漏补缺，修改讹误。此外，还增加了最新的12篇典型对局并加以评析。希望这次修订，能将更完美的作品呈现给广大象棋爱好者。

鉴于我们学识有限，加之此套书体量较大，书中难免会出现错误与纰漏之处，也真诚希望广大棋友们不吝赐教，批评指正。在此深表谢忱！

阎文清 张强

2017年5月于北京

目　　录

第一部分　骗着与对策典例

第一章　顺手炮类（共10局）

第二章　中炮对屏风马类（共24局）

第六章 仙人指路类（共10局）

第七章 飞相局类（共6局）

第八章 其他布局类（共3局）

第二部分　冷僻布局与对策（共10局）

附录　实战对局参考（共18局）

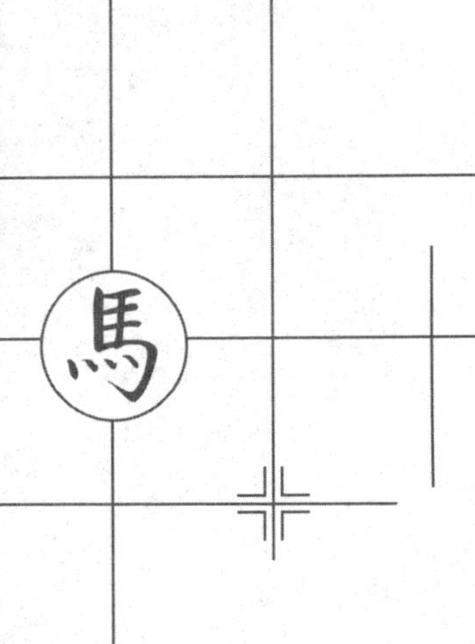

第一部分

骗着与对策典例

骗着是棋战中的诡诈之术，具有威胁、利诱、侵扰、迷惑等特性。在对弈中，骗着常有出现，往往令棋手们，尤其是初中级爱好者感到十分棘手。

有矛必有盾，既然有骗着的存在，也必定有相应的对策。这里，作者以棋理为依据，对具有典型特征的布局骗着进行了归纳分析，指出骗着所在及如何识破骗着，其内容丰富翔实，见解新颖独到，可帮你揭开骗着神秘的面纱，并回之以最有效的反击。

第一章 顺手炮类

第1局　弃马十三着

1. 炮二平五　炮8平5　　2. 车一进一　马8进7

3. 车一平六　车9平8　　4. 马二进三　车8进6

形成顺炮横车对直车阵式，黑方急进过河车是老式变化，其缺点是右翼子力出动缓慢，易受攻击，所以现代棋手们将此着改进为车8进4巡河，固守待变，伺机反击。

5. 车六进七

急攻之着。稳正的着法是兵七进一，黑如车8平7，则马八进七，士4进5，马七进六，红方占优。

5. ………… 马2进1

跳边马嫌软，改走马2进3对抗性较强，红如车六平七，则炮2进2暗保马，兵七进一，马7退5，以下黑有炮2平6及车8平7等多种反击手段。

6. 车九进一（图1）

如图1形势，红方进车弃马，黑方主要有两种应法：（甲）炮2进7；（乙）士6进5。现分述如下：

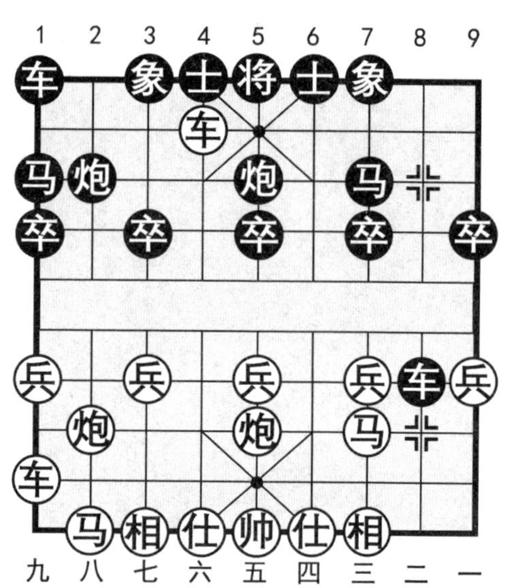

图1

（甲）炮2进7

6. ………… 炮2进7

草率食马，正中红方圈套。这是警惕性不高的初学者易犯的错误。

7. 炮八进五

红方进炮击马抢占炮台，见缝插针，以下展开连续攻击。

7. ………… 马7退8

退马无奈。如改走车8退4，则车六平三，车1平2，炮八平三，象7进9，炮五进四，士4进5，车九平六，卒3进1，车六进七，马1进3，炮三平一！伏车六平五大刀剜心杀，红方胜定。

8. 炮五进四　士6进5　　9. 车九平六　将5平6

10. 前车进一！士5退4　　11. 车六平四　炮5平6

12. 车四进六　将6平5　　13. 炮八平五

红胜。由于黑方应法不当，红方13着速胜，此即脍炙人口的古谱名局“弃马十三着”。

（乙）士6进5

6. ………… 士6进5

补士加固中路，正着。

7. 车九平四　车8平7　　8. 车四进七　炮2平4

9. 炮五平六

红方连续弃马，黑方不受诱惑，令红方一筹莫展，现卸炮改弦易辙，意在制造新一轮的攻势。

9. ………… 车1平2　　10. 炮八进六　车7进1

11. 相三进五　车2进1

弃车砍炮，着法机警。如误走车7退1，则炮八平五！炮4进7（士4进5，车四平五杀），帅五平六！士4进5，炮六进五，炮5进4，炮六平五！炮5退4，车四平五，马7退5，车六进一，红胜。

12. 车六平八　炮5进4　　13. 仕六进五　车7退1

黑方一车换双，化解了红方攻势，局面至此，黑方可以满意。

小　结

顺炮“弃马变”是典型的布局骗着，红方速胜是由于黑方（甲）变贪食弃马所致。（乙）变黑方补士以逸待劳，然后以一车换双，化解了红方的汹汹攻势。当然，黑方更积极的对策是第5着改跳正马，局势富有弹性，足可与红方抗衡。

对许多初学的朋友来说，在本局中不仅可以认识到红方的弃马骗着，更能对“铁门栓”“大刀剜心”等古典式杀法加深印象，其第7回合的进炮打马，可谓突破黑方防线的灵魂着法。

第2局　进退有方

1. 炮二平五　炮8平5　　2. 马二进三　马8进7
3. 车一进一　车9平8　　4. 车一平六　车8进4
5. 马八进七　马2进3

双方均跳起正马，强化了对抗之势，这是现代顺炮有别于古谱顺炮布局的显著特点。

6. 车六进五

红方进车卒林，采取快攻之策。另有兵三进一、车九进一和炮八进二等多种攻法，各有特色。

6. …………　马 7 退 5（图 2）

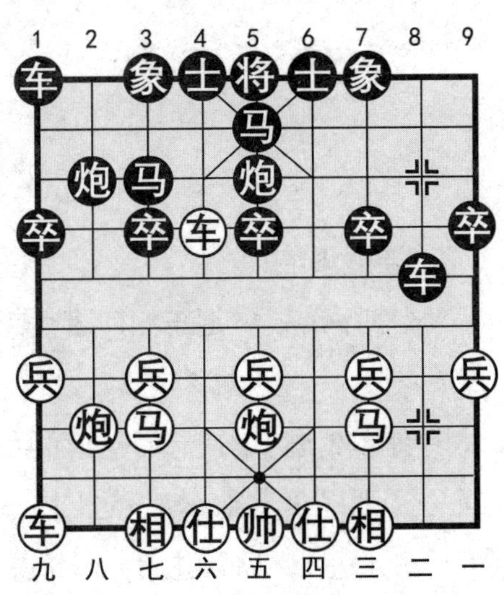

图2

马退花心，诱红方平车杀卒，黑则乘机围攻红车抢占先手。此着虽非正变，但却别具巧思。正着是炮 2 进 2，以下红如车六平七，黑可车 1 进 2，之后有炮 2 退 3 的反击手段。

如图 2 形势，面对黑方的变着，红方主要有两种着法：（甲）车六平七；（乙）车六退二。现分述如下：

（甲）车六平七

7. 车六平七　炮 2 退 1

明知有诈，红方还要一意孤行，未免不智。黑方顺势退炮反击，弹性十足，已反夺先手。

8. 车七平八　炮 2 平 3

红方平车兑炮，脱离险地，以免遭到不测。

黑方平炮避兑，以争取更大利益。如果走炮 2 进 6，则车八退四（如炮五平八，黑有马 3 进 4 的先手），马 3 进 4，车九进一（正着，如炮五进四，黑有车 8 平 5；再如兵三进一，黑可卒 7 进 1），红方足可应战。

9. 车八进二　车 1 进 1！　10. 车八平九

“劳师而袭远”，接受兑车，红方自不情愿，但别无选择。例如走车八退四，黑将马 3 进 4，车八平七，马 5 进 3，红方更落后手。

10. …………　马 3 退 1　11. 马七退五　马 5 进 3

12. 炮八平七　炮 3 平 5

黑方反先并具反击之势。

（乙）车六退二

7. 车六退二！

“城有所不攻”，退车河口避其锋芒，寓攻于守，进退有方。

7. ………… 炮2进2

另有卒3进1的选择，红可兵三进一，车8平4，兵七进一（如车六进一，则马3进4，炮五进四，马4退3，炮五退二，马3进5，黑可战）！车4进1，马七进六，卒3进1，马六进四，红方先手在握。

8. 兵七进一 炮5平6

为的是跳出窝心马。如径走马5进7，红有车六进三，车1进2，马七进六；再如炮2平7，红将马七进八，炮7进3，炮八平三，卒3进1，车九进一，两种变化均为红优。

9. 车九进一 马5进7 10. 兵五进一！

中路挺进，正面出击，着法有力！如平车捉炮，变化十分有趣：车九平四，炮2平6，炮八进三，卒7进1！车四平八，象3进5，兵三进一，卒3进1！眼见红方就要获利，但黑方刚巧有解围妙计。

10. ………… 士4进5 11. 马七进五 象7进5

12. 兵五进一 卒5进1 13. 车六进二

至此，红方占有主动。

小结

黑方第6回合退马窝心，具有一定的欺骗性。（甲）变红方过于用强，遭到黑棋围攻后，红车上蹿下跳，好不辛苦。（乙）变红方进退适度，策略高明，黑方难免有落空之感，最终陷入被动。

黑方马退花心的骗着，虽具有一定的构思，但毕竟是子力自动后撤，有嫌迂回。红方如能明察秋毫、进退有方的话，黑方计划将难以实现。

第3局 冒进后果

1. 炮二平五 炮8平5 2. 马二进三 马8进7

3. 车一进一 车9平8 4. 车一平六 车8进4

5. 马八进七 马2进3 6. 车六进七（图）

以上双方以顺炮横车对直车布局，现红车急下二路，是一步具有欺骗性的攻着。尽管伏有一定的战术手段，但孤军深入也易遭到黑方的反击。红方的正常攻法是兵三进一、炮八进二或车六进五，较为稳正。

如图形势，面对红方的急攻，黑方主要有三种应着：（甲）卒3进1；（乙）炮5平6；（丙）炮2进2。现分述如下：

（甲）卒3进1

6. ………… 卒3进1

7. 车六平七 马3进4

黑方的想法是较为单纯的，只顾着“子力前进”，对危险丝毫没有发觉。此时较好的下法是马7退5，但红有车九进一，黑方仍为被动。

8. 炮八进三 卒7进1

当红方伸炮骑河，给对方来了

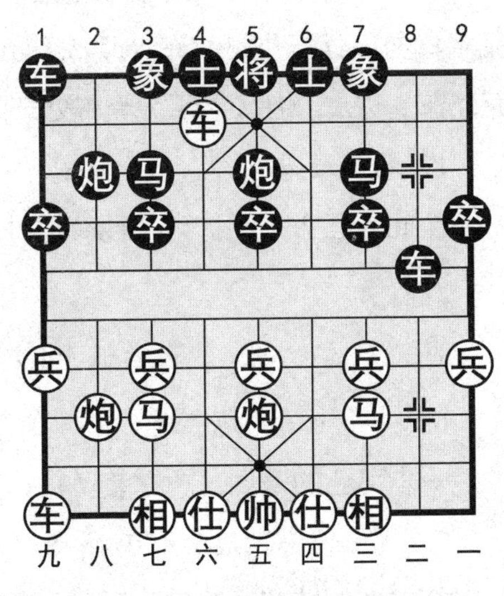

图3

个“猴拉马”的时候，恐怕黑方只能是追悔莫及了。这步挺卒准备弃子，意在求得某些补偿。如果走士4进5，则兵七进一（如车七退三，黑有象3进1），炮2平3，车七退一！红方得子。

9. 炮八平六　卒7进1　　10. 兵三进一！

简洁有力，可确保优势局面。

10. …………　车8平4　　11. 车九平八　炮2平4

12. 兵七进一

消除全盘上的唯一弱点，红方将以轻快的步伐向前迈进。

（乙）炮5平6

6. …………　炮5平6

消极的防御，只会削弱己方的阵形。

7. 兵五进一！

敌退我进，乘势推进。

7. …………　士6进5

由于中路薄弱，黑方需要加强防御。如果走炮6进5，将遭到红方的战术打击：兵五进一！车8平5（如士6进5，红车六平七占优），马七进五，车5进2，炮八平四，黑车处于险地，且阵形不稳，危机四伏。

8. 马七进五

至此，红方先手扩大并拥有良好前景。

（丙）炮2进2

6. …………　炮2进2！

一步灵活的调动，攻守兼备！

7. 兵七进一　炮2平7　　8. 马七进八

红方为保持“原先”的基调，跃马封车，走得较为强硬。如改走马七进六，黑方亦可满意：车1平2，炮八平七，卒3进1（巧妙，舒展子力的好棋）！兵七进一，炮7进3，炮七平三，车8平3。

8. ………… 车8进1！

有力的一步好棋！意图是逼迫红方飞边相，以削弱红方棋形。如果走炮7进3兑马，未免有些庸俗，经过炮八平三，车8平2，马八退七，红方子力配置优于黑方。

9. 相七进九　车8进1！

黑车再进一步，着手反击，显然胸有成竹！如果走卒3进1，黑方亦可取得不错的形势，但不及此着凶狠。

10. 兵三进一　炮7进3　11. 炮八平三　车8平7

12. 炮三平四　车7进3

红方未见其利，反而“后院失火”，骗着宣告破产。

小　结

红方第6回合的进车，在欺骗对手的同时，也带有“冒进”的色彩。黑方（甲）变犯了一个初级错误，红方坐享其成。黑方（乙）变有嫌软弱，同样迎合了红方的意图。黑方（丙）变积极应战，并适时反击，取得了喜人的形势，其中两步运车颇具巧思，令人回味无穷。

本局红方的“冒进”，急于求攻，战术并不成熟，在黑方正确的反击下后果堪忧。

第4局　急功近利

1. 炮二平五　炮8平5　　2. 马二进三　马8进7

3. 车一进一　车9平8　　4. 车一平六　车8进4

5. 马八进七　马2进3　　6. 车六进五

进车卒林，是红方的一种攻法。另有兵三进一、炮八进二与车九进一等选择。

6. …………　炮2进2

正着。如改走象3进1，则炮八进二，卒3进1，炮八平五，马3进4，炮五进三，象7进5，车九平八，炮2平3，车八进七，红方攻击得势。

7. 兵七进一　卒3进1

正常变化是炮2平7，马七进八，卒3进1！黑方可以抗衡。现黑方强行兑卒，是一步有目的的骗着。

8. 车六平七　车1进2　　9. 车七退一

退车杀卒，切合实际。如改走兵七进一，则炮2退3，黑可反击。

9. …………　卒7进1　　10. 马七进六　炮2进2（图4）

如图4形势，黑方进炮故露破绽，意在引诱红方上当。至此红方主要有两种攻着：（甲）马六进七；（乙）马六进四。现分述如下：

（甲）马六进七

11. 马六进七

看似是步好棋，实则缺乏深思。

11. …………　车1退1！

12. 马七进五

上当。应改走车七平六，尚无大碍。

12. ………… 炮2平3！

妙手。红车在劫难逃，黑方反客为主。

（乙）马六进四

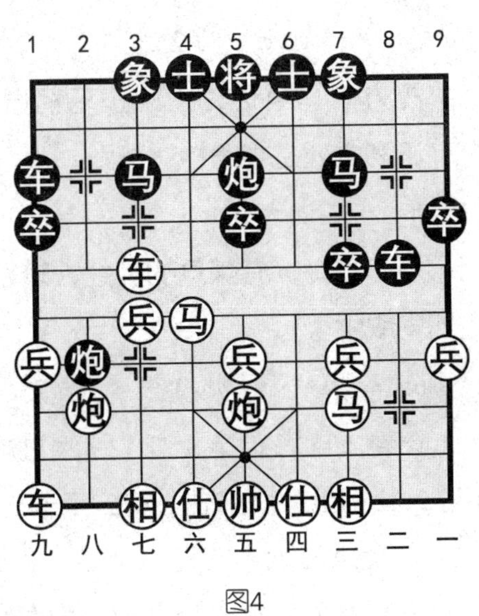

图4

11. 马六进四

比较稳妥的着法。较为强硬的是兵三进一，以下黑卒7进1，车七平二，马7进8，兵七进一，双方对抢先手。

11. ………… 炮2平3

如改走马7进6，则车七平四，炮2平7，相三进一，红方七兵咄咄逼人，过河后将对黑方构成致命的威胁。

12. 马四进三　炮3退2　13. 马三退二　炮3平8

14. 炮八平七

至此局势明朗，红方稳占优势。

小　结

黑方第7回合强行兑卒，并非正着，意在诱使红方犯错，并对红方设下了埋伏。附图局面下，红方（甲）变急功近利，黑方骗着得逞。红方（乙）变识破黑方计谋，进马邀兑，确立了优势。

本局着法虽然不多，变化也不算十分复杂，但再一次证明了急功近利不足为取。

第5局　反击前奏

1. 炮二平五　炮8平5　　2. 马二进三　马8进7

3. 车一平二　车9进1　　4. 兵三进一　车9平4

5. 马八进七　马2进1

黑方右马屯边，比跳正马稍显灵活，优点是将来可炮2平3威胁红马，不利之处是中路相对薄弱。

6. 车二进六

进车攻马，有嫌急切。红方较好的走法是仕六进五先补一手，或马三进四直取中卒。

6. …………　炮2平3　　7. 车九平八　车1平2

正着。不宜走卒3进1贸然进攻，因红可车二退一，卒3进1（如车4进2，红则炮八进五），车二平七，炮3进1，炮八进五！黑方难应。

8. 炮八进四

进炮封车势在必行。如果走车二平三，则车2进6，炮八平九，车2平3，车八进二，卒3进1，炮五平四，车4平6！仕六进五，马1进3，伏马3进5，黑优。

8. …………　车4进6

9. 车八进二　卒3进1

10. 车二退一（图5）

红方较为稳妥的下法是走相七进九，先守一着后，可巩固阵营，双方仍是互缠局面。现红退车意在诱使黑方卒3进1，是步阴险的骗着。

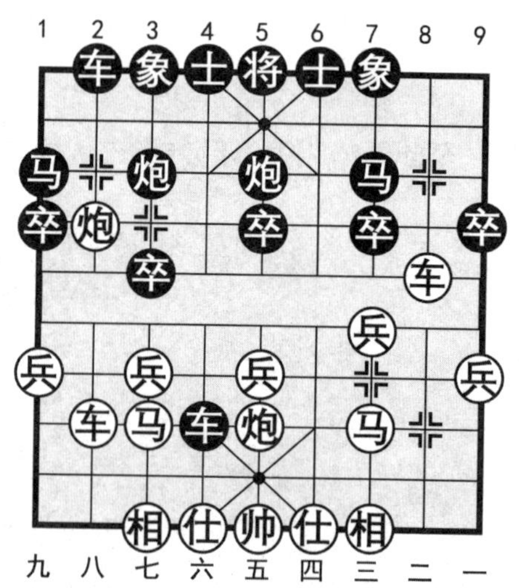

图5

如图5形势，黑方主要有两种着法：(甲)卒3进1；(乙)卒7进1。现分述如下：

(甲)卒3进1

10. ………… 卒3进1

因循刻板的进攻。另如改走车4退4？则车二平七，车4平2，车八进四，车2进3，车七进二，车2平3，车七退一，马1进3，兵七进一，红方多兵占优。

11. 车二平七 卒3进1 12. 车七退二

精确。如误走车七进二，黑有卒3进1，炮五平七，马7退5！红方失利，以下红如车七退三，则车4平7，炮七进七，车2平3！“四车见面”，黑方得子。

12. …………炮3进5

一错再错，正中红方埋伏。应改走炮3平4忍让一手，尚可支撑。

13. 炮五平七 车4平7 14. 相七进五 车7退1

15. 炮七进七 将5进1

无奈之着。如改走士4进5，则炮八平三，红方速胜。

16. 炮八进二 炮5进4 17. 仕六进五

黑方溃不成军，红方胜势。

(乙)卒7进1

10. ………… 卒7进1！

深谋远虑的好棋！可谓是有力的反击前奏，它避开了红方炮八平三的闪击威胁，使红方无法从中渔利。

11. 车二平三 卒3进1(图6)

如图6形势，黑方在送掉7卒后，再冲卒反击，恰到佳处！与图5形势相比有着天壤之别。对此，红方有仕六进五与车三平七两种应着：

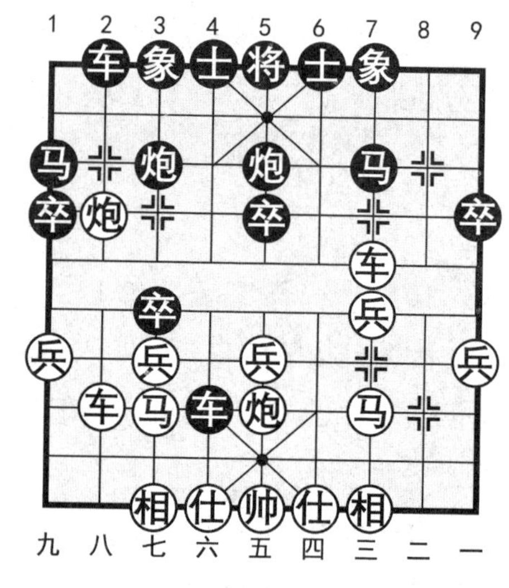
图6

（一）仕六进五

12. 仕六进五　车4退4

退车捉炮，简洁易行之着。另一有力的下法是车4退2，亦为黑优之势。

13. 车三平七　卒3进1

14. 马七退六　车4平2

简明可取。如果保留子力走复杂的炮3平4，则炮八进二，卒3平4，兵三进一，卒4平5，炮五平七，红有混战机会。

15. 车八进四　车2进3　　16. 车七进二　车2平3！

17. 车七退一　马1进3　　18. 兵三进一　马3进4

19. 兵三进一　马7退5

至此双方各过一兵，但黑方子力活跃，明显优势。

（二）车三平七

12. 车三平七　卒3进1

13. 车七进二

如仍走（甲）变中的老路子，红方显然不行。例如：车七退二，炮3进5，炮五平七，车4平7，相七进五（如炮七进七，黑有车2平3），车7退1，炮七进七，士4进5！黑方多子占优。

13. …………　卒3进1　　14. 车八进一　车4退4

15. 炮八进二　车4退2　　16. 车七平九

如改走炮八退二，则卒3平4，炮五平四，马7进6，黑方优势显著。

16. ………… 车2进1　17. 车八进五　车4平2
18. 车九平六　车2进4　19. 相三进一　马7进6！
20. 炮五进四　士6进5

黑方不失时机地跃马出击，果断有力！至此红方阵形不稳，将面临黑方马6进4、马6进5与车2退2等多种攻着，形势较为被动。

小　结

红方第10回合的退车捉卒，是具有战术企图的布局骗着。对此，黑方（甲）变不明其意，红方弃子抢攻夺得胜势。黑方（乙）变识破红方意图，巧送7卒解除了红方的闪击威胁，然后再从3路展开反击，一举反客为主。

黑方从3路线进行反击，方向是正确的，但在这之前，弃掉7卒消除隐患则是一个必要的过门。有此关键的一着，足能粉碎红方的布局骗着。

第6局　半壁江山

1. 炮二平五　炮8平5　2. 马二进三　马8进7
3. 车一平二　马2进3

先跃正马，可保留挺卒与起横车的灵活机动性，是缓开车的一种常见走法。

4. 兵七进一　炮2平1

平炮准备亮出右车，以对抢先手。如果走卒7进1，红可炮八平七，象3进1，马八进九，车1平2，兵七进一！象1进3，马九进七，红方先手。

5. 马八进七

如炮八平七，黑可车1平2，马八进九（如兵七进一，则车2进8！兵七进一，马3退1，黑下手有炮1平2得子），炮1进4，车九平八，炮1平3，黑有反击。

5. ………… 车1平2　6. 车九平八　车2进4

升车巡河，应着较为稳健。也可走车2进6，以下红如炮八平九，则车2平3，车八进二，车9进1，另有复杂攻守。

7. 炮八平九　车2进5　8. 马七退八　车9进1

9. 兵三进一

挺三兵形成“两头蛇”之势，通常被认为是红方争取“先手效率”的有效途径，但在此则并不适宜。较好的下法是马八进七，车9平4，车二进四，红方略先。

9. ………… 车9平2　10. 马八进七　车2进3

11. 车二进八（图7）

为了有力地维护“先手优势”，红方下车二路，企图侵扰黑方阵营。这是一步具有欺骗性的攻着，对黑方也较有“考验”。如果求稳，红方可走炮五平四。

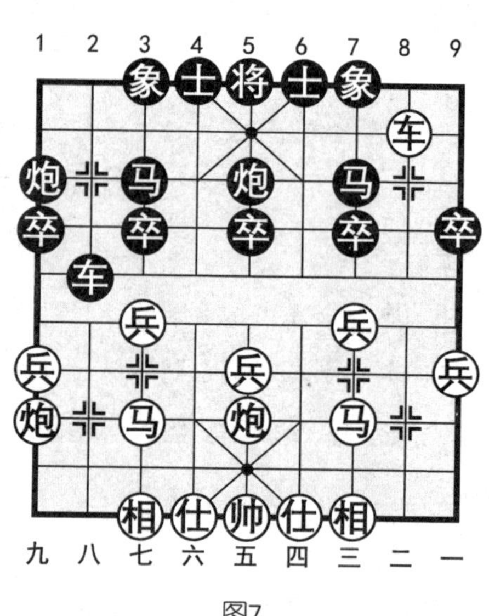

图7

如图7形势，黑方主要有两种着法：（甲）卒3进1；（乙）士4进5。现分述如下：

（甲）卒3进1

11. ………… 卒3进1

兑卒活马，黑方埋头于自己的计划而忽视了红方潜在的攻势。同样兑卒，改走卒7进1稍佳，但是经过兵三进一，车2平7，炮五退一，仍是红方主动。

12. 车二平七　马7退5

平车捉马，红方开始了他的“猎获”计划，黑方由此受攻。此着退马，乃势在必行。如马3进4，红有兵七进一，炮1平3，车七退一！黑方失子。

13. 马七进六！

置黑卒于不顾，跃马出击，是上一步的战术继续，着法连贯有力。

13. ………… 卒3进1　14. 马六进五　马3进4

15. 车七退四

至此，黑方窝心马留有隐患，一时难以调整。例如走马5进7，红可车七进五夺象占优；再如走马4进5，红有马三进五，炮5进4，仕四进五，象7进5，车七平五！车2进2，帅五平四！马5进7，马五退七，黑方难应。

（乙）士4进5

11. ………… 士4进5！

补士阻断红车，据半壁江山之势，着法有力，深谋远虑！

12. 车二平三　卒3进1

兑卒争先，并策划弃子抢攻，是谋势的大手笔。

13. 马七进六

如改走车三退一，则炮5进4（简明可取，亦可卒3进1弃子抢攻），马七进五，炮1平7，马五进四，炮7平4，黑优。

13. ………… 马3进4！

跃马争先，刻不容缓！如改走卒3进1，则马六进七！红方明显有利。

14. 马六进四

如改走兵七进一，则车2平3，车三进一（如马六进四，则马4退6！），炮5平3，马三退五，象3进5，车三平一（如车三退一，则炮3退1），马4进6，黑方占优。

14. ………… 卒3进1　15. 马四进三　炮1平3

16. 炮九进四　炮3进7　17. 仕六进五　炮5平2

18. 炮五进四　将5平4　19. 相三进五　炮3退2

局势至此，红方虽多一子但难成攻势，而黑方集结兵力于右翼，已然势不可当。

小　结

针对红方强硬的布局骗着，黑方（甲）变低估了红方的杀伤能力，结果遭到攻击并陷入危机。黑方（乙）变构思深远，补士切断红车并在右翼实施反击，最终弃子抢攻赢得了优胜局面。

据“半壁江山”之势，以攻对攻，是黑方对策的精华所在。对形势的准确判断，以及晶莹剔透的攻着，更使本局锦上添花。

第7局　牵制假象

1. 炮二平五　炮8平5　2. 马二进三　马8进7

3. 车一平二　卒7进1　4. 兵七进一　车9进1

黑方先挺7卒，再出横车，虽无原则性错误，但感觉上，其战术衔接不够紧密。此着黑方较为合理的着法是炮2进4。

5. 车二进四

红车巡河有备无患。如草率走子续以马八进七，将引起黑方战术性反击：卒3进1！兵七进一，车9平3，马七进六，车3进3，黑方打开局面，可获抗衡之势。

5. ………… 炮2进4（图8）

飞炮过河，是具有欺骗性的着法。意在给红方造成不能轻易兑兵的假象，从而蒙混过关。改走马2进3较为适宜，以下红如马八进七，黑可车1进1，争取以双横车的速度来与红方力战。

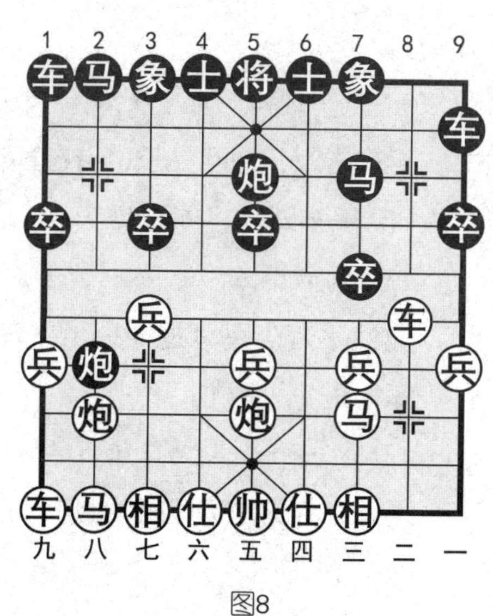

图8

如图8形势，红方主要有两种着法：（甲）马八进七；（乙）兵三进一。现分述如下：

（甲）马八进七

6. 马八进七

红方跳马，拘泥于常规出子的呆板着式，为黑方所算。

6. ………… 炮2平7　7. 相三进一　车1进1

黑方一着得手后，随即再起横车，加强了反击力度。其优点是右马暂不定位，使局面富于弹性。

8. 马七进八

一步假先手！意图是逼迫黑方走马2进3，再炮八平七攻之，但不能得逞，并导致形势落后。应改走车九平八，及时开动左车，下步续有炮八进一和炮八平九等着法，形势尚可。

8. ………… 车9平8！

出色地阻挠了红方的计划！并可乘机邀兑红方明车，抢夺先手。以下红车已不好躲避，例如走车二平四或车二平六，黑方均可利用联车优势紧步邀兑。

9. 车二进四　车1平8　　10. 炮八进七　车8平2

平车击双，追回失子，自在预料之中。

11. 马八进七　车2退1　　12. 马七进六　车2进1

13. 马六退五

显然不宜走马六退四，否则车2平6，马四退三，车6进3，前马退一，车6进3，黑优。

13. ………… 马7进5　　14. 炮五进四　士6进5

至此，红方主力车晚出且右马受制，黑方易走。

（乙）兵三进一

6. 兵三进一！

看似一步简单的兑兵，实则包含了对黑方战术企图的识破！去伪存真而针锋相对。

6. ………… 炮2退1

黑方所设假象所在，表面上黑方有机可寻，而事实上却恰恰相反。黑方如接受红方的兑兵，不仅左翼受攻，而且右炮有落空之感，形势显然不利。

7. 马八进七　炮2平7

黑炮迂回出击，已损失步数。如果走卒7进1，则车二进二，炮2退4（改走它着，亦为被动），车二平三，车9进1，炮八进五！红方大优。

8. 相三进一　炮7进1　　9. 车九平八　马2进3

10. 炮八进一！

兑子争先，使全盘子力为之活跃，之后便可乘势追击了。

10. ………… 炮7平2　　11. 车八进三　车1平2

如改走车9平4，则车八进三，黑方同样受攻。

12. 车八进六　马 3 退 2　　13. 车二进二！

左逼右进，红势逐步扩展，生机盎然。

13. …………　炮 5 平 4　　14. 车二平三　象 3 进 5

15. 马三进四

下步可直取中卒，红方大占优势。

小　结

对于黑方具有欺骗性的假象，红方（甲）变流于习俗，不仅错失良机，也使黑方计谋得逞。红方（乙）变识破黑方诡计，勇兑三兵胆识俱佳，几经交手，终于扩先取势。

牵制红方的兑兵，黑方是以来回运炮为代价的。这样迂回作战，无疑影响出子速度，从而也注定了黑方布局骗着的最终失败。

第8局　以刚制刚

1. 炮二平五　炮 8 平 5　　2. 马二进三　马 8 进 7

3. 车一平二　马 2 进 3

4. 马八进九

红方左马屯边，意在加快大子的出动，以便组织快攻。另有马八进七与兵七进一等选择。

4. …………　车 9 进 1

启动左车，意在加强抗争能力。也可卒 7 进 1，亦为正常变化。

5. 炮八平七　车 1 平 2

6. 兵七进一（图 9）

红方进七兵，立刻对黑马形成直接威胁，是一步具有欺骗性的攻着。一般多走车九平八，出动强子为好。

如图9形势，黑方主要有三种应着：（甲）象3进1；（乙）炮2进5；（丙）车9平4。现分述如下：

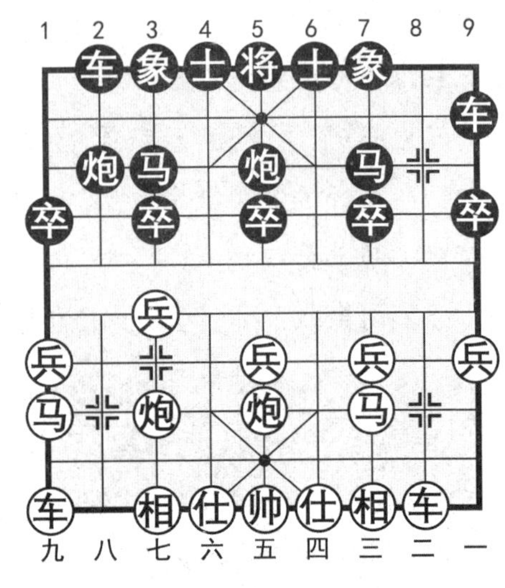

图9

（甲）象3进1

6. ………… 象3进1

单纯消极防守，并且削弱了自己的阵形。

7. 车二进六！

右车压进，形成左右逢源之势，是扩展先手的佳着。

7. ………… 车9平4　8. 车九平八

出车精确。如改走车二平三，则炮5退1，黑方有机会摆脱受制局面。

8. ………… 卒7进1

如改走车4进3，则车八进六；又如改走车4进6，则车八进二，红方均持先手。

9. 车二平三　炮5退1　10. 车八进六　炮5平7

11. 车三平四　马7进8　12. 车八平七

红方优势。

（乙）炮2进5

6. ………… 炮2进5

进炮逼兑，虽带有某些反击成分，但仍不成熟。

7. 车九平八！

简明有力！如改走兵七进一，则卒3进1（强手，改走它着难免落后），炮七进五（如炮五平八，则车2进7，炮七进五，马7退5或车2平7，再打中兵占优），炮2平7，炮七平三，炮5进4，仕四进五，车2进2，黑方弃子有攻势，红方没有把握。

7. ………… 车9平2

如炮2平5，红方当然乐于接受：车八进九，马3退2，相三进五，卒7进1，车二进四，黑方出子落后。

8. 车二进六！

挥车压进，攻击黑马，以迫使黑方兑子。

8. ………… 炮2平5　　9. 车八进八　车2进1

10. 相三进五　卒5进1

进中卒是目前形势下的最佳下法，否则双马受攻，更易陷入被动。

11. 兵七进一　马3进5　　12. 兵七平六　卒5进1

13. 兵五进一　炮5进3　　14. 仕四进五　象3进5

15. 车二退二！

面对黑方的反扑，红方因势利导，有条不紊，逐步扩展了主动权。现回车巡河，攻守兼备，已取得了较大优势。

（丙）车9平4

6. ………… 车9平4

平车过肋，任由红兵渡河，着法含蓄有力，不落俗套。

7. 兵七进一　卒5进1！（图10）

从中路反击，令人耳目一新！此乃黑方针对红方进攻而采取以硬对硬的高明对策。

如图10形势，红方有（一）兵七进一；（二）兵七平六两种变化：

（一）兵七进一

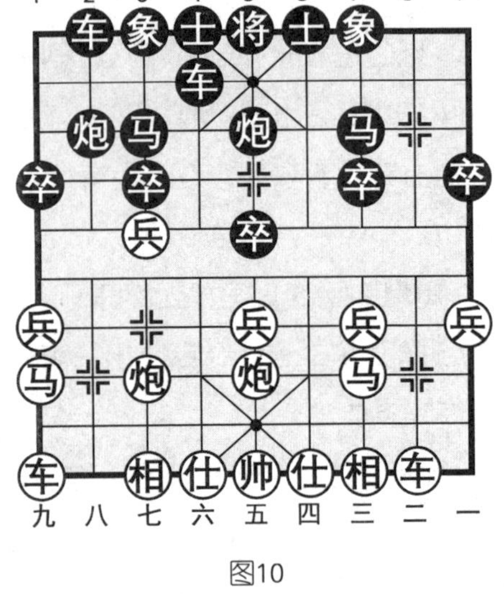

图10

8. 兵七进一　马3进5

9. 车九平八　卒5进1！

强行突破，是打开局面的佳着。

10. 炮五进二

进炮打卒，以延缓黑方攻势。若应以兵五进一，黑有马5进4，炮七进七，车2平3，车八进七，马4进5，相三进五，马7进5，黑方大有反击之势。

10. ………… 车4进6

11. 车八进二　士4进5

补士积蓄进攻力量，动中有静。显然不能走车4平7，因为红有炮七进七抽车的手段。

12. 相三进五　马5进4　　13. 马九退八　车4进2！

弃车砍士，石破天惊！如改走炮2进7，亦殊途同归。

14. 帅五进一

无可奈何。如帅五平六，黑有炮2进7，车八退二，马4进3，帅六平五，车2进9，黑方多子胜定。

14. ………… 炮2进7　　15. 车八进七　马4进3

16. 帅五平四　车4退1　　17. 帅四进一　马7进5

至此，黑方攻势达到顶点，红方难以招架。例如红走车八平七，则士5退4，兵七平六，马3进4！仕四进五，车4退4，黑方胜定。

（二）兵七平六

8. 兵七平六　车4进3！

弃马抢先，气度不凡！如果走马 3 进 5，红有兵六平五，马 5 进 3，车九平八，局势复杂多变，尚不明朗。

9. 炮七进五　马 7 进 5　　10. 炮七进一　炮 2 进 5

11. 车九平八

逼着。如果走炮七平一试图对攻，黑有炮 2 平 7，炮一进一，马 5 进 3，车二进九，炮 5 进 4，仕四进五，象 3 进 5，红方徒劳无功。

11. …………　车 2 进 4

另一可行之着是车 4 退 3，以下红如车二进六（如炮五平七，黑有卒 5 进 1，攻势强大），则车 4 平 3，车二平三，马 5 进 3，炮五进三，士 4 进 5，车三平六，车 2 进 6，之后有车 2 平 4 与马 3 进 4 等手段，黑亦持乐观之势。

12. 炮七平一

较为顽强的下法。如果走马三退一，黑将车 4 退 3 占优。

12. …………　炮 2 平 7　　13. 车八进五　车 4 平 2

14. 马九进七

如炮一进一，黑可马 5 进 3，炮五进三，炮 5 进 4！红方速败。

14. …………　车 2 平 3

正着。如改走车 2 退 3，红有炮一进一，炮 5 平 3（如马 5 进 3，则马七进六），炮五进三，士 4 进 5，车二进二，黑方难有好处。

15. 马七进九

红马已无更好出路。如改走马七退六，黑有车 3 进 4；又如走炮一平七，黑可马 5 退 3，黑均占据主动。

15. …………　车 3 平 2　　16. 马九退七　车 2 平 3

17. 马七进九　车 3 平 2

“两打一还打”，红方违例。以下，黑方伏有炮 5 平 3 与马 5 进 7 等后续手段，明显占势。

小 结

对于红方冲兵肋马的骗着，黑方前两种应着因消极保守与反击不当，而使红方诡计得逞。黑方（丙）变以硬碰硬，并在（一）（二）两局中，一举冲破红方城池，夺得优势。

本局红方的布局骗着，遭到了黑方（丙）变的强劲反击，正是由于本身阵形不稳而造成的。而黑方的中路反攻，有板有眼，气贯长虹，一泻千里。

第9局 掷地有声

1. 炮二平五　炮8平5　　2. 马二进三　马8进7

3. 车一平二　卒7进1　　4. 马八进七　马2进3

5. 兵七进一　炮2进4

飞炮过河，以炮2平3与炮2平7的手段为战术依据，是顺炮直车对缓开车布局中的著名变例。黑方另有车1进1的选择。

6. 马七进六

跃马河口，属老式攻法，近年来又有所发展。也可马七进八封锁黑方右车，同样能引起复杂的攻守。

6. ………… 炮2平7　　7. 炮八平七

另一稳健的走法是车九平八，黑有车9进1（车1平2同样可行），炮八平七，车9平4，马六进七，车4进2，双方互缠。

7. ………… 车1平2　　8. 马六进七

正着。兵七进一并不有利，因为黑有车2进5反捉的手段。

8. ………… 炮5平4

9. 兵七进一　车2进6

10. 相七进九（图11）

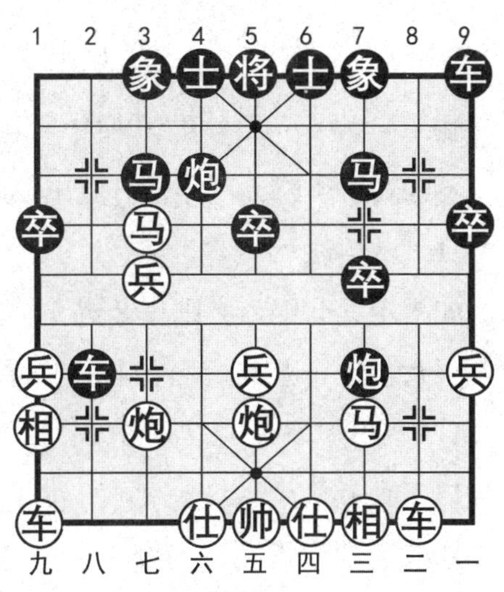

图11

红方飞边相，是一步较有欺骗性的着法。其用意是诱使黑方平车捉双，以便实施战术伏击。一般多走炮七进二，炮4进5，马三退五，车9进1，形成对攻之势。

如图11形势，黑方主要有两种着法：（甲）车2平3；（乙）车9平8。现分述如下：

（甲）车2平3

10. ………… 车2平3

平车捉双，有上当之感，黑方未能识破红方的行棋意图。

11. 车九平七　车3退2

自投罗网，导致局势一发不可收拾。黑方如能及时省悟，冷静地应以士4进5，虽落后手，尚可应付。

12. 炮七进二！

现在一切都清楚了！红方升炮后，伏有炮七平五与炮五平七等战术手段，黑方已难以防范。

12. ………… 士4进5　13. 炮五平七　车3平4

14. 炮七进三

至此，红方得子占优。

（乙）车9平8

10. ………… 车9平8！

不为对手所惑，直接强行兑车谋求反击，弈来刚劲有力，掷地有声！

11. 车二进九

如改走兵七平六，则车8进9，马三退二，马3退1（亦可车2平3），车九平七，士6进5，互有顾忌中，黑方阵形工整，较有发展潜力。

11. ………… 炮7进3　　12. 仕四进五　马7退8

13. 兵七平六

如改走炮五进四，则炮4平7（如炮4平8，则炮五退一，卒7进1，尚有复杂纷争），炮五退一，炮7进5，对攻中黑方多子占优。

13. ………… 炮4平8

弃子抢杀，着法紧凑。如改走车2平3，则车九平七，炮4平8，马七退六，黑方难以控制局势。

14. 炮七进五　炮7平9　　15. 马三进二

被逼着法，否则将丢车。

15. ………… 车2平5　　16. 相九退七　士6进5

补士巩固中防，意在活跃中车，着法老练。如改走卒7进1，则车九平八，士6进5（如卒7平8，则车八进三，卒8平7，仕五进四，车5退1，车八进一，红亦可抗衡），车八进四，车5平7或车5平8，将形成双方各有顾忌的局面。

17. 车九平八

若改走马七进五，则象7进5（稳健易于掌握），炮七平二，马8进6，炮二退一，卒7进1，黑方抢攻在先大占优势；又如改走仕五进六，则车5平8，马二进四，车8进3，帅五进一，车8退1（炮8进6亦佳），帅五退一，炮8进5，黑方胜定。

17. ………… 车5平8　　18. 仕五进四

如马二进四，黑有车8进3（车8平2亦优，但此着更为凶狠）！仕五退四，炮8进5！炮五平三，车8平7，绝杀黑胜。

18. ………… 车8退1

黑方夺回失子并有强大攻势，胜局在握。

小 结

对于红方的布局骗着，黑方（甲）变失察，退车杀兵更是错上加错，致使局面难以挽救。黑方（乙）变积极求战，亮车逼兑先声夺人，并取得优胜。

红方第10回合的飞边相，虽然可欺骗对方，但本身阵形虚浮，左车晚出，存在难以克服的弱点。黑方（乙）变“掷地有声”，使红方这一骗着遭到重创。

第10局 盘旋出击

1. 炮二平五 炮8平5　2. 马二进三 马8进7

3. 车一平二 卒7进1　4. 马八进九 马2进3

5. 炮八平七

平炮对黑方右马施加压力，是跳边马后常用的招式。

5. ………… 车1平2　6. 兵七进一 象3进1

7. 兵七进一 象1进3　8. 马九进七

红方连续冲兵，迫使黑方扬起高象，然后再策马疾进，是类似局面下惯用的争先手段，具有典型意义。

8. ………… 车9进1

起左横车，准备施用布局骗着。一般多走炮2平1，马七进六，车2

进2，车九进二，车9进1，红方先手，但黑方亦能抵挡。

9. 马七进六　炮5平4（图12）

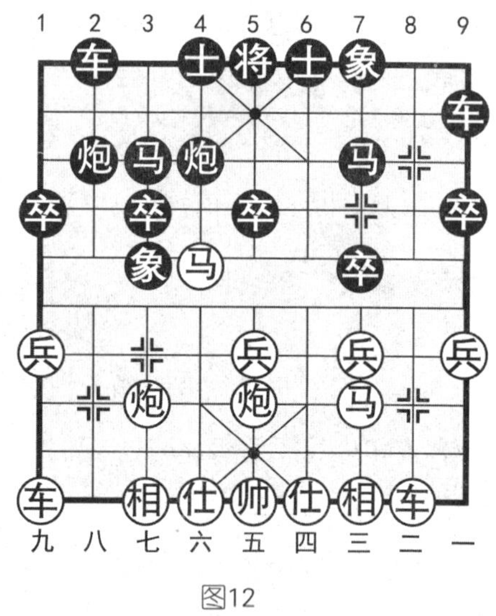

图12

面对红方的进攻，黑方并未采取消极退守，而是采用了平炮这一骗着。其用意是：当红方踩掉黑马后已无退路，黑方可反擒之，如果红方不吃马，黑方可伺机走炮4进1，消解红方的攻势。另外，黑方还隐隐约约地威胁以炮4进7，对红方构成了一定的牵制。

如图12形势，红方有四种选择：（甲）马六进七；（乙）车二进四；（丙）车九平八；（丁）兵五进一。现分述如下：

（甲）马六进七

10. 马六进七

先得一子，但却是以良马换劣马，属上当之着。

10. ………… 车9平3

平车擒马，通过先弃后取，黑方在无形之中解除了3路马的弱点。

11. 车九平八　车3进1　12. 车八进四　炮4退1！

一步灵活的调动，使看似拥塞的子力豁然开朗。

13. 车八平六

抢占要道，否则黑将车3平4。

13. ………… 炮4平5　14. 车二进一　炮2进7

至此，黑方拥有底线攻势，形势乐观。

（乙）车二进四

10．车二进四

升车较为迟缓，给黑方以可乘之机。

10．…………　炮4进1　11．兵三进一　马7进6！

跃马出击，积极有力，时机恰好。

12．兵三进一　马6进4　13．炮七进二　炮2进7

黑势颇具弹性，足可满意。

（丙）车九平八

10．车九平八

出车虽属可行之着，但仍不够有力，因为黑方亦可从容取得抗衡。

10．…………　炮4进1

正着。如炮4进7击士，红可相七进九（不宜走帅五平六，因黑有车9平4），黑方图一时之快，后续乏力。

11．车八进四　炮2平1　12．车八进五　马3退2

13．车二进四　车9平6

以下黑有车6进3与炮1平4等手段，双方呈互缠之势。

（丁）兵五进一

10．兵五进一！

一步综观全盘的好棋！在拓展攻势的同时，保持了对黑方子力的牵制，并能使右马盘旋而出，向黑方阵营逐步渗透。

10．…………　士4进5　11．车九平八！

紧着。如马六进七，黑可采取车2平3，红方无味。

11．…………　炮4进1　12．兵五进一　炮2进4

若改走卒 5 进 1，红有车二进六，炮 2 进 1，车二平三，黑亦被动。

13. 马三进五　卒 5 进 1　　14. 炮五进三　马 7 进 5

15. 炮七平六！

抢先之着，可进一步扩大战果。如果走车二进七，黑有车 9 进 1。

15. …………　炮 2 平 4

只好如此。显然不能走炮 4 进 4，否则红马六进七得手。

16. 车八进九　马 3 退 2　　17. 车二进四

至此，红方子力开扬并具攻势，优势显著。

小　结

黑方第8回合的升车与第9回合的平炮，可谓是连贯动作，具有一定的欺骗性。对此，红方前3种着法不尽理想，黑方计划得以实现。红方（丁）变攻击有力，是破解黑方骗着的佳策，从而取得优势局面。

本局黑方的布局骗着，亦不无巧思，但是着法迂回，子力局促，本身也存在着较为明显的缺陷。红方若能因势利导，不受诱惑而采取（丁）变着法，黑方的骗着将难以奏效。

第二章

中炮对屏风马类

第11局　不攻自破

1. 炮二平五　马8进7　　2. 马二进三　车9平8
3. 车一平二　马2进3　　4. 兵七进一　卒7进1
5. 车二进六　炮8平9　　6. 车二平三　炮9退1
7. 马八进七　士4进5　　8. 炮八平九　车1平2
9. 车九平八　车8进8（图13）

黑车急点二路，虎视眈眈，是一步带有欺骗性的变着。按常法应是炮9平7，车三平四，马7进8，形成典型的五九炮阵式。

如图13形势，红方主要有三种着法：（甲）仕六进五；（乙）马七进六；（丙）车八进六。现分述如下：

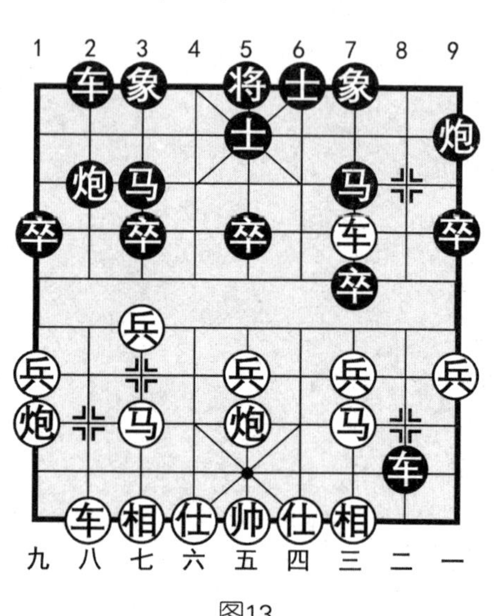

图13

（甲）仕六进五

10. 仕六进五

软着。不仅无益于防守，反而被黑方利用。

10. …………　炮9平7　　11. 车三平四　马7进8

跃马出击，可充分发挥7路炮的威慑作用。如下两种急攻对黑方不利：（1）车8平7，炮五平六！车7进1（如车7退1，红有炮六进七妙手夺车），相七进五，车 7 退 1，炮九退一，炮 2 进 6，车四进二，炮 7 平 9，车四平三！黑方失子；（2）卒 7 进 1，车四进二（及时解围之着，如兵三进一，炮 7 进 4，马三进四，马 7 进 8，车四平三，车 8 平 7，相三进一，马 8 进 6，车三退二，车 7 退 3，相一进三，炮 2 进 4，黑主动；再如炮九退一，车 8 退 3 黑便宜），炮 2 退 1，车八进八，车 2 进 1，车四平三，马 7 进 6，兵三进一，红较优。

12. 车四平三　马 8 退 9

红方平车拦炮，出于无奈。如果走炮九退一，则炮 7 进 5，马三退一，炮 2 进 6！黑方大优。黑方退马求变，意在谋求变化。如改走马 8 退 7，则车三平四，马 7 进 8，车四平三，双方若循环不变，可成和局。

13. 车三退一　象 3 进 5　　14. 车三进二　车 8 平 7

15. 马七进六　炮 2 进 5！

至此，黑方反击得手，红方失利。

（乙）马七进六

10. 马七进六

进马导致阵形飘浮，易给黑方可乘之机。

10. …………　车 8 平 4

平车捉马，顺势抢先。

11. 马六进七　炮 9 平 7　　12. 车三平四　马 7 进 8

13. 车四平三

有趣的变化是车八进五，黑将炮 7 进 5，相三进一，卒 7 进 1！车八平二，炮 2 进 7，仕四进五，炮 7 平 1，相一进三，炮 1 平 3，兵七进一，车 2 进 7！黑方弃子后有强大攻势。

13. …………　马 8 退 9　　14. 车三退一　象 3 进 5

15. 车三退一　炮 2 进 5　　16. 仕四进五　车 2 进 1

至此，红方子力受牵，黑方主动。

（丙）车八进六

10. 车八进六（图14）

对黑车的入侵置之不理，挥车过河压制黑方子力，是纵观全局的好棋。

如图14形势，黑方主要有车8平3与车8平4两种着法，分列于后：

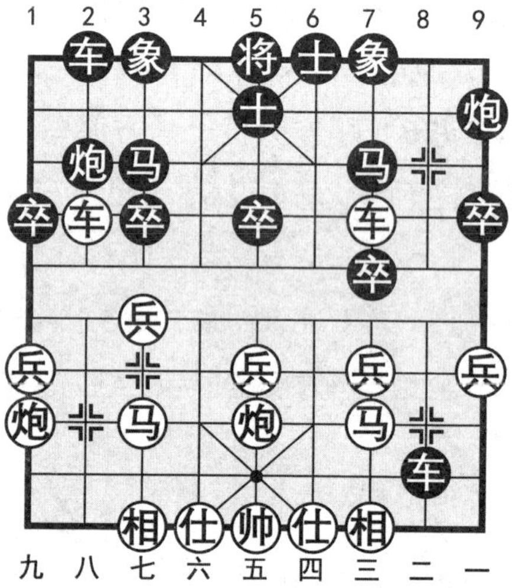

图14

（一）车8平3

10. ………… 车8平3

11. 马三退五！

表面上，红马被逼退，似乎有损先手，而实际上黑车长途跋涉，并没有什么凶狠的后续着法，况且黑车处于险地，红方还有顺势调形攻击的手段。

11. ………… 炮9平7

12. 车三平四 马7进8

13. 炮五平三 车3平4 14. 车四平二 马8进9

逼着。如果走马8进7，则车二平三！黑更难应付。

15. 车二退三 炮7平9 16. 兵三进一 象3进5

17. 兵三进一

黑方子力全盘受制，红方胜势。

（二）车8平4

10. ………… 车8平4 11. 兵五进一

挺中兵活通双马，拓展攻势，并较好地联络了全局子力。切记此着不可车八平七轻易杀卒，否则黑有炮2进4的反击手段。

11. ………… 炮9平7　　12. 车三平四　象3进5

13. 马七进五　车4退2　　14. 兵五进一　卒5进1

15. 炮五进三

至此，红方控制局面占优。

小　结

在黑方急点二路车的骗着下，红方前2种着法自乱阵脚，被黑方乘机利用，上当受骗。而红方的（丙）变对黑方入侵的车置之不理，左车压进抢占要位，使黑方的骗着“不攻自破”，可谓策略高明。

黑车的入侵，尽管“虎视眈眈”，但并不能对红方构成直接的威胁。红方只要明察秋毫，不为黑方所迷惑，采取挥车过河抢占要位的策略，就不难获取优势。

第12局　勇闯禁区

1. 炮二平五　马8进7　　2. 马二进三　车9平8

3. 车一平二　马2进3　　4. 兵七进一　卒7进1

5. 车二进六　炮8平9　　6. 车二平三　炮9退1

7. 马八进七　士4进5　　8. 炮八平九　车1平2

9. 车九平八　炮9平7　　10. 车三平四　卒7进1（图15）

黑方强行送卒是步典型的布局骗着，战略意图是迅速打开局面，对红方三路线实施战术攻击。这一局面，可说是先手方必须要弄清楚的课题，否则在实战中易为黑方所乘。黑方的正着是马7进8，将形成五九炮过河车对屏风马平炮兑车的流行阵式。

如图 15 形势，面对黑方的挑战，红方主要有两种着法：（甲）车四进二；（乙）兵三进一。现分述如下：

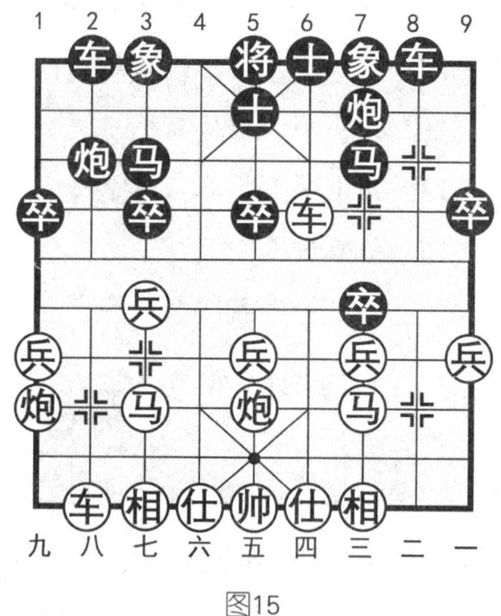

图15

（甲）车四进二

11. 车四进二

伸车捉炮，避重就轻，是一种策略性的下法。

11. ………… 卒 7 进 1

有意将战局导向复杂化的选择。如果走炮 2 退 1，则车八进八，车 2 进 1，车四平三，马 7 进 6，兵三进一，红方一车换双后，局面有所缓和，红方多一兵，略占优势。

12. 车四平三 卒 7 进 1 13. 马七进六

如缓走仕六进五，黑可车 8 进 2，以下红有三种选择：（1）车三进一，炮 2 进 2；（2）车八进六，象 7 进 5，车三平四，车 8 进 3，车八平七，炮 2 进 4！（3）车三平四，车 8 进 3，车八进四，炮 2 平 1，三种变化均属黑优。

13. ………… 车 8 进 5

果断之着。如贪恋过河卒而改走卒 7 进 1，则炮九进四，下伏炮九进三与马六进五等攻击手段，红优。

14. 炮九平三 象 7 进 9

必要的防范。如果走车 8 平 4，则车三退一，象 7 进 5（如象 3 进 5，红有炮三进七），炮三平一，黑方左翼空虚，红方主动。

15. 马六进七 马 7 进 6！

如随手走车 8 平 3 杀兵，则炮三进四！黑方受困。

16. 车八进四　马 6 退 5

巧妙邀兑，将促使局面简化。如继续求战也可采取马 6 进 5 的手段。

17. 马七进五　炮 2 平 5　　18. 车八进五　马 3 退 2

至此形成各有千秋之势，黑方可以满意。

（乙）兵三进一

11. 兵三进一

接受黑方的挑战，以兵去卒，是有力的下法。

11. …………　马 7 进 8（图 16）

如图 16 形势，黑方跃马踏车，并伏有一定的战术手段。对此，红方有兵三进一、车四退四与车四平三 3 种着法，分列于后：

（一）兵三进一

12. 兵三进一

准备弃子谋势，但可行性令人置疑。

12. …………　炮 7 进 6

13. 炮五进四　马 3 进 5

14. 炮九平三　马 8 进 9

15. 炮三退一

先避一手是较为顽强的下法。如果直接走车四平二，黑可车 8 平 9，车二平一，马 9 进 7，车一进三，马 5 进 4！献马抢攻，红方难以应付，例如：（1）车八进七，马 4 进 6 叫杀，黑方得子；（2）马七退五，

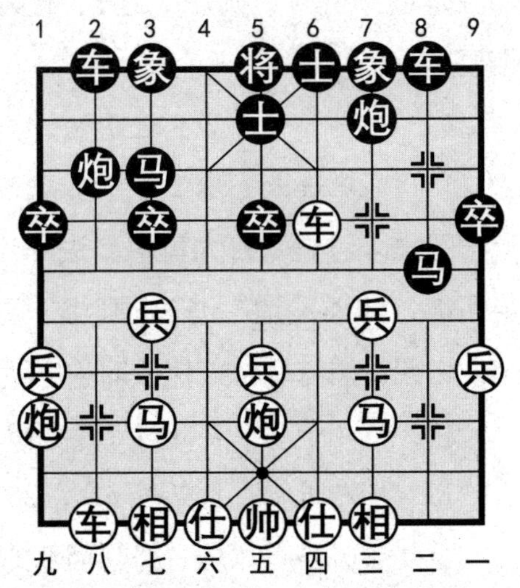

图16

炮2平5！车八进九，马4进6，绝杀黑胜。

15. ………… 马5进4 16. 车四平二

企图侥幸一击。如果走车八进七，黑将车2进2，马七进六，象3进5，相三进五，车8进8，炮三退一，马9进7，黑方多子亦优。

16. ………… 马9退7！ 17. 车二进三 马7进6

18. 炮三平四 马4进3 19. 车八平九

无奈的选择。如误走车八进七，则车2进2，车二退七，车2平6！红方不能先弃后取。

19. ………… 炮2平5 20. 相七进五 车2进6

黑方攻势较强，红方失势。

（二）车四退四

12. 车四退四

退车保马，稳健有余而攻势不足。

12. ………… 马8进9 13. 相三进一

黑方进马切入，是常见的突破手段。红方补相稳固防线，十分必要，如改走马三进一，则炮7进8，仕四进五，车8进6，先弃后取，黑方夺相易走。

13. ………… 马9进7 14. 炮五平三 炮2进5！

15. 马七进六 炮2平7 16. 车八进九 马3退2

黑方以进炮串打为契机，进一步兑子简化局面。现回马吃车，不为局势所惑。如果走炮7进2，则相一退三，炮7进8，仕四进五，马3退2，炮九进四，黑方马位欠佳，对攻中明显吃亏。

17. 炮九平三 车8进7 18. 车四平八 车8平7

19. 车八进七 象7进5 20. 马六进七 士5退4

至此形成各有顾忌之势，但双方子力所剩不多，和棋的可能性较大。

在某些布局教科书中认为，此变是对付黑方硬送7卒变例的最佳对策。其实不然，如前文所示，红方并无优势可言。客观上讲，红方车四退四保马，显然要比（一）变兵三进一要好，但仍不够充分，红方的先手效率不易发挥。难道对黑方的弃卒反击，红方真的难觅良策吗？答案自然是否定的！我们将在以下的（三）变中解开此迷。

（三）车四平三

12. 车四平三！

“明知山有虎，偏向虎山行！”红方平车捉炮勇闯“禁区”，着法针锋相对，强劲有力！

12. ………… 马8退7　13. 车三平四　马7进8

14. 车四平三　马8退9

黑方退马捉车，势所必趋。如仍走马8退7，则车三平四，马7进8，车四平三，形成“两打一还打”，根据现行棋规，黑方属违例走法必须变着。

15. 炮五进四！

扩先取势的重要一步！借打将之机，使右马生根解决了后顾之忧，并一举粉碎了黑方的反击，是攻破黑方骗着的决定性着法。值得注意的变化是，此时红方绝不能手软而走车三退一，否则将遭到黑方的战术伏击，即象3进5，车三进二，炮2平1！红方右车深陷“泥潭”难以自拔，黑方胜定！

15. ………… 象3进5　16. 车三平四　炮2进5

寄希望于某种战术机会。如果走马3进5，则车四平五，交换一子后，黑方右翼车炮被牵，仍然无法改善局面。

17. 马七进六　炮2退2

如改走车8进7，对红方无害，红有马三退五，车8进1，相三进五，红方下手可马五进七跳出窝心马，阵形无懈可击，将稳操多兵之优。

18. 马六进七　炮7进6　19. 车八进四　车2进5

20．马七退八　马3进4　　21．炮五退一　马4进2
22．车四平八

红方找回失子，并多兵占势，胜利在望。

小　结

如文中所述变化，在红方严谨的逻辑构思与精确的着法下，黑方第10回合硬送7卒的布局骗着难以得逞，反而捉襟见肘为形势所难。其中红方平车“勇闯禁区”，以及炮击中卒的战术组合十分漂亮，是红方锐利的武器，亦颇具启发意义。

有关这一路变化，在现今高级别的全国大赛中已非常少见，但作为常规布局，尤其是击破黑方的骗着，掌握其中关键着法，对于象棋爱好者来说还是非常必要的。

第13局　守株待兔

1．炮二平五　马8进7　　2．马二进三　车9平8
3．车一平二　马2进3　　4．兵七进一　卒7进1
5．车二进六　炮8平9　　6．车二平三　炮9退1
7．马八进七　士4进5　　8．马七进六

跃马河口，是红方的主要攻着之一。另如改走炮八平九，则形成五九炮过河车对屏风马平炮兑车的典型阵势。

8．…………　炮9平7　　9．车三平四　车8进5

进车捉马，是黑方最为稳正的选择。另有象3进5、象7进5或马7进8等变着，局势亦很复杂，但从发展的前景来看，红方较为有利。

10. 炮八进二

升炮护马，双方由此展开了河口的争夺。红方此手不宜改走马六进五，否则马3进5，炮五进四，马7进5，车四平五，炮2平7，红方丢失先手，将面临受攻局面。

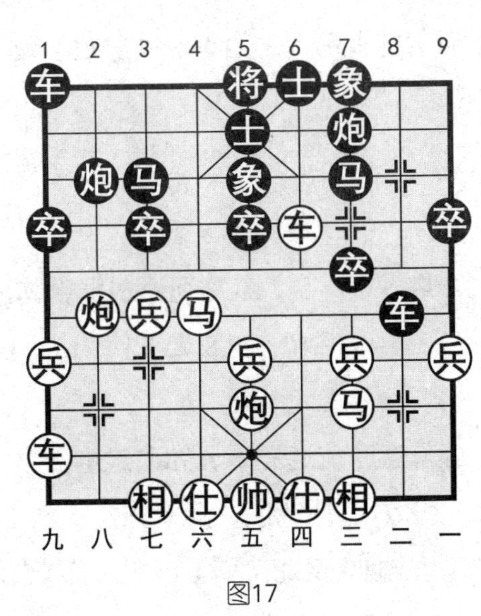

图17

10. ………… 象3进5

黑方补象固防，是必要的一手。如急于反击而走卒3进1，则马六进五，车8平3，炮八平九！象3进1，马五进七，红方先得一子，大占优势。

11. 车九进一（图17）

如改走马六进五，则车8平3，炮八平九，车1平3，红方难讨便宜。

如图17形势，红方左车横起，“守株待兔”——等待黑方出错，具有较强的欺骗性。对此，黑方有四种着法：（甲）卒3进1；（乙）炮2进1；（丙）车1平3；（丁）卒7进1。现分述如下：

（甲）卒3进1

11. ………… 卒3进1

急于反击，等于自投罗网。

12. 马六进五　车8平3　13. 马五进七　车3平2

如改走车1平3，红马七进五掠士占优。

14. 车四进二　炮7平9　15. 马七退六

稳健可行。如改走马七进五？炮9平5，炮五进五，炮5进5，马三进五，车2平5，黑有强烈反击。

15. ………… 象5退3 16. 车九平六

以下红有马六进四等多种进攻手段，局面大优。

（乙）炮2进1

11. ………… 炮2进1

升炮效率不高，红方可乘机调整阵形。

12. 车四退四 车8退1 13. 炮五平六 炮2退2

14. 相三进五 卒7进1

弃卒意在疏通左车。如改走炮2平3，则车九平八，卒3进1（如车1平2，红炮八进三优），兵七进一，象5进3（如炮3进3，红有车四进六的先手），炮八平九！车1平3，车八进六！红方占优。

15. 兵三进一 卒3进1 16. 车九平七

细腻之着，将顺势开出左车。

16. ………… 卒3进1 17. 车七进三 马3进2

18. 炮八进四 炮7平2 19. 车四进四

红方多兵且位置极佳，形势大好。

（丙）车1平3

11. ………… 车1平3

平车象位，一来可以护住右马，二来又可伺机冲3卒进行反击，构思是不错的。但在红方有条不紊地重整阵形后，难免有些徒具形式。

12. 车九平六

似笨实佳，并伏有兵七进一的攻着。最容易受诱惑的是走炮五平七，但在黑方的强烈反击下难以控制形势：卒3进1！兵三进一，车8退1[正着。如车8平7，相三进五，车7进1，炮八退一得车；又如马3进4，马三进二（简明，如车四进二，则车8退3，车四平三？炮2退1！），马4退6，兵三进一，炮7进3，车九平三，马6进8，炮七进三！红优]，兵七进一，卒7进1或车3平4，黑方均可获得纠缠机会。

12. ………… 车8进1

如改走车8退1，则马六进七；又如改走车3平4，则炮五平六，均为红优。

13. 炮五平七 车3平4 14. 炮七平六 车4平3

15. 相三进五

至此，红方占有局面优势。

（丁）卒7进1

11. ………… 卒7进1

冲7卒立即反击，是不易发现的着法，然而却是最佳对策。

12. 马六进七

如改走兵三进一，则车8平7，马三退五，车7进1或车7进3，黑势颇有弹性。

12. ………… 车1平4 13. 兵三进一

如改走炮八平三，则炮7进4，兵三进一（如车四退二牵制，黑有炮2进5的好棋），车8平7，车九平八，车4平2（正着。如炮2退2，红有马七进九的侵扰手段），黑方反先。

13. ………… 车8进1 14. 车四退四 车8平7

15. 车九平七 车4进6

进车要道为反击做好准备，佳着。

16. 相三进一 车4平2 17. 车七平二 炮2退1

至此，黑方对红方构成牵制，其活跃的子力，足以补偿少卒的损失。

小　结

红方第11回合升车，伺机而动，具有一定的欺骗性。正着是炮五平六，仍可保持稍先的局面，以下变化是：卒3进1，兵三进一，车8退1（正着，如误走车8平7，红有相七进五，车7进1，炮八退一！黑失车），兵七进一，象5进3，炮八平七，马3进4！炮六进三，卒7进1，炮六进三，炮7平4，炮七平三，车8平7，相七进五，象3退5，黑方亦可接受。

针对红方的骗着，黑方前3种应法均不恰当，红方骗着得逞。（丁）变黑方冲卒反击，去伪存真，乃最佳对策。相比之下，红方反遭其害，得不偿失。

第14局　一着两用

1. 炮二平五　马8进7　　2. 马二进三　车9平8
3. 车一平二　马2进3　　4. 兵七进一　卒7进1
5. 车二进六　炮8平9　　6. 车二平三　炮9退1
7. 马八进七　士4进5　　8. 马七进六　炮9平7
9. 车三平四　车8进5　　10. 炮八进二　象3进5
11. 马六进五

红方马踏中卒，是一步具有欺骗性的攻着。一般多走炮五平六，红方稍先。

11. …………　车8平3　　12. 炮八平九　车1平3
13. 车九平八（图18）

双方以带有强制性的着法弈至如图18形势，面临红方的攻击，黑方主要有三种应法：（甲）炮2退1；（乙）马3进5；（丙）马7进5。现分述如下：

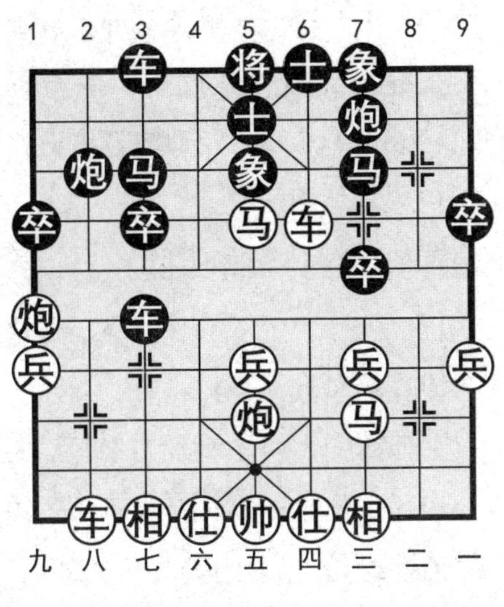

图18

（甲）炮2退1

13. ………… 炮2退1

退炮消极防守，反为红方提供良好的进攻机会。

14. 相七进九 车3进1

15. 炮九平七！

平炮牵制，以兑子取势，着法简明有力。

15. ………… 马7进5

16. 炮五进四 卒3进1

速劣之着，忽略了红方将有的妙着。值此之际，黑方只能走炮2平4，尽管形势被动，但尚能周旋。

17. 炮七进三 车3进2 18. 车四进二！

妙手阻击，迅速隔断了黑方双炮！至此，红方必将得子占优。

（乙）马3进5

13. ………… 马3进5

用右马踩马，仍不能解决炮位局促的弱点，黑方阵形仍有隐患。

14. 车八进七 车3平6 15. 车四平二！

红方避兑，当然之着。

15. ………… 马5进3 16. 车二进二！ 马3进4

在红方的战术紧逼下，黑方忍痛弃子，放马以求一搏，实属迫不得已。若改走炮7平6，则炮五进五，将5平4，炮五退三，红势极佳。

17. 车二平三

平车杀炮，当仁不让。

17. ………… 马4进3 18. 帅五进一 车3平4

19. 炮九平五！

平炮镇中，可牵制黑方右车，红方由此确立胜势。

19. ………… 马7进5 20. 车三平四！

精妙绝伦！以下黑如车6退4，红有炮五进三，士5进4，炮五进四，重炮杀。

（丙）马7进5

13. ………… 马7进5

用左马踩马，有惊无险，乃黑方的最佳对策。

14. 车八进七 炮7进1！

一着两用的好棋！既消解了丢马的威胁，又防止了红方的进车捉炮，黑方顺利完成防御。此着如改走车3平6，红有车四平三，炮7进1，车八退一。黑方难免失子。

15. 车八退一 卒1进1 16. 炮九平八 马5进3

至此，黑方获得了满意的对抗形势。

小 结

红方第11回合的马踩中卒，可算是典型的布局骗着。在附图局面下，由于子力犬牙交错，黑方一旦应付不当容易吃亏。前两种应着，黑方处理欠妥，结果陷入困局。（丙）变黑方去伪存真，并以轻灵的着法一举破解了红方骗着，获取了不错的形势。

黑方的对策中，以（丙）变为最佳，其中第14回合升炮暗护中马，“一着两用”，颇具巧思，值得借鉴。

第15局 攻守兼备

1. 炮二平五 马8进7 2. 马二进三 车9平8

3. 车一平二 马2进3 4. 兵七进一 卒7进1

5. 车二进六 炮8平9 6. 车二平三 车8进2

7. 炮八平七

对黑方布成的高车保马阵形，红方平炮对黑右马施加压力，是先手方争取主动并经常采用的一种攻法。

7. ………… 炮2退1

对红方的威胁置之不理，退炮直接反击，暗藏玄机，是典型的布局骗着。正着是象3进5巩固阵形。

8. 兵七进一

刻不容缓。假如红方稍有退让的话，黑方将赢得良好的反击机会。

8. ………… 炮2平7

9. 车三平四 车8进6

10. 兵七进一 车8平2（图19）

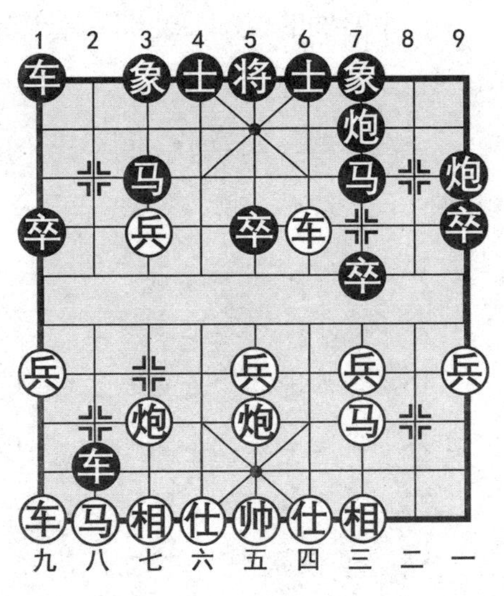

图19

黑方按计划而行，以带有强制性

的手段“迫使”红方弈至如图形势。粗略一看，红方似乎可以马上得子。假如红方此时未能识破黑方的意图，急于求成，必将导致战术纠纷，获益的将是黑方。请看以下两种变化：（甲）兵七进一；（乙）炮七进五。

（甲）兵七进一

11. 兵七进一

轻率冒险之着。红方意想的优势很快将化为泡影，而他的弱点却更加明显地暴露出来。当然，改走车四进二也将一无所获，由于黑有车 1 进 1 的解着。

11. ………… 炮 9 平 3　　12. 炮七进七　车 1 平 3

13. 车四进一

这正是红方寄予希望的战术手段。但在黑方以下的巧妙腾挪之后，局面顿然改观。红方 12 回合如改走马三退五，则炮 7 平 2（亦可考虑走炮 7 平 5），黑方反先。

13. ………… 炮 7 平 3　　14. 马三退五　前炮平 5

一个必要的过门，使红棋黯然失色。

15. 炮五进四

试图一搏。如改走车四平三（如马五进三，黑炮 3 进 1 占优），则炮 5 进 4，车三退一，炮 3 平 5，车三平五，车 3 进 6，红方将束手待擒。

15. ………… 炮 3 平 5

弃子攻杀，黑方全线反击。

16. 炮五进二　士 4 进 5　　17. 车四平三　车 3 进 9

18. 车三平五　车 2 平 4　　19. 马八进七　车 3 平 1

20. 车五退三

经几番交锋之后，黑方已确立了优势。红方这步退车出于无奈，如改走以下两种着法，亦难以对抗：（1）车五平七，将5平4，马五进四，车4平3，仕四进五，车1平3，红方失子；（2）车五平八，将5平4，马五进四，车1平3，车八退五，车4退1，红马难保。

20. …………　车1平3　　21. 车五平七

如改走车五平六，则车3平4！

21. …………　车4进1　　22. 马七退六　车3退4

至此，黑方“一车十子寒”，残局可胜。

（乙）炮七进五

11. 炮七进五　炮7平3

红方虽说先得一子，但在黑方这手平炮之后，“麻烦”也随之接踵而至。

12. 炮五平七

为保持多子的权宜之策。如改走炮五进四，则炮9平3，相七进五，马7进5（正着，否则红有空头炮的攻势），车四平五，前炮平5，车五平六，炮3平7或卒7进1，黑方均可取得满意的对抗形势。

12. …………　炮3进2　　13. 车四退二　炮9平3

14. 炮七进五　车1进2　　15. 炮七进一

如改走炮七平四，黑方炮3平2占优。

15. …………　车1退1

直接走车1平2可追回失子，但红方兵三进一后，黑方难占便宜。

16. 炮七退一　车1平3　　17. 炮七平六

红方子力受制，已较为被动，此手平炮还算明智。如改走车四进三，则马7进8，车四平二，马8进7，纠缠下去红方不利；又如改走炮七平四，黑方象3进5后（如径走炮3平2，则炮四平八，炮2平4，车四平六，红方可简化求和），再炮3平2找回失子。

17. ………… 士4进5　　18. 炮六退五　炮3平2

19. 相三进五　炮2进6

黑方夺回失子，形势主动。

上述两种变化中，红方急于求成贪吃黑马，遭到了黑方战术性的反击，结果均不理想。红方的最佳对策是：（丙）马三退五。

（丙）马三退五

11. 马三退五

一步攻守兼备的好棋。只有精辟地分析局面后才能走出。由于红方已有过河兵的优势，这步退马在加强自己阵营的同时，等于把难题留给了黑方。

11. ………… 马3退5

困难的选择。黑方另有3种应着：（1）炮9进4，马五进三，马3退5，车四进一，黑方难应；（2）炮7平2，炮七进五，炮9平3，兵七进一，车1进2，兵七进一，炮2进8，马五进七，车2平3，车九平八，车3退1，兵七进一，车3退7，车四平三，红方大优；（3）炮7平3，兵七进一，炮3进6，马五进七，炮9平3，车九进一，车1平2，车九平八，车2进8，车四平三，象3进5，马七进六，车2进1，马六进四，黑方极为被动。

12. 车四进二　炮7平9　　13. 兵三进一！

一步巧妙的突破。

13. ………… 车2退4

只好如此。如走以下两种应着，黑方更加不利：（1）卒7进1，炮五平三，车1进2，炮七平五！炮9进4，炮五进四，红胜定；（2）车1平2，兵三进一，前车进1，车九平八，车2进9，兵三进一，红方压倒优势。

14. 炮五平三　炮9进4

如改走车2平6，则炮三进三！黑方速劣。

15. 炮三进三　象7进9

无奈。如改走马7进8，红有炮七平五的手段。

16. 炮三进一

至此局面明朗，红方已主宰了全局。

小　结

黑方第7回合的退炮，着法强硬，极具欺骗性。双方弈至如图局面时，红方一旦急功近利贪得黑马，黑方所伏有的一系列战术反击手段，将很快地表现出来，（甲）变与（乙）变都充分验证了这一点。然而在（丙）变中，红方回马窝心，以退为进，是一步具有战略意义的好棋，反而令黑方进退两难。在此后的变化中，如果红方走得符合逻辑而又能够适时突破，黑方将难以抗衡。

在双方对攻的情况下，有许多时候，既要狠狠地打击敌人，又要确保家园的安全。这时实施攻守兼备的佳着，往往是每位棋手所梦寐以求的。本局红方马退窝心，寓守于攻，可谓是“攻守兼备”的典型范例。

第16局　先弃后取

1. 炮二平五　马8进7　　2. 马二进三　车9平8

3. 车一平二　马2进3　　4. 兵七进一　卒7进1

5. 车二进六　炮8平9　　6. 车二平三　车8进2

7. 马八进七　象 3 进 5

8. 马七进六　炮 2 进 4（图 20）

以上双方形成中炮过河车对屏风马高车保马的一路变化。

如图 20 形势，黑方飞炮过河窥视红兵，展开反击之势，对此红方必须处理，其经常采用的两种着法是：（甲）兵三进一；（乙）兵五进一。现分别介绍如下：

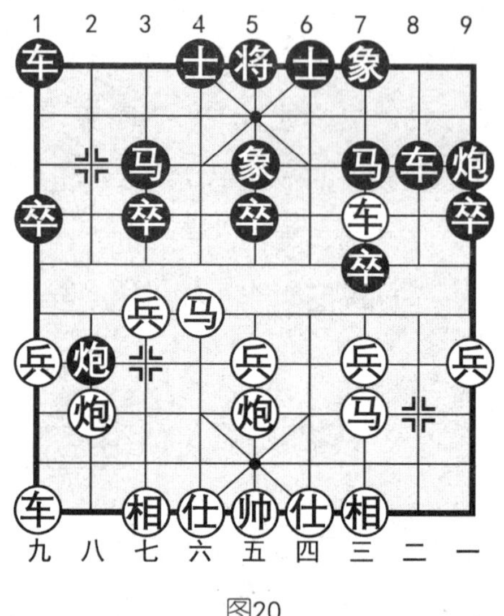

图20

（甲）兵三进一

9. 兵三进一

直接邀兑三兵，是初级爱好者易犯的错误，可谓正中黑方下怀。

9. ………… 炮 2 退 1

轻轻一步退炮，一步猝不及防的巧着，立使红方陷入两难境地。如随手走卒 7 进 1，则兵七进一，红方主动。

10. 兵三进一

只好如此。如逃马，黑炮打兵后一箭双雕，将有强大攻势。

10. ………… 炮 2 平 4　　11. 兵三平二　炮 4 退 2

黑方退炮打车，着眼于全局，着法明快。如改走马 7 退 8，则马三进四，红方尚有一定的先手。

12. 兵二进一　炮 4 平 7　　13. 兵二进一　炮 7 进 6

14. 仕四进五　车 1 平 2　　15. 炮八平六　车 2 进 4

黑方大占优势。

（乙）兵五进一

9. 兵五进一　炮2退1

难道红方冲中兵，就不怕黑方这一手退炮串打了吗？其实红方明察秋毫，早有对策。

10. 马六进七　炮2平5　　11. 马三进五　炮9进4

进行强行逼兑，黑方可夺得空头炮的“便宜”。如改走车1平2，则炮五进二，车2进7，炮五平四，以下红方有炮四进三与马五进六等后续手段，明显主动。

12. 炮五进二

不宜走兵三进一，由于黑有车8进4。

12. …………　炮9平5　　13. 兵九进一！

立即挺起边兵，使黑方空头炮难有用武之地，刻不容缓。

13. …………　卒5进1　　14. 车九进三　卒5进1

15. 炮八进二　士4进5　　16. 炮八平五

通过先弃后取，红方取得了局面优势。

小　结

黑方第8手进炮打兵，急于反击并带有欺骗性。这一并不成熟的着法，被红方识破后反落被动。黑方走炮2退1较有弹性，双方仍有旗鼓相当的局面。

对于黑方的骗着，红方（乙）变构思巧妙，卖个“空头”，最终以“先弃后取”的战术夺回主动，颇堪玩味。

第17局　奋起还击

1. 炮二平五　马8进7　　2. 马二进三　车9平8

3. 车一平二　马2进3　　4. 兵七进一　卒7进1

5. 车二进六　车1进1

针对红方中炮过河车的攻着，黑方立即抬起横车，意在迅速出动大子，加强反击能力。

6. 马八进七

左马正起，虽属可行之着，但也易给黑方反击之机。另一稳健的下法是炮八平七，以下黑如车1平4，则炮七进四，象3进1，马八进七，车4进2，兵七进一，象1进3，车九平八，车4平3，车八进七，象3退5，马七进六，车3进1（如车3进6，红车二平三占有主动），车八退三，红方较有先手。

6. …………　车1平4

7. 炮八平九　炮2进4

进炮反击，是黑方力争抗衡的关键着法，并能避开红方出车捉炮的先手。

8. 兵三进一　卒7进1

9. 车二平三（图21）

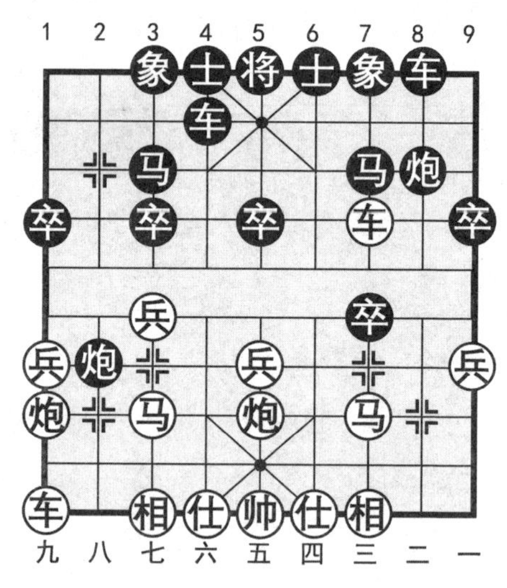

图21

红方弃兵后再平车压马，是具有欺骗性的攻着。红方第8回合一般多走兵五进一，车4进5，车九平八，双方互相牵制。

如图 21 形势，黑方主要有三种应着：（甲）车 4 进 1；（乙）车 4 平 7；（丙）炮 8 进 4。现分述如下：

（甲）车4进1

9. ………… 车 4 进 1

如马 7 退 5，红可车三退二，轻松取势。

10. 车九平八

抢先之着。若先走车三退二，黑则炮 8 退 1，马三进四，炮 8 平 7，马四进五，车 8 进 9！黑可强烈反击。

10. ………… 炮 8 进 4　　11. 车三退二　炮 8 平 7

12. 相三进一　炮 2 平 3

逼着。若走士 4 进 5，则兵五进一，黑方失子。

13. 兵五进一　车 8 进 6　　14. 兵五进一

红方攻势强劲，黑方无法防御。

（乙）车4平7

9. ………… 车 4 平 7

平车护马，难免有些委屈，并在出子速度上明显落后。

10. 马七进六！

紧着！如车九平八，黑可炮 2 平 3，车三退二，车 8 进 1，较能抗衡。

10. ………… 车 8 进 1

如果走卒 7 进 1，则兵七进一！红方主动。

11. 车九平八　炮 8 进 4　　12. 车三退二　炮 8 平 7

13. 相三进一　马 7 进 8　　14. 车三平二　马 8 退 7

15. 车二进四　车 7 平 8　　16. 兵五进一！

正确的进攻。如误走兵七进一，则卒3进1！马六退八，车8平2，兵五进一，卒3进1，车八进一，卒3进1，黑方反夺优势。

16. ………… 车8平2　　17. 仕六进五　炮2进2

18. 兵五进一

红方抢攻在前，形势较优。

（丙）炮8进4

9. ………… 炮8进4！

（图22）

不畏红方吃马，推炮反击，战术敏锐！

如图22形势，红方有车三进一与车三退二两种着法。分列于后：

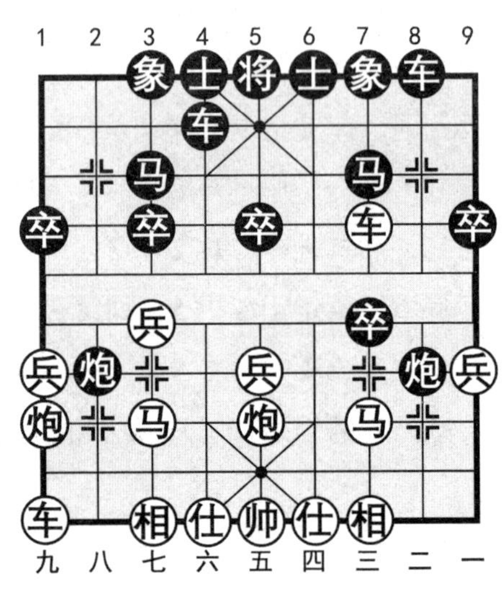

图22

（一）车三进一

10. 车三进一

强行夺子，将面临黑方的猛烈攻势，显然得不偿失。

10. ………… 炮8平7

11. 车三平七　炮7进3　　12. 仕四进五　炮7平9

13. 仕五进六

如改走车七平四，黑可卒7进1，红亦失守。

13. ………… 车4平8　　14. 炮五进四　车8进8

15. 帅五进一　车8退1　　16. 帅五退一　将5进1

黑方连点二将定位，之后再上将解除红方的抽将，着法老练，次序井然。凭借下步车8平7的杀着，黑方已然步入佳境。

17. 车九进一　炮2进2　　18. 仕六进五　车8进1

19. 仕五退四　车8退7　　20. 仕四进五　车8平3

抽掉红车，黑方胜券在握。

（二）车三退二

10. 车三退二

回车杀卒，是出于稳健的选择，黑方由此抢得反击之机。

10. …………　炮8平7　　11. 相三进一　马7进6

12. 兵五进一　象7进5　　13. 兵五进一

若改走车九平八，则车4进5，黑势亦很乐观。

13. …………　卒5进1　　14. 车三平四

红方另有两种下法，黑方仍然有利：（1）车三进一，炮7平5！马七进五，象5进7，马五进四，士6进5，车九平八，车4进5；（2）马七进五，马6进5，马三进五，车4进5！车三退一（如马五进六，黑有炮7平5！炮五进三，士4进5，马六进七，车8进8！伏车8平4与车4进2的双杀手段，黑胜定），炮2平5，炮五进三，士4进5。

14. …………　马6进8　　15. 车四平三

如炮五进五轰象，黑可车4进5，再马8进9占优。

15. …………　车4进5　　16. 马三进五　炮2平5

17. 炮五进三　士4进5　　18. 车三退一　车8进4！

升车捉炮，连消带打，使红方的战术企图化为乌有，黑势渐长。

19. 炮五退一　车8平5　　20. 车三进一　车4平3！

21. 炮五平二　车3进1

黑方先发制人，伏有多种闪击、抽吃等手段，红方难能抵御。

小　结

对于红方所设计的骗局，黑方前两种应法软弱，红方计谋得逞。黑方第3种应着奋起还击，当属最佳对策，演变结果，黑方倚仗活跃的子力，四面出击并高奏凯歌。

毫无疑问，本局红方的骗着不足为取，因为黑方一旦应出炮8进4，红方反遭其害。当然，黑方在反击中有一些重要与漂亮的着法，亦值得注意。

第18局　车入花心

1. 炮二平五　马8进7　2. 马二进三　马2进3
3. 车一平二　车9平8　4. 兵七进一　卒7进1
5. 车二进六　象7进5

飞左象是一种老式的应着，其特点是左柔右刚，在防御中伺机反击。

6. 马八进七　车1进1　7. 车九进一

对黑方采取的左象横车阵式，红方左车横出不够有力，因为黑方可以从容展开反击。较为明快的攻法是车二平三或马七进六。

7. …………　炮2进4

右炮过河，应着准确。如先走车1平4，则车二平三，车8平7，车九平二，红优。

8. 兵五进一

冒进之着。改走车九平六较为适宜，虽然经过炮2平7，相三进一，红方并不占先。

8. ………… 车1平4

9. 兵五进一　车4进5！

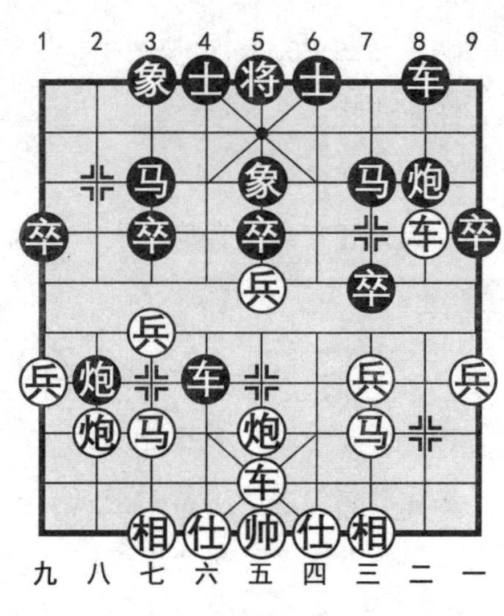
图23

进车配合过河炮，将红方兵线完全封锁，弈来积极有力！如随手走卒5进1去兵，红可马七进五，车4进5，炮五进三，士6进5，车九平六，红方主动。

10. 车九平五（图23）

红方车立花心，别出心裁，是步设计精巧的布局骗着。对此，黑方绝不能掉以轻心。

如图23形势，黑方主要有两种着法：（甲）车4平3；（乙）卒5进1。现分述如下：

（甲）车4平3

10. ………… 车4平3

看起来是一步攻击紧着，红方似乎不好应付，但红方绝处逢生，走出了如下的妙手。

11. 炮五进四！

正当红马无路可逃之时，红方突发冷着，炮轰中卒中心开花，顿时图穷匕见，计谋得逞！

11. ………… 马3进5　　12. 马七进五　马5退3

如下的变化，黑方亦不能改善局面：炮2平5，马三进五，马5退3，马五进六，车3平2，炮八平五，红方攻势强大。

13. 马五进六　车3进1　　14. 车五进一　车3平5

15. 相七进五　马3退1

唯一可行的防御。若改走炮 8 平 9，则车二平三，马 7 退 5，马六进八，红方速胜。

16. 兵五进一

至此，红方弃子夺势，大有可为。

（乙）卒5进1

10. ………… 卒 5 进 1

去兵消除隐患，应着稳正。

11. 马七进五 炮 8 退 1！

保持复杂局面的有力变着！可加强中路反击，并对局势的发展充满乐观。如果走炮 2 平 5，红有马三进五，车 4 平 5，炮五进三，车 5 退 2，车五进四，炮 8 退 1，车五退四，炮 8 平 5，车二进三，马 7 退 8，炮八平五，马 8 进 7，局面简化，容易成和。

12. 车二平三

如果走车二进一，黑可炮 8 平 5！车二平三，卒 5 进 1，黑方优势。

12. ………… 炮 2 平 5 13. 马三进五 车 4 平 5

14. 车三进一

显然不能走炮五进三，经过车 5 退 2，车五进四，炮 8 平 5，红方失子。

14. ………… 士 6 进 5 15. 车三平二

如车五平四，黑可炮 8 进 4，红方没有什么好处。

15. ………… 车 8 平 6！ 16. 车五平六

显然不能贪吃黑炮，否则红将穷于防范。例如：车二进一，车 5 平 6！车五平二，前车进 3，帅五进一，车 6 进 6，黑方胜势。

16. ………… 炮 8 平 7 17. 车六进五 炮 7 进 5

黑炮出击后，已对红方构成威胁。相比之下，黑方更为易走。

小　结

对于红方精心设计的骗局，黑方（甲）变过分强硬，正所谓"弦紧易断"，红方乘机弃子谋攻占优。黑方（乙）变识破红方意图，去中兵消除隐患，再退炮强化反击之势，取得的效果令人满意。

尽管在黑方正确的对策下，红方计划并不能实现，但红方"车入花心"所设计的骗着仍不失精巧，颇耐人寻味。

第19局　互有顾忌

1. 炮二平五　马 8 进 7　　2. 马二进三　车 9 平 8

3. 车一平二　马 2 进 3

4. 兵七进一　卒 7 进 1

5. 车二进六　马 7 进 6（图 24）

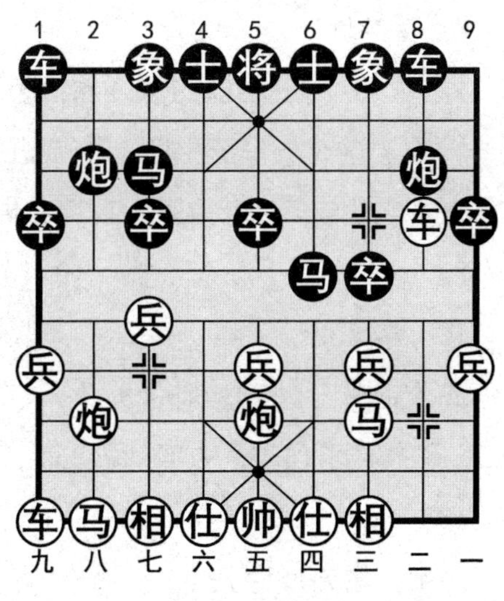

图24

如图 24 形势，双方形成了中炮过河车对屏风马左马盘河的常见阵势。面对黑方卒 7 进 1 的威胁，红方如果畏惧对方冲卒而一味避让的话，黑方将获得较为乐观的局势。

（甲）车二退二

6. 车二退二

退车避让，无形之中白失一先，容易给黑方充分的时间调整阵形。另如改走车二平四，则马6进7，红方徒劳无功。

6. ………… 炮2退1

退炮准备横向移动，机动灵活富于弹性，是支持河口马的有力着法。

7. 兵三进一

如改走车二平四，则炮8进2，黑方下步有炮2平6的手段，可从容应战。

7. ………… 卒7进1

正着。如改走炮2进4（华而不实，授人以隙），则马八进七，卒7进1（如炮2平7，则相三进一，炮7进1，车九平八，红主动），车二进一，马6退7，车二平八，黑方有失子之危。

8. 车二进一

为“捍卫”主动权的强硬着法。如改走车二平三，则炮8平7，车三进一，象7进5！车三平四，炮7进7，仕四进五，炮7平9，帅五平四，车1进1，黑方弃马夺得强大攻势，局势生动。

8. ………… 马6退7　　9. 车二平三　炮8进4

10. 车三退一

如改走车三进二，则炮8平7，车三平七，炮7进3，仕四进五，象7进5，黑方弃子强攻，攻势猛烈。

10. ………… 车8进2

至此，黑方反夺先手。

作为红方，是不是一定要主动避开过河车呢？黑方的卒7进1难道真的那么厉害吗？下面让我们来看看红方的正确走法。

（乙）马八进七

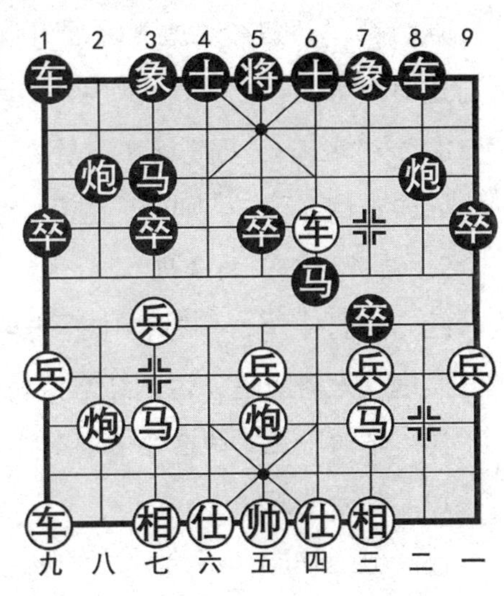

图25

6. 马八进七

自然出子，静观其变，是维护先手的正着。

6. …………卒7进1

立即冲卒反击，时机并不成熟，可视为典型的布局骗着。正着是象3进5，以巩固棋形为好。

7. 车二平四（图25）

平车捉马，稳健并易于控制局势。如改走车二退一，则马6退7，势必引起战术纠纷，以下红如车二退二，则炮2进4；红又如车二平三，则炮8退1，红方未必能够获利。

如图25形势，黑方主要有马6进7，马6进8与卒7进1三种下法，分列于后：

（一）马6进7

7. ………… 马6进7　　8. 炮五平六

避让红炮十分必要，以防止黑方简化局面。如改走车四平三，则马7进5，相七进五，象3进5，车三退二，炮8平6，局势平稳。

8. ………… 象7进5　　9. 车四平二

如改走车四平三，黑有车8平7的兑车手段。

9. ………… 车1进1　　10. 炮八进二　车1平7

11. 相七进五

打死黑卒，红方阵形良好稳持先手。

（二）马6进8

7. ………… 马6进8　8. 兵三进一！

强行弃马，是令人意想不到的好棋！如改走马三退五，则卒7进1，黑方足可满意。

8. ………… 马8进7

如果走炮8平7，则马三退五，红方以退为进占有优势。

9. 炮五进四　马3进5

红方炮打中卒，一举击中黑方要害，成功地运用了先弃后取的战术。黑方换炮乃大势所趋，否则红方持有空头炮强大攻势。

10. 车四平五　炮2平5　11. 炮八平三　炮8进7

12. 仕六进五

补仕巩固阵形，不给对方可乘之机。至此，红方已拥有了多兵与兵种上的优势，只要能够做到攻守兼备，特别是抑制住黑方尚不成熟的攻势，发展下去形势极为乐观。

（三）卒7进1

7. ………… 卒7进1　8. 车四退一　卒7进1

9. 马七进六

几手交锋下来，黑方只是得到了过河卒之利，但一卒终难成气候。抓住这一时机，红方立即跃马出击先发制人，着法可谓简洁明快。如改走车四平二，则卒7平6，炮五平六，车1进1，红方无益。

9. ………… 炮8平5

架炮以加强中路。如改走卒7进1，则炮八平七，象7进5，车九平八，车1平2，兵七进一！卒3进1，车四平二，黑方子力受制，红方极为有利。

10. 兵七进一　车8进5

如卒3进1，红可车四平七占优。

11. 兵七进一 车 8 平 4 12. 兵七进一 炮 2 进 4

13. 炮八平三

局势至此，红方稳获优势。

小 结

对于黑方的左马盘河，红方由于害怕对方立即冲卒反击，在（甲）变中退车避让，并因运车过多，着法迂回，丢掉了先手。（乙）变红方左马正起选择正确，对黑方冲卒反击的布局骗着，不仅有足够的应付能力，并适时出击还以颜色，仍可保持先手，掌握主动。

黑方左马盘河以威胁红车而对红方构成牵制，但本身左翼形成无根车炮亦有弱点，是一步利弊参半的战术着法。双方可谓互有顾忌。通过文中的分析，相信大家都已清楚地了解了，作为红方不必畏惧黑方的冲卒反击，没有主动逃车的必要。

第20局 迫于无奈

1. 炮二平五 马 8 进 7 2. 马二进三 车 9 平 8

3. 车一平二 马 2 进 3 4. 兵七进一 卒 7 进 1

5. 车二进六 马 7 进 6 6. 马八进七 象 3 进 5

7. 车二退二

红方退车巡河，有嫌示弱，致使黑方赢得时间，从容调整阵形。一般多走炮八平九与炮八进一，将形成正常变化。

7. ………… 炮 2 退 1

退炮乃调整阵形的佳着，可策应左翼的反击。另可径走卒 7 进 1，车二平三，炮 8 平 7，两种变化中，先退炮显得更为含蓄。

8. 车九进一

起横车以加强进攻火力。如改走车二平四，则炮 8 进 2，黑方下手有炮 2 平 6 打车的手段，阵形工整坚实，并有反弹之势。

8. ………… 卒 7 进 1

9. 车二平三 炮 8 平 7

10. 马七进六（图 26）

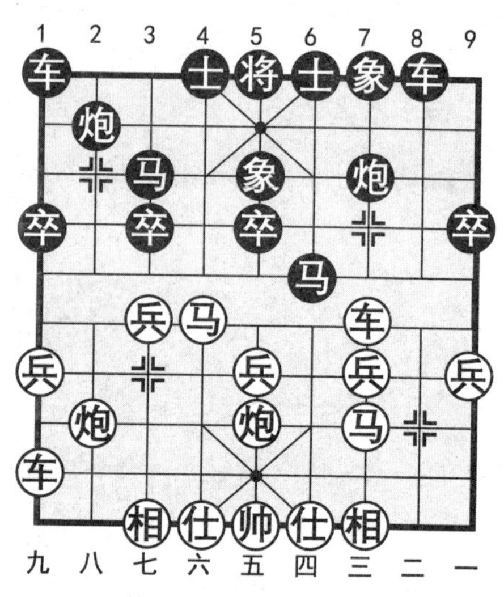

图26

如图 26 形势，红方跃马强行逼兑是典型的布局骗着。红方最希望黑方接走炮 2 平 7 或炮 2 进 4，那么红方将伏有一连串的兑子争先手段。在此黑有两种应着：（甲）炮 2 平 7；（乙）马 6 进 4。

（甲）炮2平7

10. ………… 炮 2 平 7

如改走炮 2 进 4，则马六进四，炮 2 平 7，与主变雷同。

11. 马六进四

舍车兑子争先，乃红方预谋的手段。这一出人意料的好棋，使红方“顺理成章”地扩大了先手。

11. ………… 炮 7 进 4

12. 马四进三 车 8 进 2

如改走炮 7 进 2，则马三进二，炮 7 平 2，马二退三或车九平六，红方均可多兵占优。

13. 前马退五 炮 7 进 2

如改走炮7退3，则马五退三（保持复杂局面，如兑炮，红虽优但局势透松），车8退1，车九平四，士4进5，车四进五，红方子占要道，且多兵优势不小。

14. 炮八平三　马3进5　　15. 炮五进四　士6进5

16. 车九平四

至此，红方多兵占势，黑方陷入困局。

黑方的（甲）变应法，平炮打车过于死板，只顾埋头于己方的反击计划，没有发现红方兑子争先的巧妙手段，致使棋势处于困境。因此，黑方应当根据形势的变化，灵活机动地制订战略战术。

（乙）马6进4

10. …………马6进4　　11. 车三进三

红方吃炮必然。如改走车三平六，则炮2平7，红方三路线受攻无以防范。

11. …………　士4进5

补士以逸待劳，巩固阵形待变。如贸然进攻而改走卒3进1（看似巧妙，但打开局面后并不有利），则兵七进一，马4进2，车九平八，马2退3，炮八平七，前马进4，炮五平六，黑方攻势瓦解，子力松散，红方占优。

12. 车九平六　车1平4　　13. 车六进二

升车准备套炮牵制，意在逼迫黑马离开河口。如车三退三，黑有炮2进4（如换炮，红多兵较优）！足可抗衡。

13. …………　车8进4

升车巡河，不为红方所惧，胸有成竹。若是走马4进6，则车六进六，士5退4，炮五平四，正合红方之意。

14. 炮五平六

如炮八平六，黑有炮2平4！车六进一，炮4进6，车六进五，将5平4，红方反落后手。

14. ………… 卒3进1！

积极的下法！如采用炮2平4，兑子后红方易下。

15. 兵七进一

明智的选择。如改走炮六进二，则卒3进1，炮六进四，炮2平3，黑方弃子夺势，红方得不偿失。

15. ………… 车8平3 16. 相三进五

不宜走炮六进二，由于黑有车3进3。

16. ………… 炮2平4 17. 车六进一 炮4进6

18. 车六进五 士5退4

至此，双方势均力敌。

小　结

对于红方第10回合的骗着，黑方（甲）变盲目反击，被红方兑子取势乘机利用，局势陷入困境。黑方（乙）变应付得当，使红方无懈可击，最终取得了满意的对抗之势。

本局红方的布局骗着，给人一种“迫于无奈”的假象，意欲诱使黑方就范。黑方如能客观分析形势，不受“猴拉马”与平炮打车的诱惑，采取（乙）变可安然无恙。

第21局　左移计划

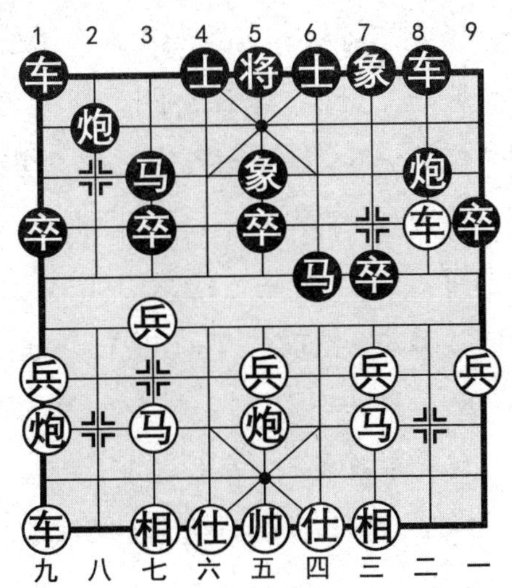

图27

1. 炮二平五　马8进7
2. 马二进三　车9平8
3. 车一平二　马2进3
4. 兵七进一　卒7进1
5. 车二进六　马7进6

左马盘河，威胁红方过河车，是屏风马方对抗中炮过河车的重要变例。此布局在20世纪七八十年代较为盛行。

6. 马八进七　象3进5
7. 炮八平九

平边炮，准备亮车攻击黑方右翼。此外另有车九进一、炮八进一和兵五进一等多种选择。

7. …………　炮2退1（图27）

黑方退炮，意在左移加强反击，是一种欺骗性较强的变着。通常黑方此着多走卒7进1，红如车二平四，则马6进8，马三退五，卒7进1，车九平八，车1平2，马七进六，炮8平9，双方互攻一翼，各有顾忌。

如图27形势，红方主要有两种着法：（甲）车九平八；（乙）炮五平四。现分述如下：

（甲）车九平八

8. 车九平八

红方亮车捉炮，任由黑方计划顺利实现，似有不智之感。如下两种着法，黑方亦可从容应战：（1）车九进一，炮2平7，车九平四（如车九平六，则卒7进1，车二平四，卒7进1，黑方主动），炮8平6！车二进三，炮6进6，红方有落空之感，黑据反先之势；（2）兵五进一，卒7进1，车二平四，卒7进1，车四退一，炮8平7（佳着！如卒7进1，红有车四平二易走），马七进六（如马三退五，黑有车8进8！伏车8平6等攻着，可弃子抢攻），卒7进1，相三进一，炮2进4，黑方较优。

8. ………… 炮2平7 9. 车二平四 马6进7

10. 车四平三 车8进1

提车护炮，保持对红方三路线的牵制，乃预谋的战术手段。

11. 马七进六 士4进5 12. 炮五平六

红方已感到压力，遂卸炮调形，以免遭不测。若是走车三平二，黑有车1平4，马六进七（如马六进五，则车4进3），马7退6！车二平四，马6进5！马三进五，炮7进8，帅五进一，炮8进6，马七进九，车4进9，对攻中，黑方将捷足先登。

12. ………… 炮8平6 13. 相七进五 马7退8！

退马佳着。伏有炮6平7的续攻手段，红方难下。

（乙）炮五平四

8. 炮五平四！

一步具有战略意义的好棋！炮轰底士威胁，逼迫黑方补士防范，从而有效地破坏了黑方的反击计划，确保先行之利。值得提及的一路变化是：车二平四，马6进7，炮五平四，士4进5，车九平八，炮2平4，车四平二，车8进1，车八进八，炮8平7！车二平三，炮7退1，此变红方虽然也能起到阻止黑炮左移的作用，但红方由于车二平四这步棋的效率较低，也给了黑方摆脱左翼中炮牵制的良机，红方不能满意。

8. ………… 士4进5

出于无奈的选择。如下两种着法，红均有攻杀手段：(1) 炮2平7，炮四进七！象7进9，炮四退二，卒7进1，车二退一，红优；(2) 卒7进1，车二平四，马6进7（如马6进8，红有炮四进七，象7进9，车四进一！红优），炮四进七，车8进1，车九进一，黑方残士有后顾之忧。

9. 车九平八　炮2平4

如改走炮2平3，则车八进八，车1平3，车二退二，卒3进1，车二平四，马6退7，兵七进一，炮3进3，马七进八，亦为红优。

10. 车八进八　炮4进2　　11. 车二退二　卒7进1

12. 车二平三　炮8平7　　13. 马七进六

进马邀兑，简明之着，将确保优势局面。如果要求多变，也可走炮四平六。

13. ………… 马6进4

如炮7进4，红可相三进五，马6进4，车三退一，黑方右翼子力局促，红方主动。

14. 车三平六　炮4退3　　15. 车六平三　炮7平6

16. 炮四平七

红方稳占优势。

小　结

对于黑方退炮的变着，红方（甲）变流于习俗，黑方计划得以顺利实现；红方（乙）变以平炮轰士为威慑，有力地破坏了黑方计划，并最终夺取优势。

在布局中，洞察对手的行棋意图，行之有效地破坏对方的作战计划，往往是争取优势局面的最基本方法。

第22局　反戈一击

1. 炮二平五　马8进7　　2. 马二进三　车9平8

3. 车一平二　马2进3　　4. 兵七进一　卒7进1

5. 马八进七　炮2进4

黑方右炮过河，图谋反击，应着较为积极。也可改走象3进5稳固阵营，进行防御。

6. 兵五进一

冲中兵展开攻势，并防止黑方平炮打兵。除此另有车二进四、马七进六和兵三进一等多种选择，都将引起复杂变化。

6. …………　炮8进4

形成中炮七路马对屏风马双炮过河的著名变例。此变双方战术纠纷明显，局势多变，往往导致激烈对攻的局面。

7. 车九进一

如改走兵五进一，则士4进5，兵五平六，象3进5，红方由于子力被封，后续力量有嫌不足，黑方较为满意。

7. …………　炮2平3　　8. 相七进九　车1平2

9. 车九平六　车2进6

黑方右车挺进，意在强化封锁之势，并准备弃子取势与红方对抗。另一可选的下法是炮3平6，以下红如车六进六，则炮6进1，双方短兵相接，局面呈尖锐化。

10. 兵三进一（图28）

常见的攻法是车六进六，黑可象7进5，车六平七，士6进5，形成红方多子，黑方占势的两分局面。现红方强送三兵主动求变，是一步典型的布局骗着。

如图28形势，双方剑拔弩张，一场恶战在所难免，黑方主要有两种着法：（甲）卒7进1；（乙）炮3平6。现分述如下：

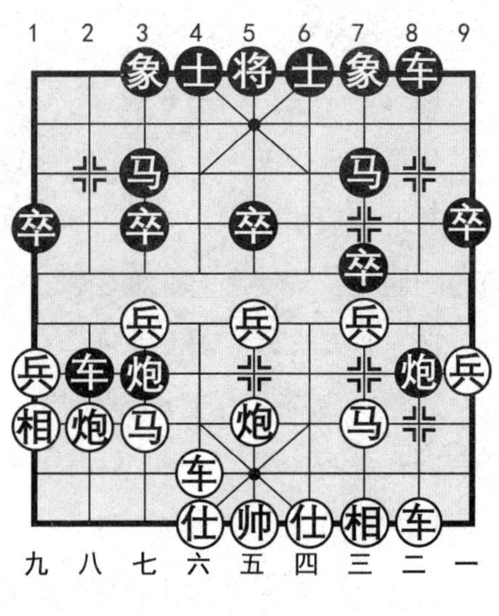

图28

（甲）卒7进1

10. ………… 卒7进1

受骗之着！看起来黑方白过一卒，但红方却伏有精妙的战术手段。

11. 车六进二 炮8退2

两权相害择其轻，退炮乃权宜之策。若是走马7进6，经过兵五进一，马6进7，兵五进一，士4进5，兵五平六，象3进5，车六进一，炮3平5！黑有反击。但红方不必大动干戈，可通过轻灵的转换夺取优势：车六平二！车8进6，车二进三，卒7进1，车二进二，马6进4，马三退五，卒7平6，车二平六，马4进3，马五进七，卒6进1（如炮3平5，红可炮五平一占优），车六退二（简明有力！如炮五平六，黑炮3平5有攻势），卒6平5，炮八平五，下步续有炮五进一等手段，黑方难以对抗。

12. 兵五进一

中兵挺进，志在谋取攻势。选择相三进一的下法也不错，以下黑如炮8平7，红有车二进九，马7退8，马三退二，象7进5，炮八退二，卒7

平 6，仕六进五，卒 6 平 5，炮八平七！红将得子占优。

12. ………… 士 6 进 5　　13. 马三进五　炮 3 平 5

14. 车六平五　车 2 平 5　　15. 马七进五　卒 7 平 6

经过一段拼杀，黑方似乎渡过难关，并未造成什么损失，但红方下步有力的逼兑，却使黑方面临困境。

16. 马五进六　炮 8 平 4

痛苦的选择，尽管极不情愿。如果走马 3 退 1，仍然不能改善局面，红有炮五进四！马 7 进 5，兵五进一，黑方车炮脱根，红方优势。

17. 车二进九　马 7 退 8　　18. 兵五平六

至此，局面虽然简化，但黑方右马呆滞面临攻击，红方较有可为。

（乙）炮3平6

10. ………… 炮 3 平 6！（图 29）

不为红兵所惑，径直平炮占肋反击，并避免了红方车六进二的手段，是一步算度深远的好棋！

如图 29 形势，红方主要有马七进六与兵三进一两种选择，分列于后：

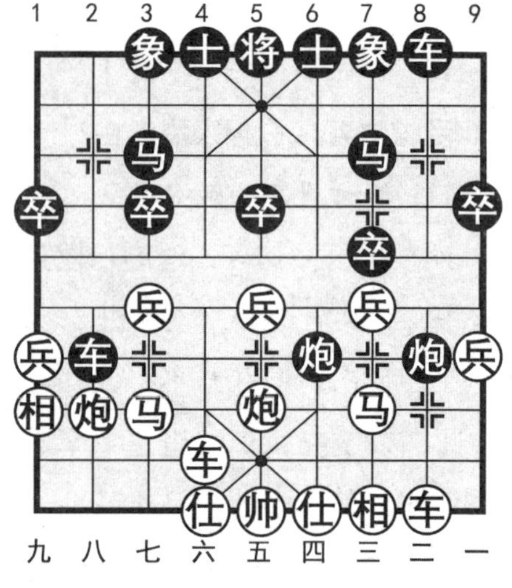

图29

（一）马七进六

11. 马七进六

希望黑方接走车 2 进 1 吃炮，以便兵三进一弃子抢攻。但黑方走得很仔细，不给红方这一混战机会。

11. ………… 卒 7 进 1　　12. 炮八平七

如炮八退一，黑方有以下突破手段：炮6退1！马三进四，炮8平5，炮五平八，车2进1，车二进九，马7退8，马四进三，马8进7，以下红方无论是走兵五进一还是走车六进二，黑方均可炮5平7！

12. ………… 卒7进1　13. 兵七进一　车2平3

14. 兵七进一

双方对攻的结果，显然黑方棋快一着。红方另如马六进八，黑有车3进1，马八进七，士6进5，马三进五，车3退1或车3退3，黑方优势依然不可动摇。

14. ………… 卒7进1　15. 兵七进一　炮6退1！

对黑方后续的炮6平4与炮8平5等多种攻着，红方无所适从。

（二）兵三进一

11. 兵三进一

对红方车六进六的捉双手段，黑方可通过象7进5，车六平七，炮6进1，追回失子占优。

11. ………… 炮6进1　12. 马三进四　炮8平6！

平炮逼兑，意在化解红势，之后便能取得多子之优了，同时也是纷繁变化中的最佳选择！如下两种变化，红方均有机可乘：（1）炮6平3，车二进三，车8进6，马四退二，车2平8，车六进六，黑方反优为劣；（2）炮8退1，车二进三！炮8平5（如车2平8，红可马四退二，炮6平3，车六进六，炮8平7，马二退四，炮3平6，炮八平四，马3退2，兵三进一，红优），车二平五！车2平5，马七进五，炮6平2，炮五进二，象7进5，马五退三，卒5进1，炮五退三，黑方形势被动。

13. 车二进九　马7退8　14. 马四进五　马3进5

15. 炮五进四　车2进1　16. 马七进六　前炮平1

17. 马六进七　炮1进2　18. 帅五进一　车2退1

上列一段着法，红方不可避免地损失一子，所以全力进行反击，并把希望寄托于空头中炮。但黑方攻守兼备滴水不漏，现车退一步伏有炮 6 平 5 的手段，将击退红方的进攻。

19. 马七进六　象 7 进 9

必要的防范；红方已无计可施了。

20. 马六退四　马 8 进 6

黑方多子占优。

小　结

对于红方兵三进一的布局骗着，黑方（甲）变墨守成规，被红方升车捉炮取得先机，在不知不觉中陷入困局。黑方（乙）变抉择果断，平炮占肋反戈一击，最终击退了红方并不成熟的攻势，夺得优势。

在本局中，双方对攻激烈，战火纷飞，变化也较为复杂。对红方这一骗着，执后手方的黑棋不可不知。

第23局　胸有全局

1. 炮二平五　马 8 进 7　　2. 马二进三　车 9 平 8

3. 车一平二　马 2 进 3　　4. 兵三进一　卒 3 进 1

5. 炮八进四　象 7 进 5　　6. 炮八平七

平炮压马，属常见攻着。也可先动左马，变化如下：(1) 马八进九，卒 1 进 1，炮八平七，车 1 进 3，车九平八，车 1 平 3，车八进七，炮 8 平 9！车二进九，马 7 退 8，车八退六，卒 3 进 1，车八平二，马 8 进 6，黑方可获对抗之势；(2) 马八进七，马 3 进 2（马 3 进 4 亦可），炮八平三，车 1 进 1，车二进五，马 2 进 3，车九平八，炮 2 平 3，炮五平四，车 1 平

6，仕六进五，炮8平9，车二进四，马7退8，车八进四，马3退4！相七进五，炮9平7，双方呈互缠之势。

6. ………… 炮8进4（图30）

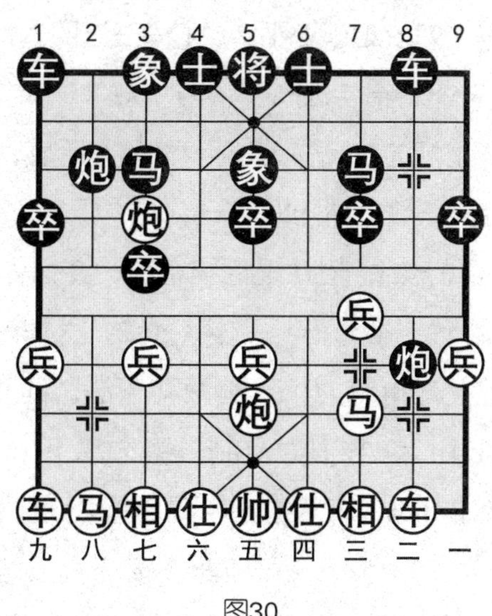

图30

如图30形势，黑方左炮封车，强行求变，具有一定的欺骗性。对此，红方主要有两种着法：（甲）马三进四；（乙）马八进七。现分述如下：

（甲）马三进四

7. 马三进四

跃马轻进，致使右车脱根，正中黑方下怀。

7. ………… 炮8平3！

巧妙的手段！顿使红方先手化为乌有。

8. 车二进九　炮3退3

9. 炮五平七

逼着。不能走车二退二，否则黑方炮3进6抽车占优。

9. ………… 马7退8　10. 炮七进四　卒1进1

以下黑方伏有车1进3的手段，呈反先之势。

（乙）马八进七

7. 马八进七　炮8平7

红方左马正起，着法稳正。黑方平炮压马看似有利可图，但红方并不畏惧。如改走车1平2，则马三进四，炮2进2，车九平八，红方先手在握。

8. 车二进九！　马7退8

红方主动兑车，不为黑方所惑，是维护主动权的关键一着。黑如接走炮7进3，则仕四进五，马7退8，车九平八，车1平2，马三进四，黑方虽得一相，但缺乏后续手段，红方先手。

9. 车九平八　车1平2　　10. 车八进四！

走得有力！另有两种下法，红方较难开展先手：（1）相三进一，炮2进4！红方子力受制，黑方易下；（2）车八进六，马8进7，仕四进五，炮2平1，车八进三，马3退2，基本均势。

10. …………　马8进7

现在打相，仍是红方优势。例如：炮7进3，仕四进五，炮2平1，车八进五，马3退2，炮五进四，士4进5，相七进五，红方多兵占优。

11. 兵七进一！

着眼于全局的好棋！由于黑方下手有炮2平1的简化手段，故红方必须抓紧战机发展先手，否则将给对方喘息的机会。

11. …………　卒3进1　　12. 车八平七　炮7进3

13. 仕四进五

至此，黑方虽赚取一相，但对红方并未构成实质性威胁。而红方子力异常活跃，特别是双马畅通无阻，可随时出击。发展下去，红方将获取优势。

小　结

按照常理，黑方第6回合多走车1平2或卒1进1，而左炮封车较为强硬，同时也具有一定的欺骗性。（甲）变红方右马轻进算度不足，黑方通过炮8平3的巧着，获得了满意之势。（乙）变红方左马正起，摆出了堂堂之阵。在黑方平炮压马的威胁下，红方深明弈理，几度舍相争先，从而有力地发展了先手。

本局最大的启示意义在于，黑方炮8平7压马的手段，并不是那么可怕。如果没有其他子力的战术配合，即使带将打去红相也未必有利可图：一来兑车时已损失了先手；二来还放活了红马。因此，红方舍相争先胸有全局，是攻破黑方布局骗着的最佳对策。

第24局　局部手段

1. 炮二平五　马8进7　　2. 马二进三　车9平8

3. 车一平二　马2进3　　4. 兵三进一　卒3进1

5. 马八进九　象3进5　　6. 车九进一

对于黑方的补右象防御，红方采取了左横车的缓攻着法。一般多走炮八进四，将形成五八炮的阵式，红方可望小获先手。

6. …………　炮8进4

进炮封车，策划反击。另一较为稳健的着法是士4进5。

7. 马三进四（图31）

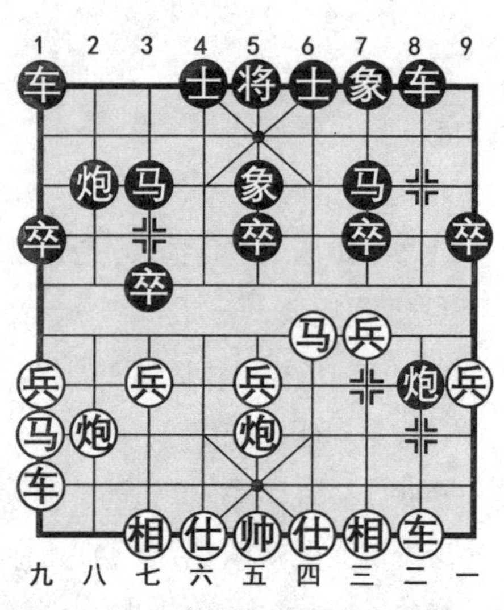

图31

如图31形势，红方立即跃马出击，威胁以兵三进一，属典型的布局骗着。对此，黑方如稍有示弱而采取消极防守的话，红将稳获先手。现举两例如下：（甲）炮8退2；（乙）炮8平3。

（甲）炮8退2

7. ………… 炮8退2

仅仅是单纯避让，已然白损一先。

8. 炮八进四 炮8平7 9. 车二进九 炮7进5

10. 仕四进五 马7退8 11. 车九平六

平车正着。红方如改走炮八平七，则炮2退1，马四进六，炮2平8，炮五平二，车1进2，黑方足可抗衡。

11. ………… 马8进7 12. 车六进五

局势至此，黑方虽得一相，但难有后续手段，而红方抢攻在前，明显占优。

（乙）炮8平3

7. ………… 炮8平3

黑炮虽脱离虎口，但形成了邀兑窝车，在出子速度上也有损失。

8. 车二进九 马7退8 9. 炮八进四 卒3进1

红方升炮过河，是抢先的佳着。黑方渡卒容易给红方简化机会，改走炮3退1似乎更有耐心一些。

10. 马九进七 卒3进1 11. 炮八平七

红方平炮压马，是扩展先手的最佳手段。如改走车九平七，则马3进2，黑方足可应战。

11. ………… 炮2退2 12. 车九平八 炮2平3

13. 车八进五

至此，黑方尽管有卒过河，但大子受制，显然处于劣势。

以上黑方的两种着法，红方均获得了不同程度的优势。黑方之所以失利，关键在于被红方的河头马攻势所迷惑，仅局限于单纯的退守或躲避。

黑方如能采取（丙）变炮 2 进 4，局势将得到本质性的改变。

（丙）炮2进4

7. ………… 炮 2 进 4！（图 32）

黑方一改保守风格，进炮打兵，积极有力，同时也是左炮封车后的战术继续。

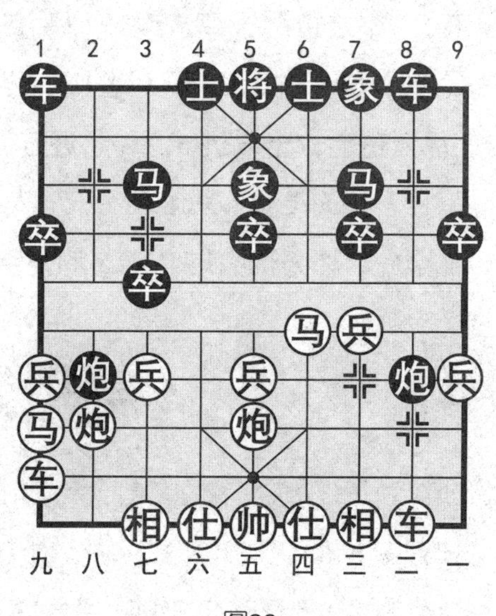

图32

如图 32 形势，红方有兵三进一与炮五退一两种走法，分列于后：

（一）兵三进一

8. 兵三进一

强渡三兵，红方发动了并不成熟的攻势。

8. ………… 炮 2 平 5

9. 仕四进五　卒 7 进 1

置左炮子不顾，硬去红兵，显然胸有成竹。

10. 车二进三　车 8 进 6

11. 马四退二　炮 5 平 1！

妙手打兵，一个“边打二怪”，击碎了红方的多子之梦。

12. 车九平六　炮 1 平 8

至此，黑方多卒占优。

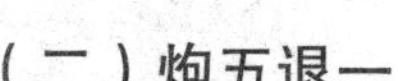

（二）炮五退一

8. 炮五退一

退炮乃权宜之策。若应以车九平六，则炮 2 平 5，仕六进五，车 1 平

2，炮八平七，车2进5，红方更见不利。

8. ………… 炮2平5　　9. 炮八平五　炮5进2

10. 仕四进五　炮8进2！

简明有力，并可逼迫红方退仕。如改走车1平2，红有兵三进一，炮8平1，车二进九，马7退8，马九退七，炮1平9，马七进六（如兵三进一，黑可炮9进2），卒7进1，马四进五！马3进5，车九进五，马8进7，马六进七，士6进5，马七进五，马7进5，车九平五，黑方无益。

11. 仕五退四　炮8退4

至此，黑方伏有炮8平5的先手，已反夺主动。

小　结

对于红方的布局骗着，黑方的（丙）变着法可谓击中要害，为最佳对策。（一）（二）两局，红方均处于不利之势。

就红方第7回合跃马这一局部手段而言，本身具有积极的意义，也往往能对黑方的封车构成直接威胁。但本局黑有炮2进4的反击手段，红方的跃马反而难以奏效。红方此手应走炮八平七，仍是先手局面。

第25局　貌不惊人

1. 炮二平五　马8进7　　2. 马二进三　车9平8

3. 车一平二　马2进3　　4. 兵三进一　卒3进1

5. 炮八平七（图33）

最为常见的着法是马八进九，卒1进1，炮八平七，马3进2，车九进一，形成五七炮进三兵对屏风马的流行阵势。

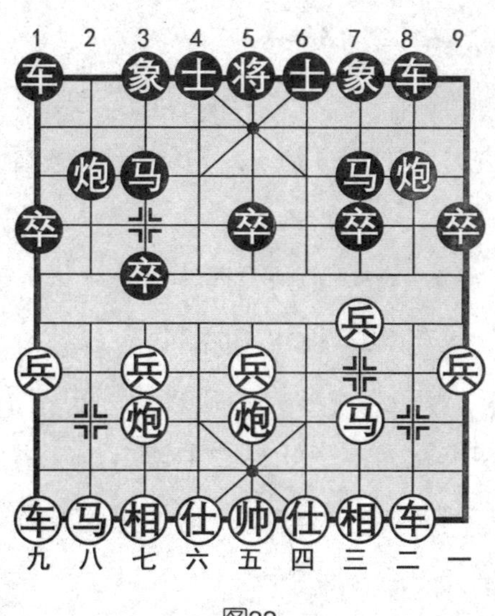

图33

如图33形势，红方先平七路炮，在次序上有了小小的改动，看似貌不惊人，实则具有一定的欺骗性。对此，黑方绝不能掉以轻心。至此，黑方主要有四种应着：（甲）马3进2；（乙）卒1进1；（丙）象3进5；（丁）士4进5。现分述如下：

（甲）马3进2

5. ………… 马3进2

进外马自行削弱了中防力量，是不明显的软着。

6. 马三进四

跃马出去，及时有力。

6. ………… 象3进5　7. 马四进五　炮8平9

较为顽强的着法。如改走马7进5，则炮五进四，士4进5，车二进五！红方下手伏有车二平七与炮七平二的双重手段，形势占优。

8. 车二进九　马7退8　9. 马五退七　士4进5

10. 马七退五　车1平4　11. 兵七进一

至此，红方多兵占优。

（乙）卒1进1

5. ………… 卒1进1

循规蹈矩式的着法。由于红方未进边马，故此手有落空之感。

6. 车九进一

灵活善变的好棋。如改走马八进九，则马3进2，与流行阵势雷同。

6. ………… 马3进2

7. 马三进四（图34）

如图34形势，红方跃马出击，积极有力。至此黑方主要有炮2进7，车1进3与象7进5等应法，分列于后：

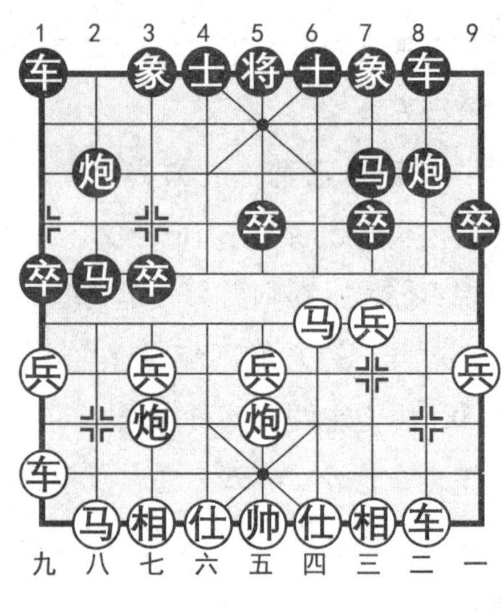

图34

（一）炮2进7

7. ………… 炮2进7　　8. 车九平八　马2进1

9. 车八进二　卒1进1　　10. 炮七平九　炮2平1

11. 马四进五　马7进5　　12. 炮五进四　车1进3

13. 炮九平五　卒9进1　　14. 车二进五

红方以底马为诱饵，待黑方就范后，夺取空头炮大占优势。

（二）车1进3

7. ………… 车1进3　　8. 兵七进一！

冲兵发动攻击，紧凑有力。

8. ………… 卒3进1

试图对抢先手。如改走炮2进7，则兵七进一，马2进3，车九平八，炮2平1，车八退一，炮1退1，车二进一，车1平4，马四进六！红方必将找回失子，形势极为乐观。

9. 炮七进七　士4进5　　10. 车二进五　马2进4

11．车九平八

对攻局面中，红方较为有利。

（三）象7进5

7．…………　象7进5　　8．马四进五　炮8平9

黑方指望通过兑车来减轻压力。如改走马7进5，则炮五进四，士6进5，车二进五！炮2进7，车九平二，红方占优。

9．车九平二！

紧凑！不给对方松透机会。如改走车二进九，则马7退8，马八进九，士6进5，黑方足可应战。

9．…………　车8进8　　10．车二进一　马7进5

11．炮五进四　士4进5　　12．炮七平二　炮9平8

13．马八进七　马2进3

如改走车1进3，则炮五平一，红方多兵占优。

14．炮二平一

至此，红方形势乐观，具有发展潜力。

（丙）象3进5

（接图33）

5．…………　象3进5

先补一手的思路是正确的，但具体的着法仍需精确。补象后造成右马脱根，阵形上仍留有隐患。

6．兵七进一　马3进2

右马外进，出于无奈。如改走马3进4，则兵七进一，象5进3，车二进五！炮2进2，马八进九，黑方处境尴尬。

7．兵七进一　象5进3　　8．车二进五

迫使黑方连成高象，紧凑有力。否则黑象3退5后阵形工整，红方难有突破手段。

8. ………… 象7进5　9. 马三进四

跃马出击，志在进攻。亦可改走车二平六，红方仍持先手。

9. ………… 士4进5

如改走卒7进1，则车二退一，卒7进1，车二平三，炮8退1（如士4进5，则马四进六亦优），马四进五，炮8平7，马五进三，车8进9，马三退四，炮7进8，车三退四，车8平7，马四进六，炮2平4，马六退八，红方多子占优。

10. 马四进六　炮8平9　11. 马六进五！

马踏中象，着法凶悍，是扩先取势的佳着。

11. ………… 炮9平5

无奈。如改走车8进4，则马五进七，将5平4，马七进九，红方得象占优。

12. 车二平七　马2退1　13. 车七进二　炮5进4

14. 仕六进五　炮2进6　15. 车九进二

正着，可化解黑势。如急于找回失子，黑方将有强劲的反击攻势。例如：车七平三，车8进4！车三退一，车8平4，车三平五，车4进2，黑方反弹。

15. ………… 炮2退4　16. 车九平八　炮2进5

17. 车八退二　车8进4　18. 车八进三　炮5退1

19. 车八平五

逼兑黑炮可彻底瓦解局势，着法老练。

19. ………… 炮5进2　20. 相三进五　马7退8

21. 车五进三

至此，黑方虽多一子，但残象难以防范。红方此后或是利用双车进一步压制黑马，或是退相补架中炮，均可形成绝对优势。

（丁）士4进5

（接图33）

5. ………… 士4进5

既可加固中防，又可避免红方兵七进一的冲击，一着两解，应法稳正。

6. 马八进九 马3进2

现在，黑方跃马封车正是时机。

7. 车九进一 象3进5 8. 车九平六 炮8进4

左炮封车，可对红方形成有效牵制。如果走车1平4，则车六进八，士5退4（如将5平4，红可车二进一左移），车二进六，红方较为有利。

9. 车六进五 卒3进1 10. 车六平八 马2进4

11. 车八进一 马4进3 12. 兵七进一 车1平3

双方势均力敌，黑方可以满意。

小 结

红方第5回合"貌不惊人"的开端，竟引出黑方多达3种的上当着法，这足以引起人们的警觉。黑方（丁）变着法识破红方意图，补士固防无懈可击，几个回合后双方还原成常见阵势。

红方先走炮八平七，是对以往跳边马着法的一种改革。但黑方如能洞察其意图，严阵以待，则红方由于先平炮定型，未必能够收到更好的效果。

第26局　中路危机

1. 炮二平五　马8进7　　2. 马二进三　车9平8

3. 车一平二　马2进3

4. 兵三进一　卒3进1

5. 马八进九　卒1进1

挺卒制马，兼有活通边车的作用，是黑方较有针对性的应着。另有象3进5、象7进5、士4进5等选择，亦为流行下法。

6. 炮八平七　马3进2

7. 马三进四（图35）

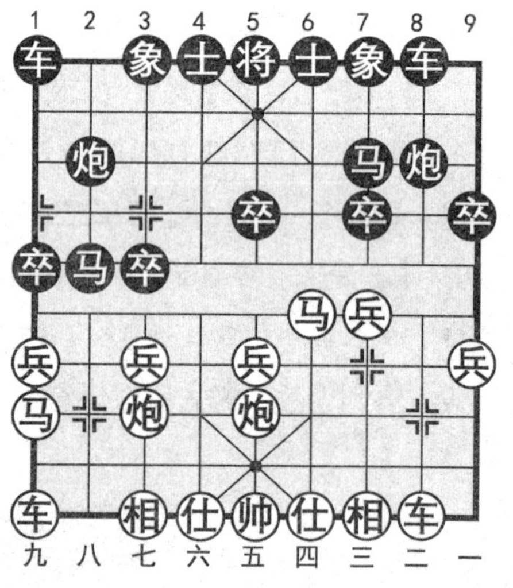

图35

红方急进河口马，是一种带有欺骗性的老式攻着。目前已很少有人采用，原因是如黑棋应付得当，红方攻势难以奏效，往往因为后续手段不足而造成虎头蛇尾的窘境。现今棋手几乎都采用车九进一的下法，均衡出子逐步进取。

如图35形势，面临红方马四进五的威胁，黑方主要有两种着法：（甲）象3进5；（乙）车1进3。现分述如下：

（甲）象3进5

7. …………　象3进5

软着。消极的防御，使红方计谋得逞。

8. 马四进五　炮 8 平 9

试图通过兑子来减轻压力。如果走马 7 进 5，则炮五进四，士 4 进 5，车二进五，下伏车二平七与炮七平二的手段，红方占优。

9. 车二进九　马 7 退 8　　10. 炮七进三！

巧妙的突破手段！若改走马五退七，则士 4 进 5，马七退五，车 1 平 4，黑方虽少两卒，但出子较快，亦有相应的补偿。

10. …………　象 5 进 3

如改走士 4 进 5，红有炮七平二，续有兵三进一与炮二进三两种攻着，黑方仍较被动。

11. 马五进七　象 3 退 5　　12. 马七退八　车 1 进 3

13. 兵七进一　车 1 平 2　　14. 兵七进一！

红方的马位不太理想，渡兵助战谋取兑子抢先，战术灵敏。

14. …………　炮 2 进 2

如改走士 4 进 5，则马八退七，象 5 进 3，马七进五，象 3 退 5，马九进七，红方双马盘旋而出，亦占主动。

15. 兵七平八　车 2 进 1　　16. 马九进七　车 2 进 2

17. 马七进六

红方明显有利。

（乙）车1进3

7. …………　车 1 进 3！

升车暗保中卒，着法机警有力。

8. 马四进五

也许红方还沉醉在他的“漂亮战术”之中，殊不知黑方中路看似空虚，实有伏兵之计！红方此着应改走车二进六或车九进一，虽然不够满意，但可成互缠之势。

8. ………… 马7进5　9. 炮五进四　车1平5

10. 炮七平五　车5退2！

就在这里，红方的失算在于欲打死黑车之时，忘了自己的车亦处于险地。

11. 炮五进六　炮8平5　12. 相三进五　车8进9

13. 炮五平八　马2退3

黑方多子胜势。

小　结

对于红方攻击中路的布局骗着，黑方（甲）变应着过于软弱，红方顺利地实现计划并夺得主动。黑方（乙）变着法积极防御，无形之中也给红方反下圈套。即使红方不落陷阱，黑方亦可建立起稳固阵形，取得不错的对抗形势。

尽管红方马三进四的攻着并不十分深刻，但在实战中作为先手方偶尔运用此着，尤其是当对手是个新手而不熟悉此路变化时，则可收到出其不意、攻其不备的效果。

第27局　贵在争先

1. 炮二平五　马8进7　2. 马二进三　车9平8

3. 车一平二　马2进3　4. 马八进九　卒7进1

5. 炮八平六　车1平2　6. 车九平八　炮2进4

如果炮8进4左炮封车，则车八进六，将形成各得一翼的两分局势。

7. 车二进四

合乎逻辑的攻着，其目的是针对黑方的右翼进行封锁。如改走车二进六，则马7进6，黑势较有弹性。

7. ………… 炮8平9　8. 车二平四　车8进6

左车压进伺机反击。也可先士4进5巩固阵营，这样来得较为稳健。

9. 兵九进一　车8平7（图36）

带有欺骗性的强硬着法。正着是炮2退2先避一手，以下炮六进一，士4进5，车八进四，象7进5，红方稍先，但黑亦可应对。

如图36形势，红方主要有两种攻着：（甲）马九进八；（乙）车四平八。现分述如下：

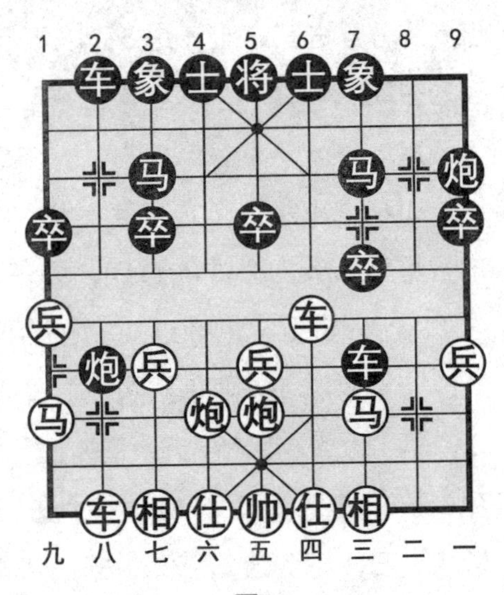

图36

（甲）马九进八

10. 马九进八

这步棋比较刻板，给黑方提供了反击机会。

10. ………… 卒7进1　11. 车四平五

虽然车处险地，但只好如此。若改走车四平六，黑方将马上反击：马7进6！车六平七，卒3进1，车七进一，车2进5，车七平四，象7进5，红方左右受制较为被动。

11. ………… 炮9平8

预谋的续着。如改走炮2平1，则炮六平八，炮1平2，车八平九，炮9平8，马八进六，红方抢先发难。

12. 马八进六　炮8进3　13. 马六进七　车2进2

14. 炮六进一

试图解救中车。除此另有两种着法：（1）车五进二，马7进5，炮五进四，车2平3（正着，如车7进1，红则有炮六进五的凶着），炮六进三，将5进1，红方攻势瓦解；（2）马七退五，炮8平5，炮五进二，象3进5，马五进三，士4进5，以下黑有车7进1与卒7平6等手段，形势较为主动。

14. ………… 车7进1　15. 马七退五　炮8平5

如弃子攻杀，黑方速度不够。例如：马7进5，车五进二，士6进5，车五平三（极为必要的过门，如车八进三，则车2平6，车五平二，车7进2，仕六进五，炮8进4，炮五平四，炮8平6！黑优），象7进9（无奈，如象3进5，则车八进三，车2平4，炮六进三，炮8进4，车八进二，车7进2，炮六平五，红方捷足先登），车三平二，车2平6（如象9退7，则车八进三，车2平6，仕六进五，车7进2，炮五平四，黑无法作杀），车八进三，车7进2，车二进三，车6退2，车二平四，将5平6，车八进二，车7平6，帅五进一，红方多子较优。当然黑方如果要求简化，可走车7平5，相七进五，炮8平5，兵五进一，马7进5，车八进三，和势。

16. 炮五进二　车2平5

如改走士6进5，则马五退四，车2平5，马四退三，炮2平4，车八进五，双方各有顾忌，基本均势。

17. 车八进三　马7进5　18. 相七进五　卒7平6

19. 炮五进三　象7进5　20. 车八进三　车7退3

21. 车八平七　车7平5

局面较为简化，黑方稍优。

（乙）车四平八

10. 车四平八

平车邀兑，可乘困炮之机扩大先手，着法朴实有力。

10. ………… 车2进5　11. 马九进八　炮2平5

只能如此。如改走炮2平1，则马八退七！炮2平5，马三进五，车7平5，炮六退一，车5退2，炮六平五，红方得车。

12. 马三进五　车7平5　13. 马八进六　车5退2

14. 马六进八

拍马奔槽制造攻势，犹如在黑方阵营中埋下了一颗地雷，有随时引爆的可能。如改走车八进七，黑有马7进6（亦可马3退5）！车八平七，象7进5，车七退一，车5平4，车七平五，士4进5，黑方满意。

14. ………… 士6进5　15. 仕六进五　炮9退1

退炮准备坚守阵地。如下两种着法，红方占优：（1）车5平4，炮五平三！（2）马7进6，马八进七，将5平6，车八进四（不宜走炮五平四，因黑有马6退5），炮9平6，炮五平四！炮6进5，车八平四！

16. 马八进七！

出人意料的突破！先弃后取之战术。

16. ………… 炮9平3　17. 车八进八　卒3进1

18. 车八平七　马3进2　19. 车七进一

斩除黑象，红方局势得到了实质性进展。在此后的战斗中，黑方顾忌较多，尚要苦战。

小　结

对于黑方第9回合的强硬并具欺骗性的着法，红方（甲）变着法有误，在战术纠纷之中黑方机会较好。红方（乙）变着法攻击得力，始终把握先手，并以先弃后取的战术夺取了优势局面。

两军交锋，贵在争先。红方如能采用（乙）变策略简明取势，黑方的布局骗着将难以得逞。

第28局　怯防勇战

1. 炮二平五　马8进7　　2. 马二进三　车9平8

3. 车一平二　马2进3　　4. 马八进九　卒7进1

5. 车二进六

红车过河是老式攻着，较易引起黑方的强烈反击。现今多走炮八平七或炮八平六。

5. …………　马7进6

左马盘河，应着积极，是黑方取得抗衡局面的有力手段。如改走卒3进1，红有炮八平七，马3进2，兵五进一！红方主动。

6. 车九进一　象3进5　　7. 炮八平六（图37）

平炮仕角，是一步带有欺骗性的攻着。一般多走车二平四，马6进7，炮五平四，士4进5，车九平二，双方互缠。

如图37形势，黑方主要有三种着法：（甲）士4进5；（乙）车1平2；（丙）卒7进1。现分述如下：

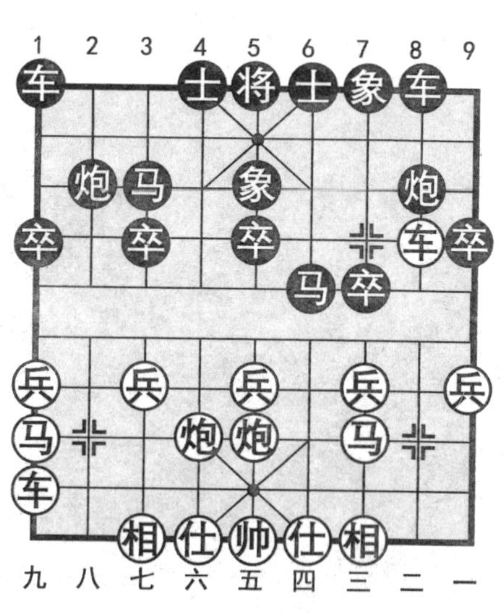

图37

（甲）士4进5

7. …………　士4进5

黑方未能识破红方的布局骗着，从容地补起了中士。但是这一“自然”的着法，很快令黑方腹背受敌。

8. 车九平四　炮8平6

一般而言，黑方乐于如此交换，因为借此可摆脱无根车炮。但红方已事先走了炮八平六，局势已产生了根本性的变化。黑方此手如改走车1平4，红可车四进四简明兑子，以下变化为：车4进7，车四平八，炮2退2，车八进二，车4退5，兵九进一，黑方受制。

9. 车二进三　炮6进6　　10. 车二退八　炮6退2

11. 车二平八！

转身平车，这正是红方预伏的杀手！如径走车二进三，则车1平4，车二平四（如仕四进五，黑可车4进5），车4进7，车四进一，炮2进6！车四退二，车4平1，黑方足可应战。

11. ………… 车1平2　　12. 车八进三　卒7进1

弃卒无奈。否则红有车八平四的手段。

13. 兵三进一

正着。如改走车八平三，则车2平4，仕四进五，车4进5，黑方形势不弱。

13. ………… 炮6平7　　14. 相三进一　炮2进2

15. 仕六进五　马6进8　　16. 兵九进一　炮2平8

17. 车八进五　马3退2　　18. 马三退一

至此进入无车残局，红方多兵占优。

（乙）车1平2

7. ………… 车1平2

较为稳健的选择，但反击力不足。

8. 车九平四　马6进4

被迫之着。如改走炮8平6，则车二进三，炮6进6，车二退八，炮6

退2，车二进三，红方如法炮制，黑方有失子之危。

9. 车四进三　马4进5　　10. 相三进五　车8进1

抬车伺机摆脱牵制，是目前形势下最顽强的应着。

11. 兵九进一　卒3进1　　12. 马九进八

如改走仕四进五，则车2进1，黑方亦可摆脱牵制。

12. …………　车8平4　　13. 仕四进五　炮8平9

14. 兵七进一　车4进3　　15. 车二平一

至此，局势较为平稳，红方多兵稍优。

（丙）卒7进1

7. …………　卒7进1

任何迟缓的动作，都将给黑方带来不利的后果。唯有采取反击，方为此时的最佳对策。

8. 车二平四

如改走车二退一，则马6进7，车九平八，车1平2，车八进三，马7进5，相三进五，卒7进1，马三退一，车8进1，黑方形势乐观。

8. …………　马6进7

9. 炮五平四　士4进5

10. 车九平八　车1平2（图38）

正着。如改走炮2平1则较为被动，以下红车八进三，炮8进6，车八平三，车1平4，仕六进五，炮8平7，兵九进一，车8进4，车三平八。

如图38形势，红方主要有车八

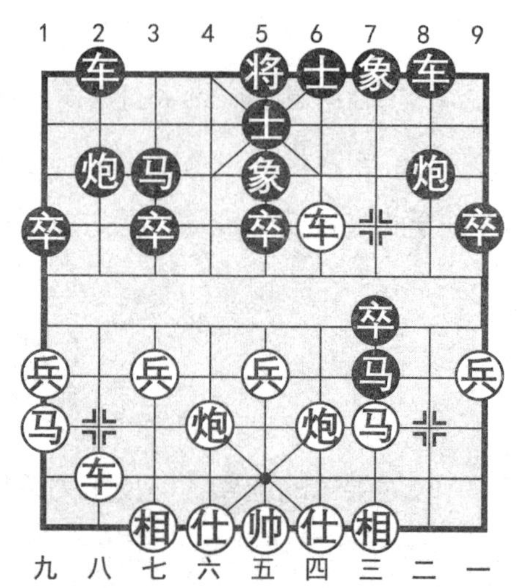

图38

进五与车八进三两种攻法，分列于后：

（一）车八进五

11. 车八进五　炮 8 进 4

进炮以攻代守，化解了红方车四平三与车四平二等威胁，着法积极可取。

12. 车四平三

准备强行夺子。如改走炮四进一，则炮 8 平 6，车四退三，车 8 进 4，黑势亦佳。以下红方如走车八平七急攻，黑则有炮 2 进 5 的反击手段。

12. ………… 炮 8 平 5

13. 车三退二　炮 5 退 2

弃马夺取空头炮攻势，黑方着法果断，反守为攻。

14. 车三退一　车 2 平 4　　15. 炮六进一　车 4 进 5

16. 车八进一　车 8 进 8

黑方双车齐发直点要穴，攻势猛烈。

17. 炮四平六　车 4 平 5　　18. 仕六进五　车 5 平 2

红方平炮打车是唯一的解着，否则将被连杀。黑方适时抽吃红车，选择正确。此时黑方如迷恋攻势而改走车 5 进 3，红帅五平六后，黑方乏术，反而不利。

19. 相三进五　车 2 退 3

至此，黑方占有绝对优势。

（二）车八进三

11. 车八进三　卒 7 平 6

平卒较为轻灵。也可考虑走炮 8 进 6，车八平三，炮 8 平 1！车三平八（正着，如车三退一贪子，则炮 2 进 7，马九退七，车 2 进 8，炮六退一，车2平3，炮六平九，车3进1，炮九平四，炮2平4，帅五进一，炮4平7，黑方胜定），车8进4，黑方形势亦不错。

12. 车四退二

如误走车八平四，则马7退8！

12. ………… 炮2进2

灵活的调动，同时伏有多种闪击手段。

13. 车四退一 炮2平5 14. 车八平五 炮8平7

15. 仕四进五

补仕固防，是必要的一着。如改走车四平三，黑将炮5平7，车三平四，后炮进5，炮六平三，炮7进5，仕四进五，炮7平9，黑方弃子抢攻占优。

15. ………… 炮5平7 16. 兵九进一 车8进6

至此，黑势较具弹性，足以乐观。

小结

针对红方的布局骗着，黑方（甲）变着法受习惯思维的影响，为表面上的安全所迷惑，红方计谋得逞。黑方（乙）变着法过于稳健，局面仍显被动。黑方（丙）变着法最为可取，积极反击，及时有力，并赢得了良好的机会。

红方布成的五六炮直横车阵形，尽管具有一定的欺骗性，但是其车九进一与炮八平六有嫌重复，明显地降低了先手效率，一旦骗着不成，反易给黑方从容反击之机。

第29局　分别对待

1. 炮二平五　马8进7　　2. 马二进三　车9平8

3. 车一平二　马2进3　　4. 马八进九　卒7进1

5. 炮八平七　炮2进2　　6. 车二进六　马7进6

7. 车九平八　车1平2　　8. 车八进四　象3进5

9. 车二平四

平车捉马，是近几年非常流行的下法，如走兵九进一，亦属常见变化。

9. …………　马6进7　　10. 车四平二　马7退6

黑方退马，继续保持对红车的威胁，自然之着。经过两个回合的转换，红方以牺牲三路兵为代价，换得了右马的活跃，双方可谓互有所得。

11. 车八平四

过车顶马，主要变例之一。红方另有兵九进一的选择，以下黑则炮2平3（平炮意在简化局面，如卒3进1，则兵七进一，将引起复杂攻守，红方机会较好），车八进五，马3退2，炮七进三，卒3进1，炮五进四，士4进5，炮五退一，马2进3，马九进八，卒7进1，车二退一（如车二平四，黑可炮8平7），马6退7，车二平三，马7进5，车三退一，炮8平7，形成红方略优，黑方亦可应战的局面。

11. …………　卒3进1

进卒保马，必然之着，并伏有卒7进1的反击手段。对此，红方主要有两种着法：（甲）车二退三；（乙）车二退五。现分述如下：

（甲）车二退三

12. 车二退三（图 39）

如图 39 形势，红方退车兵线，具有一定的欺骗性。其兵七进一的潜在威胁，对黑方是一个极大的考验。黑方有如下两种应法：士 4 进 5 与炮 8 进 2。分列于后：

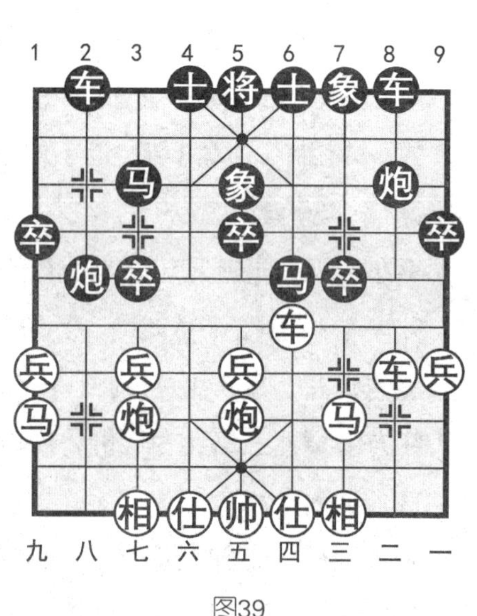

图39

（一）士4进5

12. ………… 士 4 进 5

补士固防似乎无可非议，但是低估了红方进攻的潜力。

13. 兵七进一 卒 7 进 1

弃卒以缓冲压力。如误走马 3 进 4，则车四进一，马 4 进 5，马三进五！炮 2 平 6，马五进四，红方一车换三，大占优势。

14. 车四平三 马 3 进 4

15. 炮五进四

正确的攻击。如改走兵七进一，则炮 2 进 2，车二进二（如兵五进一，黑亦可马 4 进 5），马 4 进 5，车三平四，马 6 退 7！车二进二，马 5 进 7（亦可车 8 进 2），车二进二，马 7 退 6，车二退五，炮 2 平 5，仕四进五，马 7 进 8，黑方反夺主动。

15. ………… 炮 2 进 2

如先走车 2 进 3，则炮七平五，炮 2 进 2，车二进二，马 4 进 5，马三进五，马 6 进 5，车二平七（较为简明，也可考虑走车三平五，马 5 进 3，车二平七！红亦优），车 2 退 3，车三平二，红方将牢牢地控制局势。

16. 兵五进一　马4进5　17. 车二平五

以车换双，是夺取优势的关键性着法。

17. …………　马6进5　18. 马三进五　车2进3

19. 兵五进一　炮2退2　20. 车三平五　炮8进2

21. 马九进七

至此红方子力盘旋而出，攻势如潮。

（二）炮8进2

12. …………　炮8进2

抬炮进行积极防御，可取之着。

13. 兵七进一

冲七兵发动攻击，使局面导致尖锐。红方另有两种较为稳健的下法：（1）炮七退一，士4进5，炮五平四，马6退7，相三进五，炮2进3，炮四平八，车2进7，炮七平四，卒1进1，仕四进五，卒5进1，各有千秋之势；（2）仕四进五，士4进5，兵九进一，车2平4，炮五平四，马6退7，马九进八，马3进4，马八进六，炮2平4，相三进五，局势平稳，基本均势。

13. …………　车8进3

左车生根，构思精巧，是抬炮后的战术继续。

14. 车二退一

正着。如误走兵七进一，则卒7进1，车四平三，炮8平3，车二进三，炮3进5，仕六进五，马6退8，黑方反击得势。

14. …………　车2进2

升车护马可消除隐患，乃防守佳着。

15. 兵七进一

如改走兵九进一，则卒7进1，车四平三，马3进4，兵七进一，马4进5，马三进五，马6进5，车三平五，马5进3，兵七平八，车2进2，炮五进四，士6进5，车二平七，炮8平5，局势简化，和局已定。

15. ………… 卒7进1　16. 车四平三　炮8平3

17. 炮七进五　车8进4　18. 炮五平二　车2平3

19. 车三平八　炮2平1　20. 马九退八　炮3进2

至此局势平稳，双方势均力敌。

（乙）车二退五

12. 车二退五（图40）

如图40形势，红方退车底二路，是对以往车二退三的改进，同时也具有相当的欺骗性。对此，黑方有炮8进2与士4进5两种选择。分列于后：

（一）炮8进2

12. ………… 炮8进2

由于红车所处的位置不同，黑方仍刻板地采用这一反击战术，正中红方下怀。

13. 兵七进一　车8进3

14. 兵七进一　卒7进1

15. 车四平七

平车保兵，这一突如其来的打击令黑方措手不及，正是红方精心准备的杀手锏（红二路车如在兵线，黑则有卒7进1的先手，红此着难以成立）。

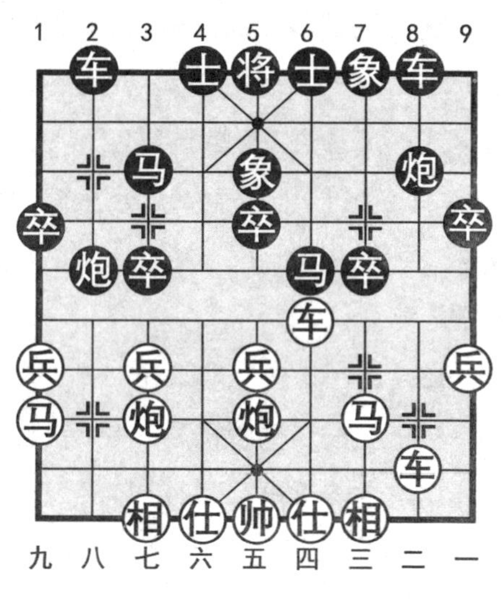

图40

15. ………… 炮2进3

如改走炮8平3，则车二进五，马6退8，炮七进三，象5进3，车七进一，车2进2，马九进七，卒7进1，马三退五，红方夺象较有攻势，形势占优。

16. 车二平四 卒7进1

冲卒试图强行对攻。如改走马6进7，则车七平三，马7进5，炮七进五，黑马陷入泥潭，有失子之危。例如：（1）炮8平7，马三进四，炮2退6，车四平八（正着，如炮七进一，则车8退2；又如相七进五，则炮2平7！），黑方难应；（2）炮2平7，车三退二，车2进7，车三平四（如车三平五去马，则炮8平5），士4进5，炮七退一，车8退1，仕六进五，炮8平5，兵五进一，黑必失子。

17. 车四进四 卒7进1 18. 车七平二 炮8平3

孤注一掷。否则黑方将毫无代价地损失一子。

19. 车二进二 炮3进5 20. 帅五进一

御驾亲征，有惊无险。

20. ………… 士4进5 21. 车二退二

退车老练之着，可防范黑马出击。至此红方多子占优。

（二）士4进5

12. ………… 士4进5

补士固防，以静制动，符合时宜。

13. 兵七进一 卒7进1 14. 车四平三 马3进4

15. 兵七进一 马4进5 16. 马三进五 马6进5

17. 车三平五 马5进3 18. 兵七平八 车2平4

19. 车二平七

上列一段着法，双方攻守俱见紧凑，经过转换，大体保持均衡。红方此手平车顶马，着法稳健。如改走仕四进五，则炮8进4，黑有反击。

19. ………… 马3退4 20. 车七平六

逼兑。否则红方也难有好处。

20. ………… 马4进5　21. 车六进八　士5退4

22. 相七进五　炮8平9

至此局势简化，大致成为和局。

小　结

本局中红方的两种攻着，虽是正常的下法，但同时也具有很大的欺骗性。（甲）变着法红退车兵线，黑方（二）局对策——开炮巡河较为可取，当红方兵七进一进攻时，黑方车8进3巧妙化解红势，从而确保了城池的稳固。（乙）变着法红退车二路，是改进型攻着，黑方（一）局仍套用对付红车二退三的办法，难免有上当之感；而（二）局采取补士固防较为适宜，并以弃7卒引离红车，双马出击取得了抗衡之势。

对于红方的两种退车方式，差别虽然微妙，但却是本质上的不同，黑方绝不能掉以轻心。如能分别对待，因势利导，黑方可高枕无忧。

第30局　连环杀手

1. 炮二平五　马8进7　2. 马二进三　车9平8

3. 车一平二　马2进3　4. 马八进九　卒7进1

5. 炮八平七　炮2进2

升炮巡河，是黑方较为稳健的选择。此手注重均衡地展开子力，以建立较为稳固的防御体系。另可车1平2，车九平八，以下黑有炮2进4与炮8进4两种着法，均可引起不同的复杂攻守。

6. 车二进六　马 7 进 6　　7. 车九平八　车 1 平 2

8. 车八进四　象 3 进 5　　9. 炮七进四

直接飞炮打卒，从感觉上来说为时过早，但仍有不少棋手乐于此道。更为稳正的着法是兵九进一，左车生根后再徐图展开攻势。

9. …………　卒 7 进 1　　10. 车二平四　马 6 进 7

11. 炮五退一

退中炮以保持局势的复杂。如改走车八平三，则马 7 进 5，相三进五，车 2 进 3，炮七退二，炮 8 进 6，黑方子力活跃，红方难以满意。

11. …………　炮 8 进 5

进炮寻求对攻。也可车 2 进 3 捉炮，较为稳当，以下红如车八平三，则车 2 平 3，车三退一，炮 8 进 5，黑方形势不弱。

12. 车八平三　炮 8 平 1

13. 相七进九　炮 2 进 5

14. 相九退七（图 41）

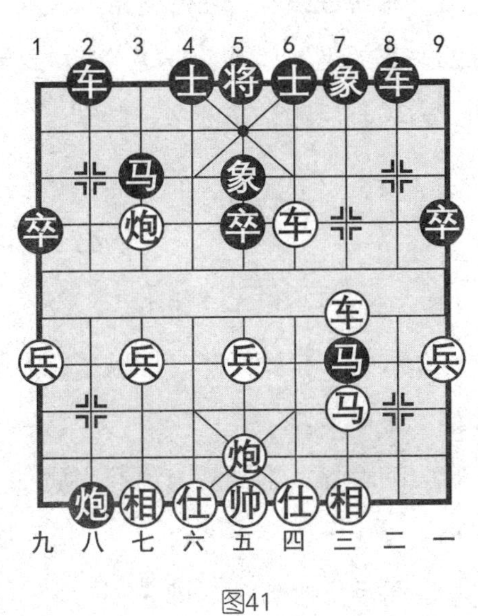

图41

如图 41 形势，黑马被困已没有退路，但黑方可以通过底炮的攻势组织进攻。至此，黑方主要有两种攻着：（甲）车 2 进 7；（乙）车 2 进 6。现分述如下：

（甲）车2进7

14. …………　车 2 进 7

极有诱惑力的一着棋，但却陷入了红方精心设计的包围圈。

15. 车三退一　车 2 平 4　　16. 炮五进五　马 3 进 5

17. 仕四进五　车4进1　　18. 帅五平四

也许黑方还沉醉在他“漂亮”的弃子战术中，但红方的一着出帅叫杀，抢到了决定性的一先，顷刻之间黑方攻势化为乌有。红方如误走车四平五，则车8进8，帅五平四，车8平5！马三退五，车4进1，帅四进一，车4平6，杀棋。

18. …………　士4进5　　19. 车四平五　车8进8

20. 车五平四　车8平5

“亡命徒”式的着法。如改走将5平4，则炮七平五，红方亦可确立多子胜势。

21. 车四进三！　士5退6　　22. 炮七平五　将5平4

23. 炮五退五　车4进1　　24. 帅四进一

红方先弃后取，至此多子胜定。

（乙）车2进6

14. …………　车2进6

进车兵线，朴实无华，识破了红方的诡计。

15. 车四平二

唯一的解着，否则红方迅速崩溃。

15. …………　车8进3　　16. 炮七平二　车2平3

17. 车三退一　车3进3　　18. 炮五平一　马3进2

至此形成红方多子黑有攻势的复杂局势，双方各有千秋。

小　结

本局所列变化，红方虽然属于正常的进攻着法，但仍带有很强的欺骗色彩。当弈至如图形势时，黑方很容易选择车2进7捉马的“先手棋”，结果是自投罗网，红方以精警有力的“连环杀手”，一举夺得优势。黑方车2进6捉兵，颇有力度，是对付红方的最佳对策，同时也考验红方必须走出唯一的车四平二，之后双方一阵搏杀，将形成互有顾忌的两分局势。总的来说，红方第9回合的飞炮打卒不够含蓄，黑方如果出于稳健的考虑，第11回合走车2进3捉炮，也可取得较为满意的结果。

欺骗的方法之一，就是给对方造成假象。本局红方的主要骗着，就是给黑方制造了进车捉马的假象。黑方如能去伪存真，识破对方这一意图，当可幸免。

第31局　巧妙逼兑

1. 炮二平五　马8进7　　2. 马二进三　车9平8

3. 车一平二　卒3进1

黑方抢先挺起3卒，是后手方经常采用的一种柔性着法，其主要意图是先行活通右马，并能避免红方进七兵的攻击方案。

4. 车二进四

升车准备邀兑七兵，自然之着。红方另有马八进九与兵三进一等不同选择。

4. …………　马2进3　　5. 兵七进一　卒3进1

6. 车二平七　炮2退1　　7. 炮八平七　炮2平3

8. 车七平二　马3进2　　9. 马八进九

上述一段着法，双方围绕红方七线展开争夺。但红方此手马八进九，却显得不够有力，使黑方得以从容巩固阵形，获得十足的抗衡局面。红方应改走车二平七，马2退3，车七平二，炮3进6（如循环下去，黑方两打一还打须变着），马八进七，红方较有先手。

9. ………… 卒7进1

10. 车九平八 炮8进2

11. 炮七进三（图42）

进炮逼兑，意在破坏黑方的子力联络，具有较强的欺骗性。

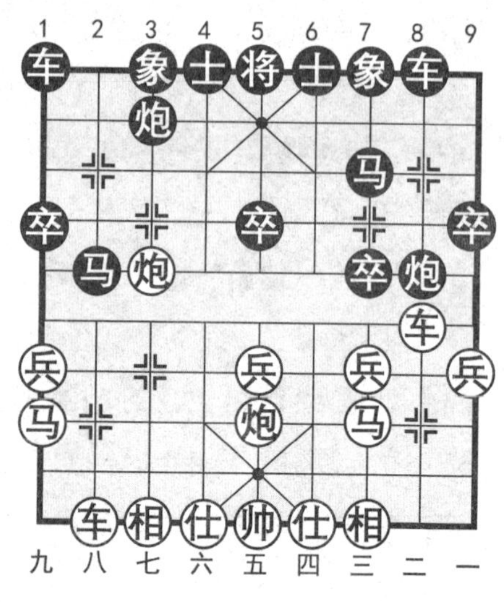

图42

如图42形势，黑方主要面临着如何兑子的抉择，主要有两种着法：（甲）炮8平3；（乙）炮3平2。现分述如下：

（甲）炮8平3

11. ………… 炮8平3

上当之着，正合红方之意。

12. 车二进五 马7退8 13. 车八进五 前炮平5

逼兑红炮，以减轻部分压力。如贸然炮3进8打相，则仕六进五，炮3平5，马九退七！红方下手伏有车八退五捉死炮的手段。

14. 炮五进三 卒5进1 15. 相三进五 象3进5

16. 车八平五 车1平2 17. 马九进七

至此，红方多兵占优。

（乙）炮3平2

11. ………… 炮3平2

黑方在不躲不兑的情况下，毅然决定反戈一击，完全识破了红方的骗着！

12. 车八进五

受利益驱使而显得有些贪婪。假如红方及时醒悟，冷静地改走炮五平八，局势尚无大碍，以下的变化是：炮2进6，炮七平二，车8进4，车二进一，马7进8，车八进二，马2进4，车八进二，马4退6，兵三进一，基本形成和势。

12. …………　卒7进1（图43）

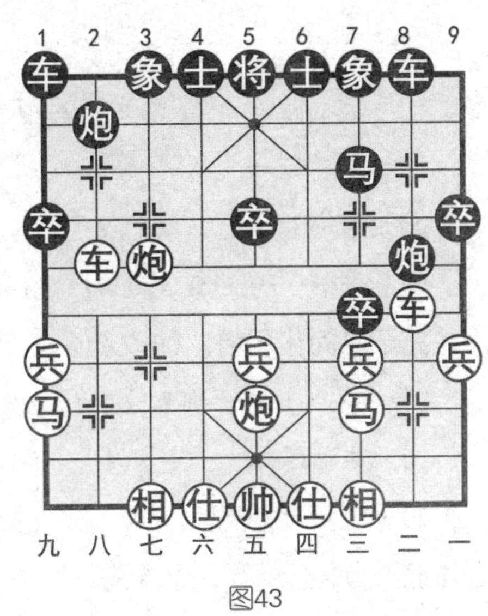

图43

如图43形势，黑方弃7卒妙伏红车，乃预谋的战术手段。对此，红方主要有车二平三与车二进一两种下法，分列于后：

（一）车二平三

13. 车二平三　炮8平2　　14. 车三进三　象3进5

15. 炮五进四　士4进5

补士意在保持复杂的局面，这样更有利于进取。另有两种应着：（1）象5进3，车三平五，炮2平5，车五平二，炮5平8，马九进七，黑方得子受攻，难以满意；（2）炮2平5，炮五进二，士4进5，炮七退一，车8进7，炮七平三，车1平3，相三进五，黑方较优，但红方亦可应付。

16. 相三进五　车8进3　　17. 炮五退二　车1平3

18. 炮七退一　炮2进3

至此，黑方双车双炮火力强劲，红方形势被动而穷于应付。

（二）车二进一

13. 车二进一

如改走炮七平五，则炮2平5（亦可象3进5）！红方反受其害。

13. ………… 车8进4 14. 车八进三

兑子以简化局势。如改走兵三进一，则炮2平7，黑优。

14. ………… 卒7进1 15. 车八平三 车1进2

16. 炮七退三

如车三平七，黑可卒7进1（如象3进5，则炮七进二），炮七进四，士4进5，炮七平八，士5进4，对攻中黑方占优。

16. ………… 车8平3 17. 炮七平六

如果走马三退五？黑有车1平4，炮七平八（如炮五平一，则车3平4），车4进6！马五进三，车3进5，仕四进五，车4退6，马三退二，车3退2，黑优。

17. ………… 卒7进1 18. 炮六平三 象7进9

至此，红方阵形松散，黑方占据主动。

小结

对于红方第11回合的巧妙逼兑，黑方（甲）变着法有嫌软弱，局面较为被动。黑方的（乙）变着法应对巧妙，同时也给红方反设一计，并在（一）（二）两局中获得了不同程度的优势。

本局由红方布局骗着而引发的兑子，颇有几分趣味。由此可见，如何进行兑子转换，往往会对全局作战产生深远的影响，值得深思。

第32局　打通卒林

1. 炮二平五　马8进7　　2. 马二进三　车9平8

3. 车一平二　马2进3　　4. 马八进九　卒3进1

抢挺3卒，是出于战略的考虑，以便把棋局纳入自己熟悉的局面中来。从战术上来说，黑方走卒7进1更为合理，同时也是实战中采用最多的着法。

5. 炮八平七

另一选择是车二进四，下步可邀兑七兵，红方仍有先手。

5. …………　马3进2

6. 车二进六　象3进5

7. 兵五进一

冲中兵急攻，准备强行打通黑方的卒林线，是一步带有欺骗性的着法。稳正的下法是车九进一，士4进5，车九平六，红方略优。

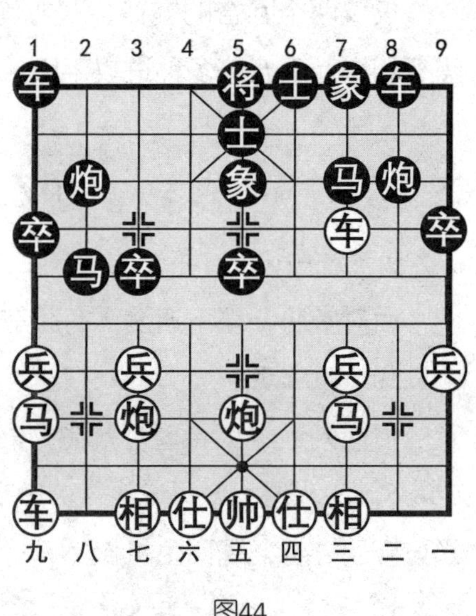

图44

7. …………　士4进5

8. 兵五进一　卒5进1

9. 车二平三（图44）

如图44形势，红方按计划而行，"如愿以偿"地打通了卒林线，平车杀卒后，伏有车三平八的手段。面对这一威胁，黑方主要有两种着法：（甲）马2进1；（乙）卒5进1。现分述如下：

（甲）马2进1

9. ………… 马2进1

逃马的同时，似乎又得到了一个先手，但这正好迎合了红方的意图。

10. 车九平八

抢先逼兑，是夺取先手的有力手段。

10. ………… 炮2平4

如改走马1进3，则车八进七，黑方双马受困，难免失子。

11. 炮七退一

仅仅两个回合的交锋，双方优劣分明。以下红方伏有车八进三、马三进五和炮七平五等多种进攻手段，局势充满活力。

（乙）卒5进1

9. ………… 卒5进1！

面对威胁，毫不退缩，有胆有识。

10. 炮七退一

提前闪避，仍希望打开黑方右翼的封车之势。如改走车三平八，则马7进6，车八退一，马6进4，车八退三，炮8平7，炮七平六，车8进6，黑方弃子夺势，局面生机盎然。

10. ………… 车1平4！

紧凑有力！如改走马2进1，则车九平八，炮2平4，车八进三，卒1进1，车八平九，卒1进1，车九平八，卒1进1，炮七平九，红方得子占优。

11. 车三平八

准备强行得子，否则也难有良策。

11. ………… 马7进8　12. 车八退一　马8进6

两步策马急进，黑方呈大举反攻之势。

13. 马三退一

为保全多子优势。如改走车八退一，则马6进7，车八平五，炮8平7，车九平八，车8进8，黑方攻势如潮，红方亦难抵挡。

13. ………… 车4进8　14. 仕六进五　马6进5

踏炮可争取到沉炮的先手，以下黑方一鼓作气形成杀局。

15. 相三进五　炮8进7　16. 相五退三　车8进8

17. 仕五进四　车8退1　18. 仕四退五　车8平5

19. 马一进三　将5平4

绝杀黑胜。

小　结

对于红方所设计的骗局，黑方（甲）变畏惧丢子，结果放出了红车，一发不可收拾。黑方（乙）变识破骗着，采取了弃子抢攻的策略，并最终成杀获胜。

红方第7回合的冲中兵，虽能打通卒林线并威胁黑方右翼马炮，但战术并不成熟，黑方一旦识破红方意图而采取弃子抢攻的策略，红方将反受其苦。

第33局　稳步进取

1. 炮二平五　马8进7　2. 马二进三　车9平8

3. 兵七进一　卒7进1　4. 马八进七　马2进3

5. 车一进一　象 3 进 5　　6. 车一平四　士 4 进 5

双方以中炮横车七路马对屏风马补右象的布局展开对垒。黑方补士是较为常见的下法，另有炮 8 进 2 与炮 8 平 9 的选择，各具不同复杂变化。

7. 炮八平九　炮 2 进 4　　8. 车九平八　车 1 平 2

黑方平车保炮，准备实施骗着。正着是炮 2 平 7 打兵，以下红相三进一，则卒 7 进 1，车八进七，车 1 平 3，双方各攻一侧，互有顾忌。

9. 马七进六

明快的攻着。如改走兵五进一，则炮 8 进 4，将形成双方互缠之势。

9. …………　炮 8 进 6（图 45）

下炮于二路塞住红方相眼，威胁以炮 2 平 7，是较为典型的布局骗着。

如图 45 形势，红方主要有两种攻着：（甲）兵七进一；（乙）马六进七。现分述如下：

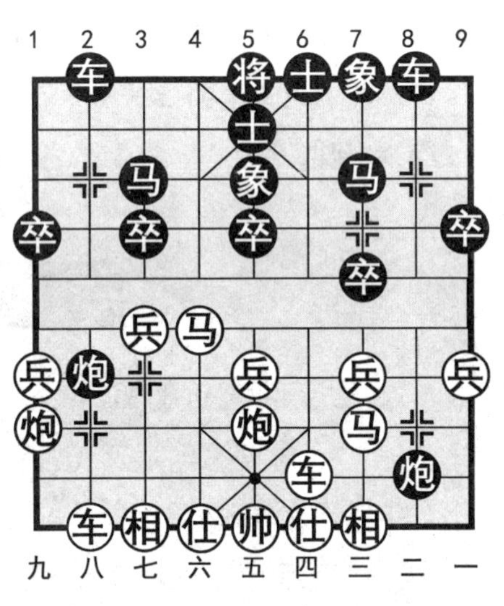

图45

（甲）兵七进一

10. 兵七进一

强行发动攻势，正投敌所好。

10. …………　炮 2 平 7　　11. 车八进九　马 3 退 2

12. 马三退一

如改走兵七进一，则炮 7 进 3，仕四进五，炮 7 平 9，仕五进六，卒 7 进 1，对攻中黑方明显占优。

12. ………… 卒3进1　13. 炮九进四　马2进1

14. 车四平八　车8进5　15. 马六进五

如改走马六进八，则象5退3，红方缺乏后续手段。

15. ………… 马7进5　16. 炮五进四　车8平4！

17. 车八平二　车4退2

黑方将追回失子，形势较为乐观。

（乙）马六进七

10. 马六进七

不为黑方所惑，马踏3卒稳步进取，乃刚柔并济的好棋。

10. ………… 车2进3

如改走炮2平7，则车八进九，马3退2，马三退一，黑方右翼空虚，红方将拥有完全的机会。

11. 炮五平七　马3退1　12. 相七进五　炮8退1

如试图反击而走炮2平7，则车四平八！车2进5，车八进一，黑方落空。

13. 车四进三　马7进8　14. 车四平二　马8退7

15. 车二平六

避兑黑车可保持进攻的姿态，同时调整车位，也起到了防范黑方马7进8出击的作用，因红多出了车六进四的手段。

15. ………… 炮8退4　16. 兵三进一

兑兵活马，消除阵地上的唯一弱点，红方棋局步入佳境。

16. ………… 炮8平3　17. 炮七进四　车8进4

18. 炮七平九

无论是在物质力量方面，还是子力的位置上，红方优势均不可动摇。

小　结

如果说黑方第8回合出车保炮是一步带有疑义的应着，不如说是为了在第9回合点炮而实施的骗着。对此，红方（甲）变强行冲兵，采取了“力战强攻”的策略，但不够成熟，黑方几经调整，取得了较为乐观的形势。红方（乙）变进马踩卒，稳中带凶，刚柔并济，是对付黑方骗着的高明策略，也因此获得了较大的优势。黑方第10回合应改走炮2进1，这样较为稳妥且佳于主变着法。

在许多局面中，力战强攻并非夺取优势和胜利的唯一途径，假如你能以“平常心”面对每一局棋，冷静而又客观地把握局势，你就会发现或已经开始运用稳步进取的策略了。本局红方的（乙）变着法可以说是这方面的一个很好例证。

第34局　以静制动

1. 炮二平五　马8进7
2. 马二进三　车9平8
3. 兵七进一　卒7进1
4. 马八进七　马2进3
5. 马七进六　炮8进3（图46）

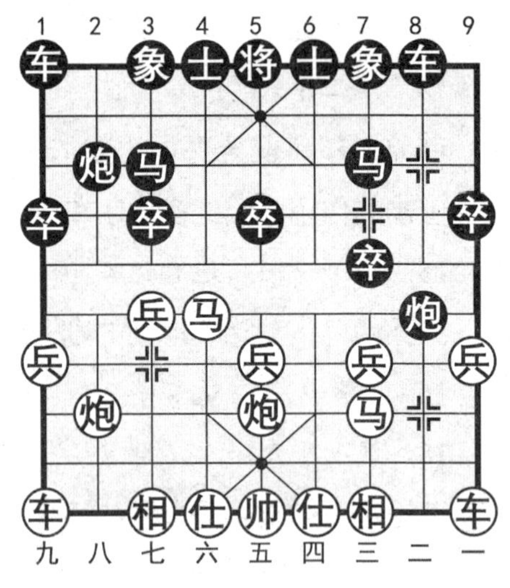

图46

面对红方中炮先锋马的攻着，黑方跨炮骑河，威胁以卒7进1，其目的在于赶走红方河头马，以便进行反击。对此红方主要有：（甲）马六进七；（乙）车一进一。现分述如下：

（甲）马六进七

6. 马六进七

进马踩卒，似乎无可厚非，但迎合了黑方的战略意图，是不明显的软着。

6. ………… 炮2进4

立即飞炮过河，由此展开反击。至此，虽然说双方仅仅交手了6个回合，但黑方已然获得了弹性十足的满意之阵。首先，作为先手方的红棋双车迟迟没有开动，只是单马过河吃掉了对方的一只小卒，孤军深入难成气候。相反，作为执后的黑棋，双炮过河左右开弓，在红方的阵地上形成了一道天然的屏障，2路炮可随时平3攻马或平7消灭红兵，8路炮窥视骑河间接阻止了红方从中路突破的势头（当红方连冲两步红兵后有炮8平5的手段），攻守两利，前景乐观。以下红方如接走兵五进一，黑方可士4进5巩固阵形静观其变；红方又如炮八平七，黑则车1平2先行亮车；红方再如车一进一，黑可炮2平7先手去兵，随后再亮出右车。总之，这一个回合的交换，黑方形势顿时反客为主。

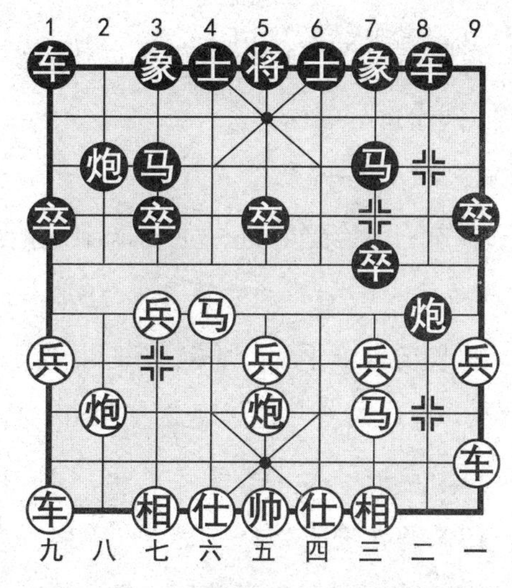

图47

（乙）车一进一

6. 车一进一！（图47）

升车以静制动，着法含蓄

有力！

如图 47 形势，黑方主要有两种着法：（一）卒 7 进 1；（二）炮 2 进 4。分列于后：

（一）卒7进1

6. ………… 卒 7 进 1

冲卒过河，是上一手进炮的战术继续，但算度不足。

7. 兵三进一！

果断弃子，胆识俱佳！

7. ………… 炮 8 平 4　8. 车一平六　炮 4 退 3

9. 兵三进一！　士 6 进 5　10. 炮八平七　象 7 进 5

11. 兵三进一　马 7 退 6　12. 车九平八

至此，红方弃子夺势，大占先手。

（二）炮2进4

6. ………… 炮 2 进 4

当黑方发现强行得子并不有利时，改走进炮打兵争取对攻，但在速度上落后一拍。

7. 相三进一

事先防范恰到好处，主要作用是抢在黑方右车开动之前先开出左车。

7. ………… 炮 2 平 7　8. 车九平八　士 4 进 5

如改走车 1 平 2，则炮八进四，红先。

9. 马六进七　炮 8 退 2　10. 兵七进一　象 3 进 5

11. 车一平七　卒 7 进 1　12. 兵七平六　炮 7 平 8

13. 马七进五　象 7 进 5　14. 车七进六

红方抢攻在前，可捷足先登。

小　结

对于黑方进炮骑河的布局骗着，红方（甲）变缺乏深思，在不知不觉中丧失了先手。红方（乙）变着法，右车提起以静制动，耐人寻味。（一）局变化中红方以弃子夺得优势；（二）局在对攻中红方亦有优势。

黑方第5回合的进炮，虽然具有一定的欺骗性，但在红方识破其意，以静制动的局面下，难免有华而不实之感。黑方的正着是士4进5或炮8平9，均有对抗机会。

第三章 中炮对列炮及后补列炮类

第35局 弃象陷车

1. 炮二平五　炮2平5　　2. 马二进三　马2进3

3. 车一平二　马8进7　　4. 车二进六

进车急攻之着。另有马八进七与炮八平六等多种选择，相比之下较为稳健。

4. …………　车1进1

面对红方平车攻马的威胁，黑此时应走车1平2对抢先手，以下红如马八进七，则卒3进1，车二平三，马7退5，车九平八，车2进6，炮八平九，车2平3，车八进二，车9进1，形成对攻局面。现黑方起横车刻意求变，反其道而行，意在设置圈套制造“骗局”。

5. 车二平三　马7退8（图48）

红方平车扫卒，当然之着。

黑方退马佯作无奈之状，实则是步有预谋的骗着，以底象为诱饵引红车入围。

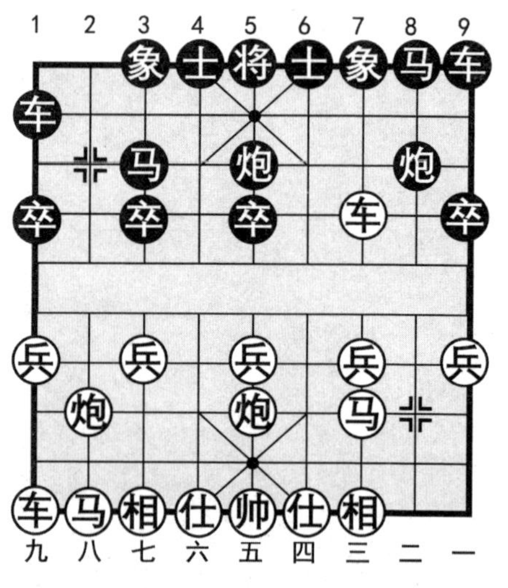

图48

如图48形势，红方主要有两种着法：（甲）车三进三；（乙）马八进七。现分述如下：

（甲）车三进三

6. 车三进三

中计！这一勇往直前的精神固

然可嘉，但却用的不是地方。

6. ………… 炮5平7

平炮关车，机关启动顿令红车身陷囹圄！

7. 炮八进二

面临困境，红方只有叫苦不迭了。现升炮忍痛弃马，实属无奈之举。

7. ………… 象3进5

也可炮7进5直接得子，亦为黑优。但黑方不急于行事，想获取更大的利益。

8. 炮八平一

最为顽强之着。如改走炮八平三，则炮7进4，红方更加不利。

8. ………… 炮7进5

如改走炮8平9，红有两种下法：(1)车三平二，车9平8，炮一进三，车1平9！炮一平五，炮7进5，前炮平六，车9平4，红方无力抵抗；(2)炮一进三！象5退7(如炮7进5，红有车三平二再平炮打马的手段)，炮一平七，炮7进5，炮五进四，马8进7，炮五退二，红方尚能抵挡一阵。

9. 炮一进五　炮7退7

较为朴实的走法。如改走象5退7，则车九进一，续有车九平二与车九平三的手段，黑有顾忌。

10. 炮一平三　象5退7

黑方多子占优。

(乙)马八进七

6. 马八进七

左马正起，加强子力的出动，这种不予理睬的策略，犹如在黑方头上泼了一盆冷水。

6. ………… 炮8平7

黑方平炮牵车，一计不成又生一计。如改走马8进9，则兵七进一，车1平4，车三退二，车9平8，马七进六，红方稳持先手。

7. 炮八进二！ 炮5退1 8. 炮八平一！ 象7进9

在黑方准备采用叠炮攻击之前，红方抢攻发难。

黑方补象无奈。如改走炮5平7，则炮五进四！将5进1（否则丢子），车三平四，黑方难应。

9. 炮一平五！

正确，可稳夺优势。若改走车九进一，则炮5平7，车三平一，马8进6（如前炮进5，红有车一平五的恶手），红有顾忌。

9. ………… 象3进5

一定要取得某些补偿的想法，使黑方几乎在所不惜。实际上，黑方已无法重整旗鼓，找到有效的防御手段，例如：炮5进4，兵五进一，炮7平5，马三进五，马8进6，车三平四，卒3进1，车四退一，红亦优。

10. 炮五进三 炮5平7 11. 车三平五！

车杀中卒，石破天惊！

11. ………… 前炮进5 12. 车五平六

也可走马七退五稳步求胜，但不如此着更为凶狠。

12. ………… 前炮平3 13. 车九平八 炮7进8

14. 帅五进一！ 马8进7 15. 车六进一

红方上帅有惊无险，对攻之中将捷足先登。

小　结

对黑方并不算高明的骗着，红方（甲）变误入歧途，黑方困车得手。红方（乙）变识破骗着，并针对黑方的企图，运用“沿河十八打”先声夺人，最终夺取优势。

本局黑方所设置的骗局，未免有牵强附会之感，实是为了侥幸一击，一旦被红方识破，必将落得“偷鸡不成，反蚀把米”的尴尬境地。但尽管如此，当红方不察而贪吃底象时，黑方此后的围困战术却有一定的借鉴价值。

第36局　棋快一着

1. 炮二平五　炮2平5　　2. 马二进三　马2进3

3. 车一平二　炮8平7（图49）

黑方平炮7路，着法奇特，同时也是一种典型的布局骗着，较好的下法是马8进7，为正常变化。

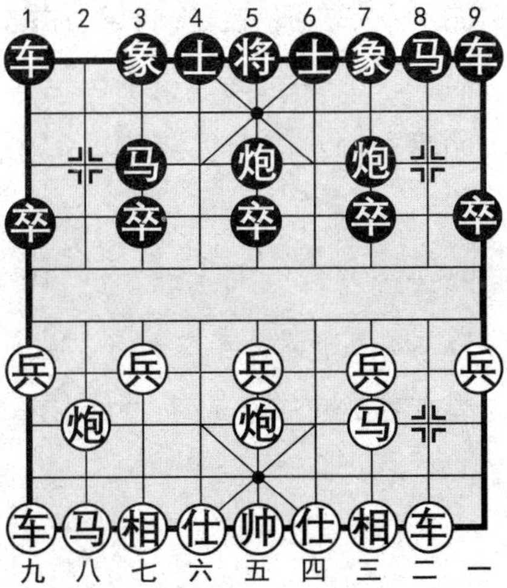

如图49形势，红方主要有三种攻着：（甲）车二进八；（乙）马八进七；（丙）马八进九。现分述如下：

图49

（甲）车二进八

4. 车二进八

立即进车压马，往往是初级爱好者的第一感觉，满以为有便宜可占。

4. …………　车1进1　　5. 炮八进六

当发现兑车之后，红方认为没有什么便宜，遂进炮强行阻兑。但这种

"冒进"，将很快被黑方击退。明智的选择是接受兑车。

5. ………… 炮5退1！

退炮切断红子，并由此产生了一系列的反击之着。

6. 炮八退四

唯一的选择。如改走炮八退五，则车1平2。

6. ………… 炮5进5　7. 炮五进四

反戈一击，也只是带有渺茫的希望。如改走马三进五，黑方将确立优势：车1平8，马五进四，象7进5（正着，不宜炮7平5，否则马四进五，象7进5，炮八平一，红得子），马四进三，车9进2。

7. ………… 炮5退2！

一着退炮，使红方立陷困境。如改走马3进5，则车二平九，炮5退2，帅五进一，红方多子占优。

8. 车二平九

如若走车二退三，黑有马3进5，车二平五，炮7平5，红方丢车。

8. ………… 马3退1　9. 炮八进三

如果走炮八平七，则炮7退1，黑方下手有马8进7的手段，形势亦优。

9. ………… 马1进3　10. 炮八平三　马8进7

11. 炮五平六　车9平8

黑方空头炮威力无穷，胜利在望。

（乙）马八进七

4. 马八进七

左马正起，看似无可厚非，但在此情况下则有些刻板，易给黑方可乘之机。

4. ………… 卒7进1　5. 车二进八

在黑方的挑逗下，红方“毫不手软”地采取了进攻策略，当然改走相三进一要稳健一些。

5. ………… 车1进1　6. 炮八进六

由于红炮有了左车的支持，故红方满怀信心地进炮封车，准备以力克敌。然而事实上，黑方早有准备。红方如接受兑车，变化是：车二平九，马3退1，以下红有两种着法：（1）炮五进四，士6进5，兵七进一，马1进3，炮五退二，炮7进4，相三进五，马8进7，车九进一，车9平8；（2）兵七进一，马1进3，马七进六，炮7进4，相三进一，马8进7，炮八平七，车9平8（不怕红方兵七进一，因伏有车8进5），两种变化，黑方均足可对抗。

6. ………… 车9进2！（图50）

一步充满活力的调动！如直接走卒7进1，红可马三退一，卒7进1，炮五平二，黑有失子的危险。

如图50形势，红方有车九平八与车九进一两种下法，分列于后：

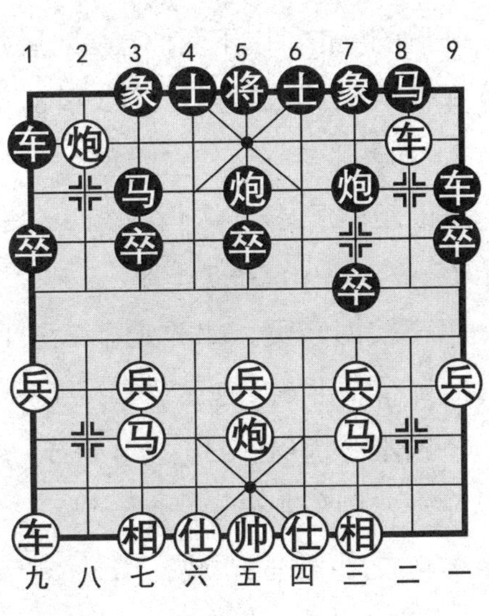

图50

（一）车九平八

7. 车九平八　车9平8

8. 车二平七

强攻之着。如改走车二退一，则炮5平8，兵五进一，炮7平5，黑方亦可满意。

8. ………… 卒7进1！

以牙还牙，是对红方进攻的最好回答。

9. 兵三进一

如改走兵七进一，则卒7进1，马三退五（车七进一，卒7进1，车七退一，士4进5，红方无后续手段），车8进6，黑方抢先发难。

9. ………… 炮7进5 10. 车七退一 炮7平3

11. 炮五进四

如改走车七进二，则炮5进4，仕六进五，车8平4，对攻中黑方速度较快。

11. ………… 士6进5 12. 车七进二 将5平6

出将连消带打，黑方多子占优。

（二）车九进一

7. 车九进一

升车准备策应右翼，有前后脱节之感。

7. ………… 卒7进1

正确的反击。以下两种着法对黑方均不利：（1）炮5退1，车九平八；（2）车9平8，车二退一，炮5平8，车九平二！

8. 车九平二

如改走马三退一，则卒7进1，黑方形势亦不错。

8. ………… 卒7平8

平卒较为轻灵。如改走卒7进1，则马三退五，以下黑方有3种选择：（1）卒7平6，炮五平二，红优；（2）卒3进1，车二进四，双方互缠，一时难分优劣；（3）士4进5，炮八退四，车1平4，炮五平一（如炮八平一？则车4进6！炮一进三，炮5进4，后车退一，象3进5，黑胜势），黑方少子有所顾忌。

9. 马三退五 炮5退1 10. 后车进三

如改走炮八退四？则炮5进5！黑优。

10. ………… 车1平2 11. 前车进一 象3进5

至此局势平稳，黑方足可对抗。

（丙）马八进九

（接图 1）

4. 马八进九

左马屯边，因势利导，是高明的对策。

4. ………… 车 1 平 2　　5. 炮八平七

也可改走车九平八，马 8 进 9，炮八进四，红方先手。

5. ………… 马 8 进 9　　6. 车九进一

至此双方形成对称棋形，红方棋快一步，占有绝对的主动权。

小　结

黑方第3回合平炮，故意卖了一个破绽，意在引诱红方上当。红方（甲）变失察，再加之以“冒进”，黑方很快得手。红方（乙）变选择，引起了复杂的战斗，亦无十足把握。红方（丙）变看似简单，却策略高明，在双方同形的情况下，红方棋快一着，稳获主动。

在当今高级别的大赛中，以大列手炮对阵中炮的布局已十分少见。其主要原因是双方同形，后手棋容易吃亏。因此，本局红若能采取（丙）变黑方的布局骗着就难有用武之地。

第37局　攻马之虞

1. 炮二平五　马 8 进 7　　2. 马二进三　车 9 平 8

3. 车一平二　炮 8 进 4　　4. 兵三进一　炮 2 平 5

5. 兵七进一　马 2 进 3

6. 炮八平七（图 51）

以上双方形成中炮对后补列炮的典型阵势。

如图 51 形势，红方平炮攻马，是一步具有欺骗性的攻着。针对红方兵七进一的威胁，黑方主要有两种着法：（甲）象 3 进 1；（乙）车 1 平 2。现分述如下：

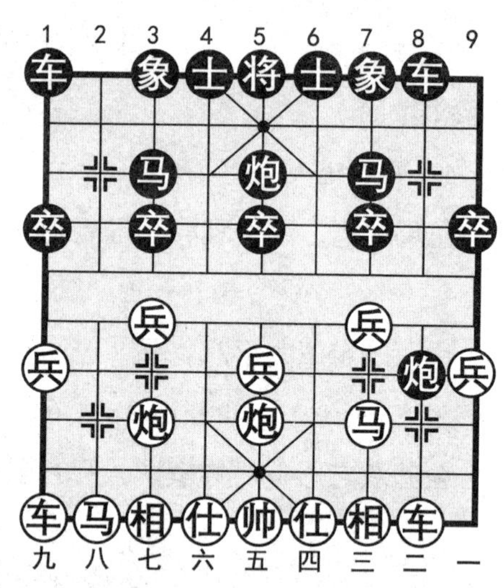

图51

（甲）象3进1

6. ………… 象 3 进 1

飞象进行单纯防守，有被红方牵着鼻子走的感觉。

7. 炮七进四！

非常实惠可取。这是红方实现优势的佳径。

7. ………… 车 1 平 2

8. 马八进七 车 2 进 4

9. 车九平八 车 2 平 8

10. 炮七平三

短短的几手交锋，红方“轻松”占优。

（乙）车1平2

6. ………… 车 1 平 2（图 52）

立即出车以便制造反击，刻不容缓。如图 52 形势，红方有兵七进一和马八进九两种选择。分列于后：

（一）兵七进一

7. 兵七进一 车 2 进 8！

放任红兵过河，进车压马，黑方回之以最有效的反击。

8. 兵七进一　马 3 退 1

9. 马三进四　炮 5 进 4

黑方如急于得子而改走炮 5 平 2，红则有兵三进一的手段，局势尚不明朗。

10. 仕四进五　炮 5 退 1

11. 炮七进一

升炮阻拦，阻止黑方炮 8 平 3 的闪击。

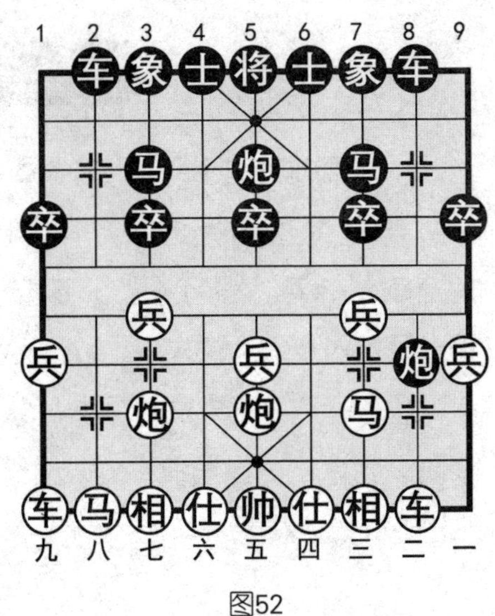

图52

11. ………… 炮 8 平 5　　12. 车二进九　马 7 退 8

至此，红方左翼子力受制，黑方占优。

（二）马八进九

7. 马八进九　车 2 进 5

黑方进车骑河，可谓恰到好处。如改走车 2 进 4，则车九平八，车 2 平 8，车八进六，炮 8 平 7，车二平一，炮 5 平 6，车八平七，象 7 进 5，兵七进一，红方七路炮的效率得到了充分发挥，占有优势。

8. 车九平八

如改走兵七进一，则车 2 平 3；又如改走炮七进四，则象 3 进 1，炮七平三，车 2 平 3，炮三进三，车 8 平 7，车二进三，车 3 平 7，黑方反先。

8. ………… 车 2 平 3　　9. 车八进二　马 3 退 5

黑方退马寓攻于守，此后有炮 5 平 3 与车 3 平 7 的先手，局势较为乐观。

小　结

红方第6回合的炮八平七，可视为典型的布局骗着，其目的是以威胁黑马，迫使黑方进行防范，如（甲）变着法所列，红方轻而易举地控制了局势。黑方（乙）变着法针锋相对，是对付红方骗着的良策，以攻对攻，反客为主，从而使红方计划落空。

红方炮八平七为时过早，尽管对黑方有一定的欺骗性，但过早地暴露了目标，一旦骗着不成，反落入被动局面。正着是马八进七或马八进九，红方仍持先手。

第38局　单刀赴会

1. 炮二平五　马8进7　　2. 马二进三　车9平8

3. 车一平二　炮8进4　　4. 兵三进一

针锋相对的选择。如果走兵七进一，则卒7进1，马八进七，象3进5，红方右翼被封，黑方初步实现了战略意图。

4. …………　炮2平5　　5. 马八进七　马2进3

6. 兵七进一

形成了典型的两头蛇局面。红方另有车九平八的选择，黑可卒3进1，以下红有两变：（1）炮八进四，炮8平7（正着，如车1平2，双方完全同形，红将炮八平七占优），炮八平七，象3进1，双方对峙，势均力敌；（2）马三进四，炮8进1，马四进五！马7进5，车二进二，车8进7，炮五进四，马3进5，炮八平二，红方多中兵稍优，但局面较为简化。

6. …………　车1平2　　7. 车九平八　车2进6

黑车过河，蓄意挑起争端，是偏重进攻的变着。此变例中，双方有明显的战术纠纷，黑有较多的欺骗性手段，执先方不可不知。黑方稳正而多见的应着是车 2 进 4，炮八平九，车 2 平 8，强化封锁并伏有炮 8 平 7 的抢先手段，黑方可以应战。

8. 马七进六！

跃马盘河，力争先手，着法积极。如改用炮八平九平炮兑车，黑将车 2 平 3，车八进二，车 3 退 1！以下红方大致有两种选择：(1) 炮五退一，车 3 平 7，车八进二（不宜走马七进八，因黑有炮 8 进 1），卒 7 进 1，马三进四，卒 3 进 1，相七进五，炮 8 平 6！车二进九，马 7 退 8，黑方多卒较优；(2) 炮五平六，卒 7 进 1（也可卒 5 进 1 直接反击），相七进五，车 3 退 1，兵三进一，车 3 平 7，车八进四，炮 8 退 3，黑方攻守兼顾，足可满意。

8. …………　炮 8 平 7（图 53）

按照常理，对红方伏有的兵七进一威胁，黑方多应以车 2 退 2 或车 2 退 1。而现在黑方对此不屑一顾，平炮压马突施冷着，图谋弃子抢攻。

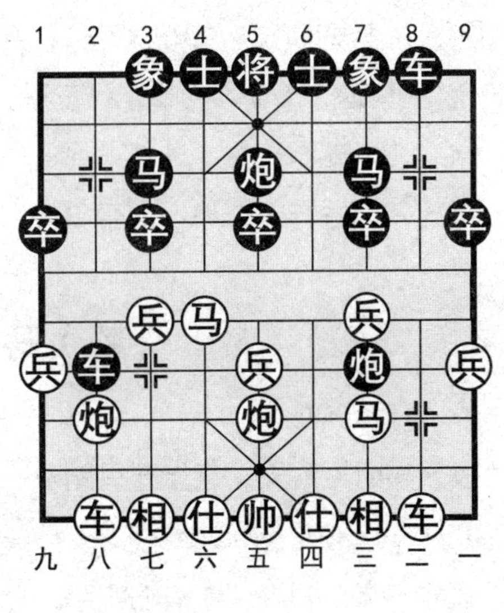

图53

如图 53 形势，面对黑方的强硬着法，红方主要有两种着法：(甲) 兵七进一；(乙) 马六进四。现分述如下：

（甲）兵七进一

9. 兵七进一

看似紧凑的攻着，实则缺乏远见！这正迎合了黑方乱中取胜的作战意图。但如改走车二进九，黑方亦能达到预期目的，黑可炮7进3，仕四进五，马7退8，兵七进一，车2退1，兵七进一，车2平4，兵七进一，马8进7或炮7平9，形成各有顾忌的对攻局势。

9. ………… 车8进9 10. 马三退二

显然不能走马六退八，由于黑可炮7进3，仕四进五，炮7平4！马三退二，炮4平2，红方失子。

10. ………… 车2退1 11. 马六进四 卒3进1！

也许红方还沉浸在“猎获”的喜悦之中，但黑方轻舒猿臂，顺势消灭红兵后，弃子抢势，已得到了足够的补偿。

12. 马四退三 炮5进4 13. 仕四进五 马3进4！

控制形势的要着！诱人的下法是车2平7，则马二进三！炮5退2（为保留复杂局势的着法，如车7进1，红可马三进五，车7平5，炮八平七，红先），前马退一，车7平2，马三进五，红方多子占优。

14. 马二进三 炮5退2

至此，黑方弃子夺势，前景看好。

（乙）马六进四

9. 马六进四！

拨云雾而见青天，直接跃马踏双，乃纷繁变化中的最佳选择。

9. ………… 车8进9 10. 马三退二 卒7进1

强冲7卒，为局部作战的好手，舍此也难有相应的补偿。

11. 马四进三 炮5进4 12. 仕四进五 卒7进1

13. 马三退四 卒7平6

逼着。如果走炮5退2，红可马四进二捉死黑卒占优，以下黑不能卒7平6，否则红将马二进四抽吃黑方中炮。

14. 马二进三 炮5退2 15. 马四进二！ 士6进5

16. 相三进一

必要的防范。如径走车八进一，则炮7进3，以后黑有炮7退1与车2平8等手段，红方较有顾忌。

16. ………… 象3进5 17. 车八进一！

红方单枪匹马在黑方后院驰骋，已对黑方构成强大威胁。现左车提起，准备随时弃子奔赴前线。

17. ………… 卒6进1

如改走炮5平7，也不能改善局面，红同样有车八平六的凶着，此后黑有两变：（1）车2进1，车六进二！后炮进3，车六平三，红方攻势旺盛；（2）卒6进1，炮八平九，车2进1，车六进三，后炮进3，炮五进五！象7进5，炮九平三，伏卧槽马的杀棋，红方胜势。

18. 车八平六 车2进1 19. 马二进三 将5平6

20. 车六进三

至此，红方适时弃还一炮，取得优势局面。

小 结

对于黑方具有欺骗性的强硬着法，红方（甲）变着法授人以隙，黑方计谋得逞。在（乙）变中，红方异军突起，单枪匹马杀入黑方后院，并及时弃还一子抢先攻击，夺优占势。

黑方欺骗性的计划，是建立在弃子取势基础上的。对此，红方要做出正确的判断。假如红方不为黑方所惑，避免兵七进一巧过兵的习惯攻着，按照（乙）变着法来一个“单刀赴会”，黑方的骗着将难以得逞。

第39局　拱手相送

1. 炮二平五　马8进7　　2. 马二进三　车9平8

3. 车一平二　炮8进4　　4. 兵三进一　炮2平5

5. 炮八进五

进炮打马，意在迫兑黑炮，虽说力度不是很足但容易掌握，并且有“考验”黑方的机会。红方此手一般多走马八进七或兵七进一，变化也随之丰富多彩。

5. …………　马2进3　　6. 炮八平五　象7进5

7. 马三进四

跃马出击，并伏有兵三进一的威胁，红方小获先手。

7. …………　炮8进1

8. 马八进七（图54）

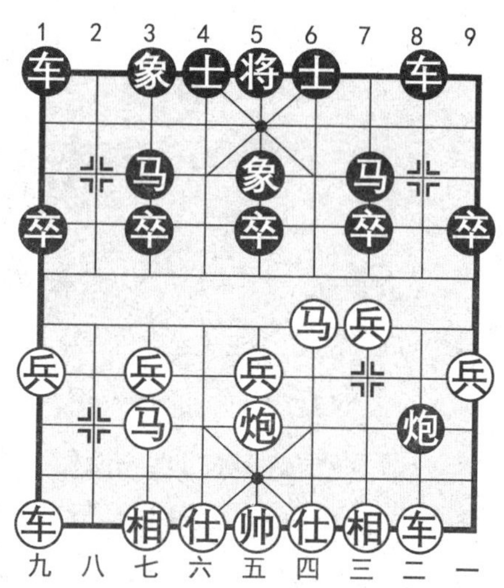

图54

当对方不假思索，迅疾跳起左马时，如果你轻易地认为，这是红棋忙中出错——“拱手相送”，而马上贪得红马的话，那么你将很快尝到这一着的厉害所在。至此，黑方有两种应着：（甲）炮8平3；（乙）卒3进1。现分述如下：

（甲）炮8平3

8. ………… 炮8平3

9. 车二进九　马7退8

10. 车九进二　炮3进1　　11. 车九退一　炮3退1

12. 车九平二！

接连的几个回合，红方占尽了先机。现在，黑方已追悔莫及。

12. ………… 马8进7

如下的选择，黑方亦不能摆脱困局：马8进6，车二进七，车1进1，马四进六，马6进4，炮五进四，士4进5，车二退六，炮3进1，马六进四，红方闪展腾挪，集结子力迅速向黑方将府逼进，攻势强大。

13. 马四进六　车1进2　　14. 车二进六　马7退5

如卒3进1，红方既可马六进七简明取势，又可马六进四继续抢攻，均有优势。

15. 马六进四　马5退7　　16. 马四进三　将5进1

17. 炮五平二！

平炮侧袭，暗藏车杀中象的凶着，红方渐入佳境。

17. ………… 将5平4

无奈之着。若改走炮3平6，红可车二平四。

18. 车二平五

红方攻势猛烈，黑方难能招架。

由此可见，第8回合面对红方的送马，黑方绝不能掉以轻心，如能分析形势冷静对待，不贪功近利，也就能高枕无忧。

（乙）卒3进1

8. ………… 卒3进1　　9. 马七退五　车1平2

10. 马五进三　炮 8 平 5　　11. 车二进九　马 7 退 8

12. 相七进五　马 8 进 6

至此，双方子力简化，基本均势。

小　结

红方第8回合的弃马，是有预谋的布局骗着。黑方如能客观分析形势，不贪吃红马而采用（乙）变着法，红方就无计可施了。

下棋需要有一种平常心，既不贪功近利，又不失积极姿态，方为最佳。

第40局　策马急攻

1. 炮二平五　马 8 进 7
2. 马二进三　车 9 平 8
3. 车一平二　炮 8 进 4
4. 兵三进一　炮 2 平 5
5. 马三进四（图 55）

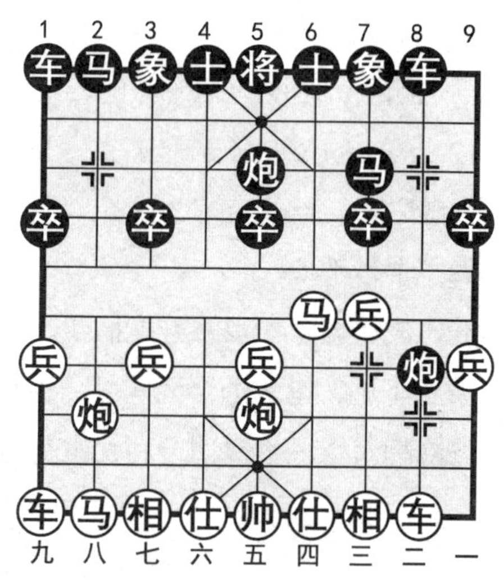

图55

红方策马疾进，意在威胁黑方左炮，是一种带有欺骗性的攻着。在实战中，出现更多的是兵七进一与马八进七，红方均衡布子，徐图展开攻势。

如图 55 形势，面临红方兵

三进一的威胁，黑方有四种着法：（甲）炮8退2；（乙）炮5进4；（丙）车1进1；（丁）马二进三。现分述如下：

（甲）炮8退2

5. ………… 炮8退2

退炮避让，虽说伏有一定的闪击手段，但毕竟进而复退，白丢一先，难免有上当之感。

6. 马八进七

左马正起，均匀布子，着法稳正。

6. ………… 炮8平3

另有3种走法，略示着法如下：（1）炮8进3，马四退三，炮8平5，车二进九，马7退8，炮八平五，马2进3，车九平八，五步对三步，红先扩大；（2）炮8平7，车二进九！炮7进5，仕四进五，马7退8，炮五进四，士6进5（如炮5平8，则仕五进四，对攻中红方有利），炮八进六，马8进7，炮五退二，车1进2，车九平八，黑方孤炮难鸣，局势受制；（3）马2进3，马四进六，车1平2（如马7退5，红有马六进八占优），车九平八（如马六进七，黑方车2进7再平中炮抽车），马7退5，炮八进四，卒3进1，炮八平七，红势亦很主动。

7. 车二进九 马7退8 8. 炮五进四

炮击中卒获取实利，着法切实可取。

8. ………… 士4进5 9. 马七退五 马2进3

10. 炮五退一 车1平2 11. 炮八平九

平边炮，精细之着，以防止黑有炮3平1先手打车的机会。

11. ………… 马8进7 12. 兵七进一 炮3平1

平炮邀兑，试图简化局面。如果走炮3平2，红可车九平八，黑亦难下。

13. 炮九进三　卒1进1　　14. 车九进二

红方多兵且位置优于黑方，稳获优势。

（乙）炮5进4

5. …………　炮5进4

打兵叫将，图一时之快，为时过早。

6. 仕六进五　炮8退2　　7. 马四进六　炮5退2

如炮8平7，红可兵三进一（如车二平一，黑有炮7平9，红方失先），车8进9，马六退五，士6进5，兵三进一，马7退8，马八进七，红势占有主动。

8. 马六进八　马2进1　　9. 车二进二！　象7进5

10. 兵九进一

黑方子力受制，红方较具攻击潜力。

（丙）车1进1

5. …………　车1进1

升车准备采取弃子争先手段，虽有积极的一面，但战术可行性却令人置疑。

6. 兵三进一　车1平6

如炮8平3，红可车二进九，马7退8，马四进六，炮3退2，兵三进一，红方优势。

7. 马四退二　卒7进1

显然不能走车6进5，因红有兵三进一，马7退9，马二进三，黑方将一无所获。

8. 车九进一！

升车策应右翼，着法有力，是保持优势的关键一着。

8. ………… 炮5进4　9. 仕六进五　士6进5

黑方炮击中兵，以防止红左车支援，但红方棋形得到加强，现补仕意在等待战机。如果走车6平8，红有炮八进一！车8进5，车二进三，车8进6，马八进七，马7进6，马七进五，马6进5，车九平六，黑方车马难以摆脱牵制，将束手待擒。

10. 马八进七　炮5退2　11. 车二进二

正着。此时不宜走车九平六，由于黑有车6进5，马二进三，车6进3！帅五平四，车8进9，黑有反击之势。

11. ………… 卒7进1　12. 车二平四　炮5平6

13. 炮八进一

如马二进三，黑可象7进9捉死红马。

13. ………… 卒7进1　14. 马二退一　车8进8

15. 帅五平六！

顺势弃还一子，意在谋取攻势，不失为明智之举。如改走炮八退二？则炮6平7！红有麻烦。

15. ………… 车8平9　16. 车九平六　将5平6

17. 炮八平三　车9退2　18. 车四平三！

在不知不觉中，红方运用双车双炮，已经对黑方形成了强大攻势。此手平车，深沉有力！并伏有闪击手段。如改走炮三平四，黑有车9平6的妙手！车四进一，炮6平4，黑先弃后取。

18. ………… 炮6平3　19. 炮五平四　将6平5

20. 炮三平五！　马2进3　21. 车三进五　炮3进3

22. 炮五进五！

精妙绝伦！一举砸开了黑方防线。以下黑如走象3进5，红有炮五平七；又如走士4进5，红可车三平七，象3进5，车六进七，红均胜定。

（丁）马2进3

5. ………… 马 2 进 3

对红方的威胁置之不理，跃马抢出右翼子力，乃对付红方急攻的佳策。

6. 兵三进一

进兵捉炮，尽管对黑方不无"考验"，但左翼大子仍处于冻结状态，易遭反击。较好的下法是马四进六，以下黑如车 1 平 2，则炮八进四，车 2 进 2，马八进七，车 8 进 4，兵三进一，卒 7 进 1，车九平八，卒 3 进 1，炮八平七，车 2 进 7，马七退八，马 3 退 2，车二进一，双方对攻，机会相当。

6. ………… 炮 8 平 3

改走车 1 平 2 亦佳，以下红如车九进二（不能马八进七，因黑有炮 8 进 1 反先），则炮 8 平 3，兵三平二，卒 3 进 1，黑方满意。

7. 车二进九　马 7 退 8

8. 马四进六

如兵三进一，黑有车 1 平 2，马八进七，车 2 进 4，炮五平四，卒 3 进 1，下伏卒 3 进 1 与车 2 进 1 的手段，黑有多种反击手段。

8. ………… 车 1 平 2（图 56）

如图 56 形势，黑方出车捉炮，迫对方表态，红方主要有三种选择：（一）车九进二；（二）马八进七；（三）马六退七。分列于后：

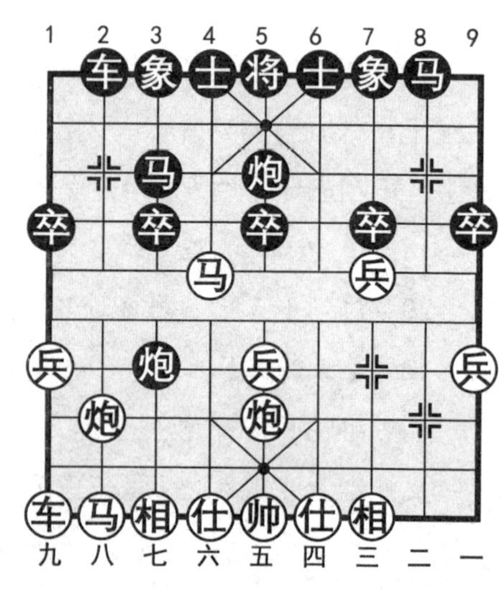

图56

（一）车九进二

9. 车九进二　炮 3 退 2

10. 马六进七

必然的转换，否则黑有炮 3 平 1 伏车的手段。

10. ………… 炮3退2　　11. 炮五进四　士6进5

较为稳健。较为凶狠的着法是炮5进4，黑棋亦处上风。

12. 相七进五

如兵三进一，黑可车2进6！兵五进一，车2退1，兵五进一，车2退1，红方被动。

12. ………… 马8进7　　13. 炮五退二　卒7进1

14. 炮八平七　炮3进5　　15. 马八进七　车2进6

至此，黑方大占优势。

（二）马八进七

9. 马八进七　卒3进1！

弃子抢先，果断有力！

10. 马六退七　卒3进1　　11. 马七进五　卒5进1

12. 马五进七　士6进5

以下，黑可车2进4与卒3进1必追回失子，形势较优。

（三）马六退七

9. 马六退七　车2进7　　10. 马七进六　车2退5

回车防守，应着无误。若改走马3退1，红有炮五进四，士4进5，兵三进一，车2进1，车九进二！车2进1，车九平六，黑方得子受攻，颇有后顾之忧。

11. 炮五平七

寻求变化的走法。若走马六进七，则车2平3，炮五进四，士6进5（亦可考虑走炮5进4），兵三进一，卒3进1，黑势不弱。

11. ………… 马3退5　　12. 兵三进一　车2进2

稳正的选择。如车2进6，红可炮七平五，占有攻势。

13. 马六进五　象7进5　　14. 马八进九　车2平7

15. 兵三平四　车7进5　　16. 兵四平五　车7退3

至此，双方形成互有顾忌之势，黑方足可抗衡。

小　结

对于红方带有欺骗性的攻着，黑方前3种下法有误，红方计谋得逞，并取得优势。黑方（丁）变着法针锋相对，抢出右翼子力进行反击，双方各占一翼，黑方机会不错。

红方第4回合的策马急攻，虽具有较强的欺骗色彩，但本身左翼子力尚未出动，有失平衡，故显得虎头蛇尾，后力不足。黑方如能采用（丁）变着法以攻对攻，可取得满意的抗衡阵势。

第41局　操刀必割

1. 炮二平五　马8进7
2. 马二进三　车9平8
3. 车一平二　炮8进4
4. 兵三进一　炮2平5
5. 兵七进一　马2进3
6. 马八进七　车1平2
7. 车九平八　车2进4
8. 炮八平九　车2平8
9. 车八进六　卒7进1（图57）

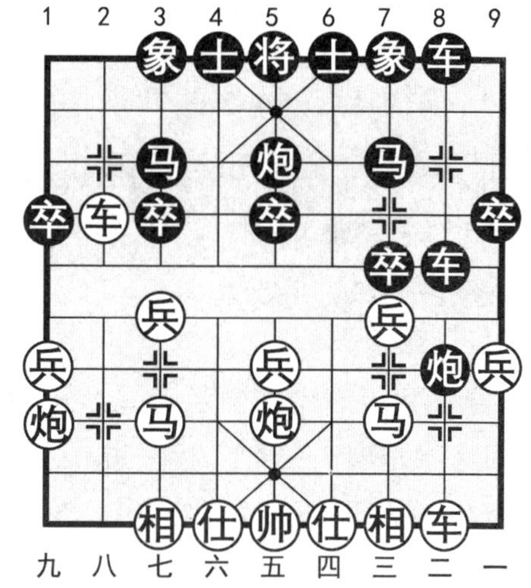

图57

如图 57 形势，形成中炮对后补列炮的一路变化。黑方冲卒邀兑，着法较为强硬，可视为一种典型的布局骗着。对此，红方主要有：（甲）兵三进一；（乙）车八平七两种着法，现分述如下：

（甲）兵三进一

10. 兵三进一

接受兑兵，正好符合了黑方的作战意图，容易被对方利用。

10. ………… 车 8 平 7

11. 炮五退一

如改走马三进四，则炮 8 进 1，黑方反先。

11. ………… 炮 5 平 6

卸炮调整阵形，着法稳正。另有炮 8 平 7 的下法，以下可能形成的变化是：车八平七，马 3 退 5，相三进五，车 8 进 9，马三退二，炮 7 进 2，双方互有顾忌。

12. 炮五平三

如改走马三进四贸然出击，则炮 8 退 3，马四进五，马 3 进 5，炮五进四，炮 6 进 1！黑方得子；又如改走车八平七，则象 7 进 5，马三进四，炮 8 退 3，炮五进四（如马四进五，则炮 8 平 3，则车二进九，马 7 退 8，马五退三，炮 6 进 6，黑方得子），马 3 进 5，车七平五（如马四进五，则炮 6 进 1），炮 8 平 7，车二进九，炮 7 进 6，仕四进五，马 7 退 8，黑方足可满意。

12. ………… 炮 8 平 7　　13. 车二进九　马 7 退 8

14. 炮三进二　车 7 进 2　　15. 车八平七　象 7 进 5

局势至此，尽管红方净多一兵，但马炮受制难讨便宜。

（乙）车八平七

10. 车八平七

以积极的姿态迎接黑方的挑战，着法有力。

10. ………… 卒7进1

弃马寻求攻势，乃预谋的战术手段。如改走马3退5，则兵三进一（简明可取），车8平7，马三进四，炮8进1，马四进五，车7退1，马五退六，车7平3（如炮8平3，车七平三，车8进9，马六退七，红优），炮五进五，象7进5，马六进七，红方多兵占优。

11. 车七进一 卒7进1

12. 车二进二（图58）

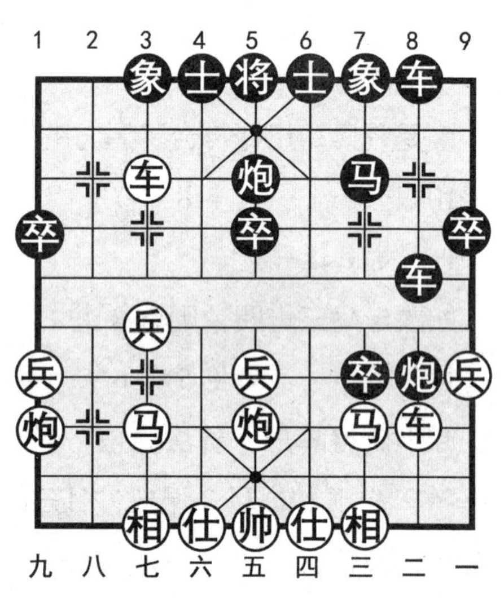

图58

升车保马，不为多子所惑，是纵观全局的佳着。如改走马三退五，则炮8平5（亦可改走士6进5，较为含蓄），车二进五，马7进8，马七进五，炮5进4，红方窝心马终究是心腹大患，黑方弃子夺势前景看好。

如图58形势，面对红方的反弃子，黑方主要有卒7进1、炮8平5与车8平7等三种走法，分列于后：

（一）卒7进1

12. ………… 卒7进1　　13. 车二平三 车8进2

14. 车七进二

红方先发制人，明显占优。

（二）炮8平5

12. ………… 炮8平5　　13. 马三进五

当然不能马七进五，否则黑前车进3，炮五平二，卒7进1，黑方反夺优势。

13. ………… 前车进3　　14. 车七进二　前车退3

15. 兵七进一

进兵可支持红马进攻，红方攻势如潮，黑方难以抵抗。

（三）车8平7

12. ………… 车8平7

实施弃子继续威胁红方，是黑方的最佳应着。

13. 炮五退一

非常轻灵，是保持先手局面的明智选择。

13. ………… 卒7进1　　14. 车二平三　车7进3

15. 炮九平三　炮8进3　　16. 车七退二

退车骑河攻守兼备，使黑方无懈可击。红方由此确立了优势局面。此手如改走车七进二，黑有车8进7！炮三进七，士6进5，红方难以控制局势。

小　结

对于黑方的布局骗着，红方（甲）变着法不够明智，给黑方以可乘之机。红方（乙）变着法积极应战，先发制人，特别是适时地弃还一子，有力地把握了局势的主动权。

黑方第9回合的兑卒，虽然较具欺骗性，并能引起复杂的战斗，但从整体上看，仍不免有些勉强，一旦计谋不成，反落被动。因此，较好的选择是炮5平6，拉长战线，双方仍是两分之势。

第四章 中炮对反宫马类

第42局　分庭抗礼

1. 炮二平五　马2进3　　2. 马二进三　炮8平6

3. 车一平二　马8进7　　4. 兵三进一　卒3进1

5. 马八进九　象7进5　　6. 炮八平七

以上双方形成五七炮进三兵对反宫马进3卒的常见变例。红方炮八平七较有攻击力，也是实战中采用最多的着法。另有炮八平六与车九进一的选择，相对来说较为稳健。

6. …………　车1平2

7. 车九平八　炮2进4

过炮封车乃大势所趋，也是黑方取得对抗局面的最佳途径。否则红方车八进四高起巡河车，将顺利取得先手局面。

8. 车二进四（图59）

红方最为直接的攻法是弃双兵战术，即：兵七进一，卒3进1，兵三进一，卒7进1，车二进四，卒3平2或炮2平3，均有复杂变化。现红方升车巡河，是一步有计划的布局骗着。

如图59形势，红方升车引而不发，面对红方即将采取的弃兵突破手段，黑方主要有两种着法：（甲）车9平8；（乙）士6进5。

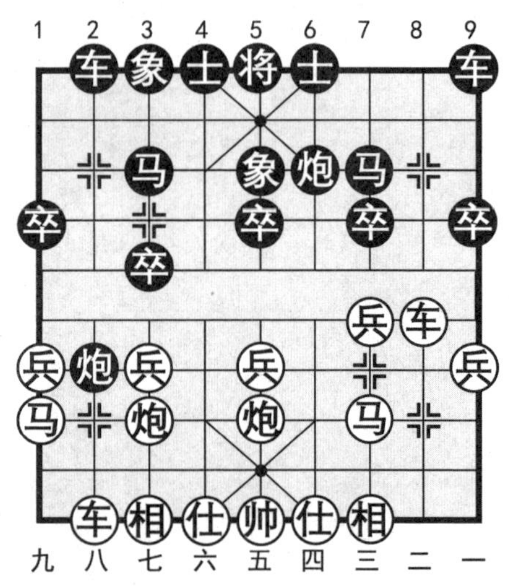

图59

现分述如下：

（甲）车9平8

8. ………… 车9平8

兑车以求得平稳的局面，上当之着。

9. 车二进五 马7退8 10. 车八进一

灵活的调动，不仅解除了封锁，还可乘势攻击黑方较为薄弱的左翼，乃预谋的战术手段。

10. ………… 士4进5

如误走炮2平5，则炮五进四！红方立即得子。

11. 车八平二 马8进9

如改走马8进7，则炮七平八！炮2平5，马三进五，车2进7，马五进四，炮6进1，车二进六，黑方失子。

12. 兵九进一！

以逸待劳，着法细腻。红方另有两种急攻的着法，但结果不甚理想：（1）炮七平八，炮2平5，马三进五，车2进7，车二进六，象5退7，红方劳而无功；（2）车二进六，象5退7，兵七进一，车2进5！黑方足可应战。

12. ………… 炮2进1

希望通过兑子减轻压力。如改走炮2平1（此手与兵九进一转换，可得到进攻机会），则车二进六，象5退7，兵七进一，车2进5，兵七进一，车2平3，炮七进一，红优。

13. 马三进四 炮2平5 14. 相三进五 车2进7

15. 炮七退一

至此，黑方左翼空虚较难处理，红方可抓住此战机，不难取得优势。

（乙）士6进5

8. ………… 士6进5

补士以静制动，着法稳正。

9. 兵三进一

如改走兵七进一？则炮2退1！黑方反先。

9. ………… 卒7进1 10. 兵七进一（图60）

如图60形势，对于红方的攻击，黑方主要有卒3进1与车9平8两种着法，分列于后：

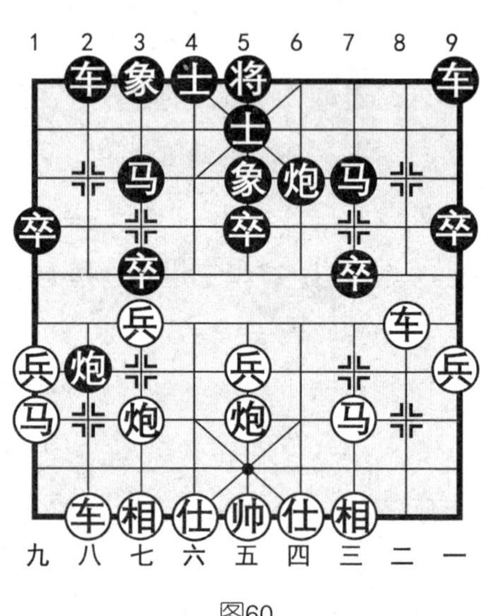

图60

（一）卒3进1

10. ………… 卒3进1

正好迎合了红方的作战意图，从而遭到攻击。

11. 车二平七 车2进2

升车护马，意在维护阵形的完整。如改走马3进4，则炮五进四，象3进1，炮五退一，红势亦优。

12. 炮七进五！

简明有力！此后可针对黑方无根车炮做文章。

12. ………… 炮6平3 13. 车七退一 炮2进2

14. 车七退二 炮2退1 15. 车七平八 炮2进2

16. 车八进六 炮3进5 17. 马三退五

红方以强制的手段，夺子占优。

（二）车9平8

10. …………　车9平8

出车逼兑，放任红兵渡河，是不易察觉的好棋！然而却是最佳对策！

11. 车二进五　马7退8　　12. 兵七进一　炮2平3

平炮兑车较为简明。当然亦可考虑走卒7进1，以下红兵七进一，则马3退1，将形成互有顾忌的局面。

13. 车八进九

正着。如改走车八平九，则车2进6，以下黑有炮3平1与卒7进1等后续手段，红方无益。

13. …………　炮3进3　　14. 仕六进五　马3退2

15. 炮五进四　马2进3　　16. 炮七进五　炮3退7

17. 马三进四　炮3平1

兑车之后，双方攻守俱见紧凑。至此形成各有千秋之势，机会相当。

小　结

红方第8回合的升车，可走之着，并带有较强的欺骗性。黑方（甲）变着法中计，保守之下仍然遭到了红方的攻击。黑方（乙）变应以补士，较为得当，并在（二）局变化中与红方对抢先手，形成两分之势。

在黑方（乙）变应法的（二）局中，第10回合平车邀兑是对策中的精华着法，它打破常规，放任红兵渡河，最终取得分庭抗礼之势，值得回味。

第43局　深入虎穴

1. 炮二平五　马2进3　　2. 马二进三　炮8平6

3. 车一平二　马8进7　　4. 兵三进一　卒3进1

5. 马八进九　象3进5　　6. 炮八平六

以上双方形成五六炮进三兵对反宫马进3卒飞右象的常见阵势。红方平炮仕角，较为稳健。另有炮八平七与炮八进四的不同攻法，各有特色。

6. …………车9进1

7. 车九平八　车1平2

8. 车八进四　车9平4

9. 仕四进五　士4进5

10. 车二进八（图61）

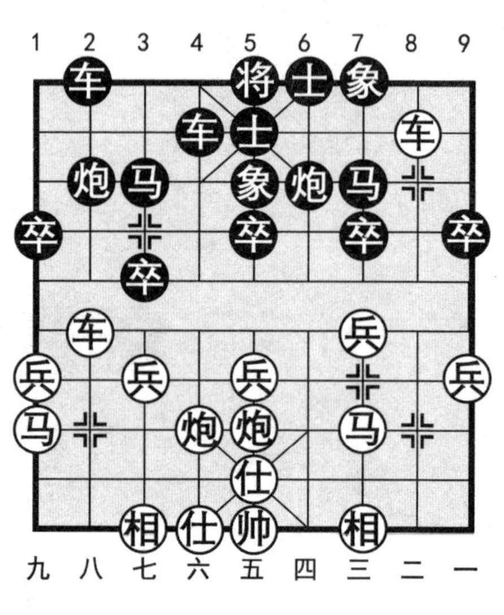

图61

如图61形势，红方伸车二路，伏有车二平三捉马的手段，是典型的布局骗着。对此，黑方主要有三种着法：（甲）炮2退1；（乙）炮6进2；（丙）卒3进1。现分述如下：

（甲）炮2退1

10. …………　炮2退1

中计！假如红方是五七炮阵形，此手方为正着。

11. 车二平三！

对黑方将要进行的闪击置之不理，胸有成竹。

11. ………… 车4进6

如改走车4进4，则车三平五！士6进5，车八平六，红方得士占优。

12. 车八进四 车2进1 13. 仕五进六 车2进4

14. 相三进一

飞相护兵可免受黑车的侵扰，而黑方的左马已无路可逃，失子在所难免。

（乙）炮6进2

10. ………… 炮6进2

看似是一步攻守兼备的棋，但自行削弱了阵形，仍经不起推敲。

11. 车八平四！

简明有力，使黑炮处境尴尬。

11. ………… 炮6平5

如改走车4进3，则兵九进一，下手伏有马九进八的手段，黑方子力局促，易遭攻击。

12. 车二退一 炮5进3 13. 相三进五 马3进2

如改走炮2进6试图对攻，则车二平三，车2进7，车四进四，红方先下手为强。

14. 马三进二 卒5进1 15. 车二退一

至此，黑方阵形松动，红方明显主动。

（丙）卒3进1

10. ………… 卒3进1！（图62）

弃卒试探对方应手，图谋反击，是对红方布局骗着的有力回答。

如图62形势，面对黑方的弃卒，红方主要有兵七进一和车八平七两种着法，分列于后：

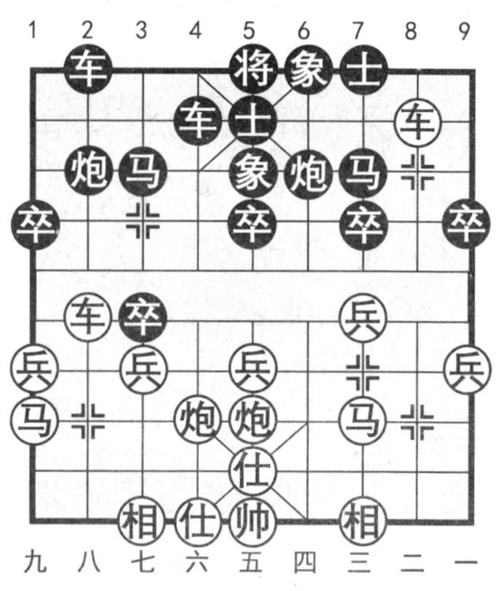

图62

（一）兵七进一

11. 兵七进一　车 4 进 4

12. 车二平三

红方继续实施捉马的计划，但这一“执着”的举动，未免有些冒险。由于棋局已发生了质的变化，故红方此手应改走兵九进一，较为稳妥。

12. …………　炮 6 进 2（图 63）

如图 63 形势，黑方提炮沿河，伏有炮 6 平 2 等一系列反击手段，是一步充满活力的调动。对此红方主要有车三退一与车八进二两种选择，分别演示如下：

第一种　车三退一

13. 车三退一　炮 6 平 2

14. 车八平九　马 3 进 4

跃马志在展开攻势。改走后炮平 1 亦佳，以下可能引起的变化是：兵七进一（只此一手，如车九平八，则马 3 进 4，红失车），炮 1 进 3，兵九进一，炮 2 退 3，兵七进一，炮 2 平 3，炮六平七，炮 3 进 2！炮七进五，车 4 平 7，马三退四，车 2 平 3，炮五平七（如炮

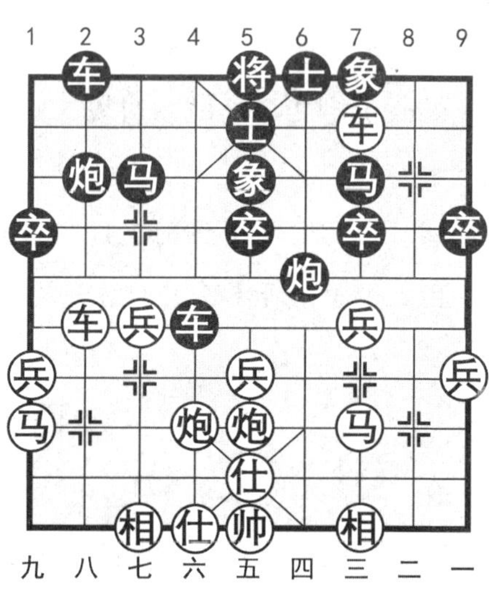

图63

七平八，则车 7 平 3），炮 3 进 6！炮七退七，车 3 进 7，相三进五，车 7 平 1，黑方找回失子占优，但红方亦有谋和希望。

15. 车三退一

如改走炮六平八，则卒 1 进 1（紧凑，如炮 2 进 5，红有兵七进一透松的手段）！车九进一，炮 2 进 5，炮五进四，车 4 平 7，黑优。

15. ………… 卒 1 进 1　　16. 车九进一　后炮平 3

17. 炮六平七

红方另有两种应法，亦难挽颓势：（1）马九退七，车 4 平 3，黑方伏有闪击手段，找回失子占优。（2）帅五平四，炮 3 进 7，帅四进一，马 4 进 6，马三进四，炮 2 进 4，马九退七，车 4 平 6，炮五平四，炮 2 平 1，车九平六，车 2 进 8，黑方胜定。

17. ………… 炮 3 进 5　　18. 炮五进四　炮 2 进 3

进炮打马，攻着准确有力，对攻之中，黑方可捷足先登。

19. 马三进二　炮 3 平 1　　20. 相七进九　炮 2 进 2

21. 相九退七　炮 2 平 1　　22. 车九平七　将 5 平 4

23. 炮五平六　马 4 进 6　　24. 车七平四　车 2 进 9

25. 炮六平七　车 2 退 1

以下黑方伏有车 2 平 5！帅五进一，车 4 进 3，帅五退一，车 4 进 1，帅五进一，车 4 退 1 的连杀手段，攻势猛烈，红方难以抵挡。

第二种　车八进二

（接图 63）

13. 车八进二　车 4 平 3！

当红方逃车之时，黑方果断杀掉了红兵，弈来颇为凶悍。如改走炮 2 平 1，红则车八平七（如车八进三，马 3 退 2，炮五平四，车 4 平 7，黑主动），车 2 进 2，车七平九，双方形成互缠之势。

14. 炮五平四

如贪吃黑马走车三退一，则马3进4，车八退五（如车八退六，则马4进2，炮六平八，马2进1！炮八进七，马1进3连杀），马4进2，炮六平八，炮6平2！车三进一，炮2进3，黑方大优。

14. ………… 马3进4 15. 车八退五 马4进2！

跃马打马力争先手，着法积极。若改走车3退5联车，黑方亦可获取不错的局面，但不如此手更有力度。

16. 炮六平八

最为顽强的应着。如改走相三进五？则炮2进6，相五进七，炮6平3！相七退五（如马九退七，则炮3退2，黑亦优），马2进1，车三退一，马1进3，帅五平四，炮3平6，马三进四，车2进5！黑方胜定。

16. ………… 车3平7！

保持局势复杂并富于进取的选择。另有两种着法：（1）炮2进5，相三进五！车3平4，车八进一，炮6平2，车八平六，车4进2，仕五进六，炮2退2，均势；（2）车3进4，炮八进五（如误走车三退一或相三进五，黑方均有马2进1的凶着），车2进2，相三进五（如车八进二，则车3退2，马九退八，车3退2，纠缠下去红方残相无益），马2进1（如车3退7，则车八进二），炮四平九，车2进6，相五退七，车2退1，车三退一（争取谋和，如马三进四，则炮6平3，以下黑有车2平3与炮3退2的手段，多象易下），车2平7，车三退一，黑方稍优，但取胜难度较大。

17. 相三进五 车7进2 18. 车三退一

正着。如改走炮八进五，则车2进2，车三退一，车7退1，车八进二（防止黑马2进1），炮6退2，黑方多卒占优。

18. ………… 炮6平2

妙手！以此摆脱牵制。

19. 车三进一 马2退4 20. 炮八进五 车2进2

至此局势趋于平稳，黑方多卒且占位较佳，前景看好。

(二)车八平七

(接图 62)

11. 车八平七

表面上是红方白吃一卒，但黑方可以通过威胁攻击红方的双车，从容调整阵形。

11. ………… 炮 2 退 1　　12. 车七平八(图 64)

如图 64 形势，黑方通过弃卒的手段，已获取了两先的便宜。以下黑方有卒 7 进 1 与炮 2 平 1 两种较有力的下法，分别演示如下：

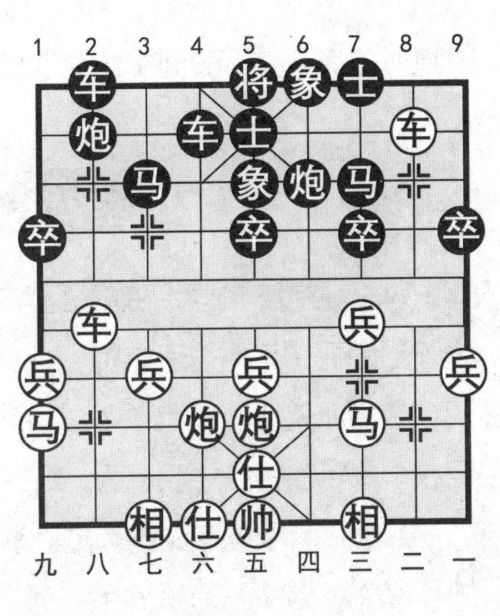

图64

第一种　卒 7 进 1

12. ………… 卒 7 进 1

利用闪击的机会以疏通左马，着法富有活力。

13. 车二平三

力争复杂的局势。如改走兵三进一，则车 4 进 3，车二退四，车 4 平 7，黑方子力活跃亦可满意。

13. ………… 马 7 进 6　　14. 兵三进一　车 4 进 4

15. 车八进四

一车换双。如改走车八平六，则马 6 进 4，车三退一(不能车三退二，否则黑炮 2 进 2 再平 3 攻相)，炮 2 平 3，黑势主动。

15. ………… 车 2 进 1　　16. 兵三平四　车 2 进 4

17. 相三进一　车 2 退 1　　18. 兵四进一　炮 6 平 9

至此，形成双方各有千秋之势。

第二种　炮2平1

（接图64）

12. ………… 炮2平1

此时红方右车偏于一隅，故黑方平炮邀兑红方较为活跃的左车，显得十分切合实际。

13. 车八进五　马3退2　14. 炮六平七

只好如此。否则黑有车4进6与炮1平3的双重威胁。

14. ………… 车4进4　15. 车二退四　马2进3

黑方阵形工整，骑河车统驭全局，形势较为乐观。

小　结

对于红方第10回合的强硬骗着，黑方（甲）变把用应付红方五七炮阵形的招式来对付五六炮，可谓上当受骗。黑方（乙）变削弱了阵形，效果亦欠佳。黑方（丙），变及时反击，并能针对红方“闷宫”与左车局促的弱点对症下药，取得了不错的形势。

红方“深入虎穴”的布局骗着，尽管具有较大的欺骗性，但毕竟孤军深入，易被黑方所利用。黑方如能针锋相对地采取（丙）变的策略，红方的布局骗着不能奏效。

第44局　反击时机

1. 炮二平五　马2进3　2. 马二进三　炮8平6

3. 兵三进一　卒3进1

对挺3卒，可彼此消长。也可走马8进7，红如兵七进一，则车9平8，黑方将以左车的先发来弥补双马受制的局面，亦为正常变化。

4. 马八进九　象7进5

补象固防，优点是当红方平左炮的时候，可抢出右车。如果走马8进7，则炮八平七，象3进5，车九平八，车1平2，车八进四，车9平8，车一平二！车8进9，马三退二，红方稍占主动。

5. 炮八平七　车1平2

6. 车九平八　炮2进4

7. 车一进一　马8进7

8. 车一平七

红方启动横车后再平车伏于炮后，针对黑方3路线施加压力，其暗藏机关，对黑方颇有考验。

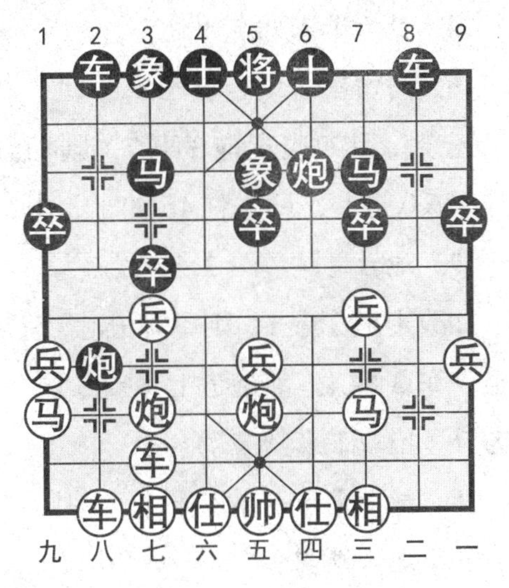

图65

8. …………　车9平8

9. 兵七进一（图65）

如图65形势，红方冲兵发起攻击。对此，黑方主要有两种着法：（甲）炮2平3；（乙）车8进4。现分述如下：

（甲）炮2平3

9. …………　炮2平3

平炮打车，看似争先有利，实则正合红方之意。

10. 车八进九　炮3进2

11. 车八退九！

车回底线，可护相争先，是红方预谋的佳着，从而为攻击黑方的3路线赢得了宝贵的时间。

11. ………… 炮3退3 12. 炮五平六！

平炮调整阵形，准备扬相驱炮，黑方右翼压力渐显。

12. ………… 车8进4 13. 相七进五 车8平4

如改走炮3平4，则车八进七，马3退5（如马3进4，则车八退三！炮4进1，车八平六，黑方失子），车八进一！红有攻势占优。

14. 仕六进五 车4进2 15. 马三进四 车4退1

16. 马四进三 车4进1

无奈。黑如改走炮3平7，则相五进三，车4平7，炮六进四，车7进4，车八进七，马3进4，炮七进七，黑方难以应付。

17. 炮六退二 炮3平4

如改走炮3进1，则马九进七，车4平3，车八进二，马3进4，炮六平七，车3平4，前炮进七，象5退3，炮七进九，士4进5，车八进七，红方弃子抢攻，形势主动。

18. 炮七平六 车4平1 19. 炮六进四 车1进1

20. 炮六进四

至此，红方子力活跃，明显占优。

（乙）车8进4

9. ………… 车8进4

升车以逸待劳，应着稳正。

10. 兵七进一

冲兵意在争夺先手。如改走炮七平六，相对来说局势较为平稳。

10. ………… 炮2平3！

此时平炮，正是时机。如改走车8平3，则炮七进五，炮6平3，车七进四，象5进3，马三进四，红方主动。

11. 车八进九

如改走炮七平六，则车2进9，马九退八，车8平3，红方难讨便宜。

11. ………… 炮3进2　　12. 炮七进五　炮3退6

13. 炮五进四　士6进5　　14. 相三进五　车8平3

至此局势平稳，双方均势。

小　结

红方第8回合的平车炮后，暗伏玄机，虽说属于正常攻法，却也带有很大的欺骗性。面对红方第9回合冲兵的攻着，黑方（甲）变平炮打车，往往是凭感觉最易走出的应着，这正是红方最希望的。然后红方兑车再回防底线，集中火力攻击黑方负担颇重的右翼，完全可以取得优势局面。黑方（乙）变升车巡河，着法稳正，待红兵七进一后再平炮逼兑，构思可谓精巧，令红方无懈可击。最后演变成红方多中兵但黑方阵形稳固，双方各有千秋的局面。作为后手方的黑棋，足可满意。

有许多象棋爱好者，他们已经具备了较强的反击意识，这一点是值得赞扬的。但在不少形势下，反击的时机仍需仔细斟酌。在本局中，黑方的两种着法，后者把握了有利的反击时机，从而使红方的计划不能实现。

第45局　四两拨千斤

1. 炮二平五　马2进3　　2. 马二进三　炮8平6

3. 车一平二　马8进7　　4. 马八进九　卒7进1

红方左马屯边，是一种老式的攻法，优点是大子出动速度较快，不利之处是双马位置欠佳，易成弱点。

黑方挺卒活马，应着稳正，是对付红方边马阵形的有效战术。

5. 炮八平七

平炮七路线，意在加强对黑方3路线的压力，但阵营不够稳固，容易给黑方提供骚扰反击的机会。如改走炮八平六，则相对来讲要稳健一些。

5. ………… 马7进6

黑方迅即跃马，有随时马6进4入侵的手段，是一种牵制战术。此外另有车1平2的选择，以下形成车九平八，炮2进4，车二进六，各攻一翼之势。

6. 车九平八 炮2平1

当然之着，可摆脱红车的牵制。如果走车1平2，则车八进四，黑方因单马护守中卒而不能炮2平1自然邀兑，红方占优。

7. 兵三进一

带有欺骗性的弃兵，意在强行打开局面，实施快攻战术。通常红方此着多走车八进四或车二进四。

7. ………… 卒7进1

黑方去兵，当仁不让。如改走马6进4，红将兵三进一！马4进3，车八进二，炮6进5，马三进四，黑方得子受攻，形势不利。

8. 车八进四（图66）

如图66形势，面对红方的捉卒，黑方主要有两种应着：（甲）卒7进1；（乙）卒7平8。现分述如下：

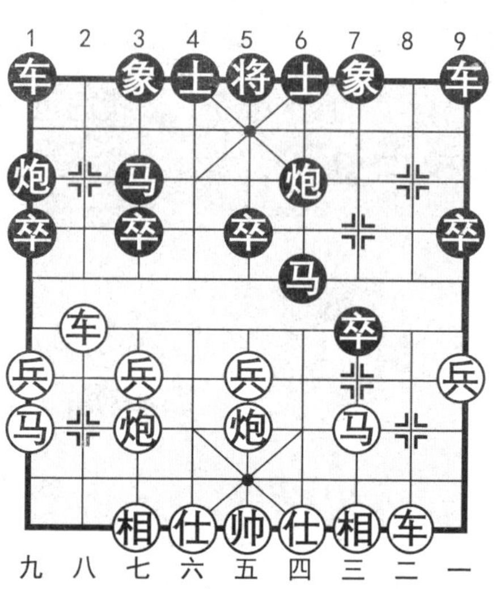

图66

（甲）卒7进1

8. ………… 卒7进1

冲卒捉马，看起来是一步绝对先手，但却流于习俗，正为红方所算。

9. 车二进五！

进车捉马，战术紧逼，乃预谋的攻着。

9. ………… 卒7进1

另有两种选择：（1）马6退7，车二平三，车9进2，车三退二，红方主动；（2）马6退5，马三退一，黑方虽有一卒过河，但阵形呆滞，红方占有主动。

10. 车二平四 士4进5 11. 兵七进一

依仗出子优势，红方继续贯彻强攻计划。若改走炮七平三，则象3进5，局面较为平稳，红方略占先手。

11. ………… 象3进5 12. 兵七进一！ 卒3进1

对黑方消极的象5进3，红有马九进七下伏马七进六或马七进五等手段，将全线出击。

13. 炮七进五 炮6平3 14. 炮五进四 炮3进7

15. 仕六进五

红方持有中炮攻势，占有优势。

（乙）卒7平8

8. ………… 卒7平8

平卒拦车．意在延缓红方攻势，取舍异常果断，有“四两拨千斤”之妙！

9. 马三进二 车9平8

佳着，可顺势抢先。

10. 车二进二

高车生根，可立即迫兑黑方河口马，着法及时，否则纠缠下去于红方无益。

10. ………… 车8进5　11. 车二进二　马6进8

12. 车八平二　象3进5

经过转换，烟消云散，双方趋于平稳。

13. 兵九进一　士4进5

补士固防，稳正之着。当然不宜走卒3进1，否则红将兵七进一乘势进攻。

14. 炮七进四　卒9进1

细致的一手，不给红方炮七平一打卒的机会。

15. 马九进八　车1平4

双方大致均势。

小结

对于红方所施的骗着，黑方（甲）变不够明智，遭到了红方的猛攻，处境不妙。（乙）变黑方妙用平卒巧着，有效地遏制了红方攻势，双方平分秋色。

在本局中，红方的布局骗着具有快速突击的特点。对此，黑方愈是用强，红势则愈旺。黑若能冷静对待，并采取（乙）变着法，延缓红势的策略，可安然无恙。

第46局　抽刀断水

1. 炮二平五　马2进3　2. 马二进三　炮8平6

3. 车一平二　马8进7　4. 马八进九　卒7进1

5. 炮八平七

以上双方形成五七炮直车对反宫马进7卒的一路变化。这种布局的特点是，红方双车出动较快，有一定的攻击潜力，黑方则依靠良好的阵形积极防御，与红方对抗。

5. …………　马7进6　6. 车九平八　炮2平1

7. 车二进四　象3进5

8. 兵七进一　车9进1

起横车准备平车过肋，以便支持河口马抢占要位，是协调棋形的好棋。

9. 车八进五（图67）

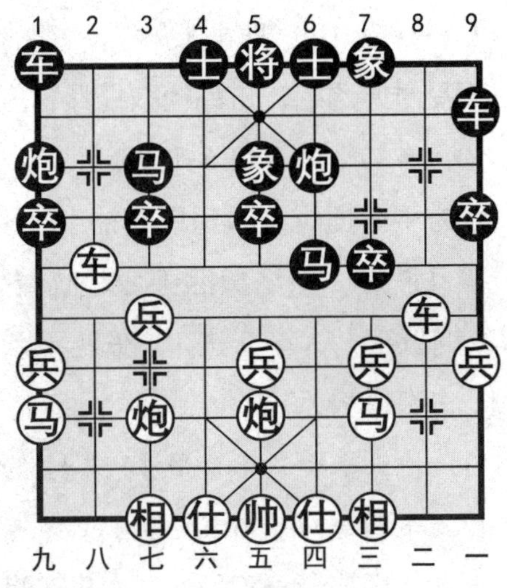

图67

如图67形势，红方进车捉马，意在诱使黑方冲卒，具有一定的欺骗性。对此，黑方主要有两种应着：（甲）卒3进1；（乙）马6进7。现分述如下：

（甲）卒3进1

9. …………　卒3进1

挺卒拦车，犹如“抽刀断水”，无甚积极意义，反自乱阵脚。

10. 车八退二

引而后退，使黑方阵形自行削弱。

10. ………… 卒3进1　　11. 车二平七　马3进4

12. 炮五进四　士4进5　　13. 兵五进一

红方炮击中卒后，再挺起中兵，局势生动。

13. ………… 马4进6　　14. 兵五进一　马6进7

15，兵五平四

至此，黑方孤马深陷敌阵，缺乏后续手段，而红方炮镇中路双车扼守要道，特别是中兵渡河参战，已然大占优势。

（乙）马6进7

9. ………… 马6进7

不受对方诱惑，进马径取红兵，应着严谨且非常实惠。

10. 车二平四　炮6平7

红方平车捉炮，希望黑方补士，以此阻止黑车平肋。黑方识破红方意图，摆动肋炮，着法灵活善变。此着如果走士4进5，则炮七进四，车9平7，炮五平七，卒7进1，车四平六，以下红有兵七进一再马九进七等手段，占有攻势。

11. 炮五平六　车9平4　　12. 仕四进五　车1平2

13. 车八进四　马3退2

至此，局势趋于平稳，黑方足可满意。

小　结

对于红方带有欺骗性的攻着，黑方（甲）变未明其意，盲目冲卒活马，结果遭到了红方的伏击。黑方（乙）变另辟蹊径，马踩红兵先取实惠，特别是第10回合灵活应对，使红方无机可乘。

在本局中，黑方右马有肩负保护中卒的首要任务，因此红方进车利而诱之，想借此发动攻击。黑方如能正确地估计形势，对红方的行棋目的有所洞察，采取（乙）变着法，可顺利渡过布局关卡。

第47局 旗鼓相当

1. 炮二平五　马 2 进 3
2. 兵七进一　炮 8 平 6
3. 马八进七（图 68）

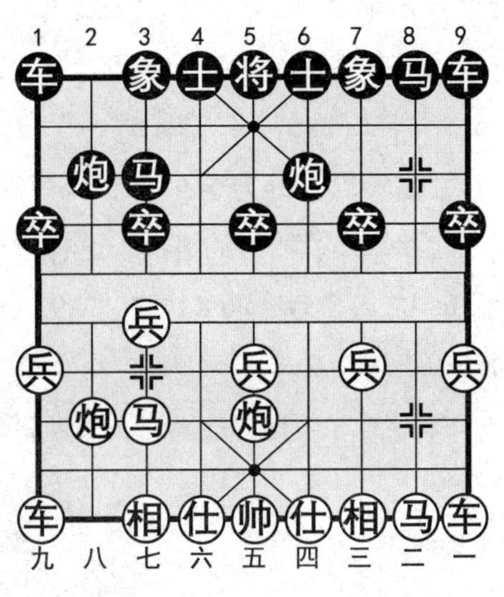

图68

对黑方的反宫马阵形，红方先是抢挺七兵，继而跃起左马，准备迅速占领河头，进一步威胁黑方中路。这一攻法曾流行于 20 世纪 80 年代中期，并成为中炮方的主要攻法之一。

如图 68 形势，红方从容跃起了左马，难道就不怕对方的“串打”吗？至此，黑方有三种应着：（甲）炮 6 进 5；（乙）卒 7 进 1；（丙）马 8 进 7。现分述如下：

（甲）炮6进5

3. ………… 炮 6 进 5

当对手故露破绽之时，也往往是“螳螂捕蝉，黄雀在后”，及时地出击，也许并不是件好事。

4. 车一进二！

紧凑！另如改走车九进二，则炮6平3，炮八进四，炮3退1，炮八平五（车九平七，则炮3进3，车七退二，象3进5，互有顾忌），马3进5，炮五进四，马8进7，炮五退二，车1平2，尽管红方持有空头炮，但缺乏有力的后续手段，黑方足可抗衡。

4. ………… 炮6平3　　5. 炮五退一　炮3退1

6. 车一平七　炮3进3

只好弃还一子。黑如改走炮3平4，将遭到红方严厉的战术打击：兵七进一，卒3进1，车七进三，车9进2，炮八平七，象3进1，车七进一，黑方右马受攻将波及中路，无法防御将陷入困局。

7. 车九平七　象3进5

经过转换，红方至少有5步有效着法，而黑方仅走了可怜的两手棋。现在让我们继续双方的进程，这样会更加清楚地看到红方的优势。

8. 前车平六　马8进7　　9. 车六进四　车9平8

10. 马二进三

以下红方或是从七路打开缺口，或是从中路发动攻势，黑方均难以抗衡。

（乙）卒7进1

3. ………… 卒7进1

这是一手不易被察觉的软着。它只是单纯强调了活马的指导思想，忽视了出子的速度。

4. 马七进六

此时出击恰到好处，它强制性地命令黑方补棋，从而赢得了宝贵的时间。

4. ………… 象3进5　5. 马二进三　马8进7

6. 车一平二

抢在黑方之前亮出了右车，红方先手得以扩大。

6. ………… 士4进5　7. 炮八平六　炮2进3

为开出肋车而采取的战术手段。黑如改走车1平2，则车九平八，黑方子力受制难能开展。

8. 马六进五

简明有力。如改走马六进七，则车1平4，仕四进五，炮2进1，黑方可以纠缠。

8. ………… 马3进5　9. 炮五进四　车1平4

10. 车九平八　炮2退3

红方出车捉炮是抢先佳着。黑方如改走车4进7（如炮6进3，则炮六平五占优），则车八进四，将5平4，仕六进五，车4平7，车八进五，将4进1，车二进六，车9平8，车二平三，以下红方可退炮通车形成杀势。

11. 仕六进五

至此，红方多兵且有中炮的攻势，前景极为乐观。

（丙）马8进7

3. ………… 马8进7　4. 马七进六　士4进5

5. 炮八平七　象3进5　6. 车九平八　炮2平1

7. 马二进三

如改走马六进四急攻，则炮6进1，兵三进一（否则黑可卒7进1），车9平8，红方无趣。

7. ………… 车9平8　8. 车一平二

如改走兵三进一，则车8进4，马六进七，卒7进1，兵三进一，车8

平7，黑方虽少一卒，但子力活跃足可抗衡。

8. ………… 车8进9　　9. 马三退二　卒7进1

至此，黑方争得均势局面。

小　结

红方左马急进的攻着，虽属于正常的下法，但同时也带有某些欺骗性。黑方（甲）变是急功近利算度不足，反而被红方加以利用；（乙）变动作缓慢，红方轻而易举地扩大了先手。（丙）变的走法最为可取，尽管红方有接连的几步先手，但黑方只要应付得当，完全可以构筑起坚固的阵形，与红方形成旗鼓相当之势。

一般而言，对付红方中炮的快攻着法，黑方应当尽快出子，以便加强防御，方能取得抗衡之势。

第五章 中炮对其他类

第48局　祸从天降

1. 炮二平五　马2进3　　2. 马二进三　车9进1

3. 车一平二　车9平4　　4. 马八进七　马8进9

5. 炮八进二

红方升炮，准备采取“沿河十八打”来制造战术机会，另有兵七进一与车二进四等多种攻法。

5. …………　卒3进1　　6. 兵五进一

直攻中路，略显强硬。较好的走法是炮八平三，黑如炮8平7，则车二进七，车4平7，车九平八，红方先手。

6. …………　炮8平5！

7. 马三进五　车4进5

8. 兵五进一　炮5进2

9. 炮八平三　象3进5

10. 车九平八（图69）

红方在中路攻势受阻后，遂调整攻击方案。现平车捉炮，乍一看像是一步失着（因黑有马3进2的先手），其实不然，红方暗伏弃车的杀手。

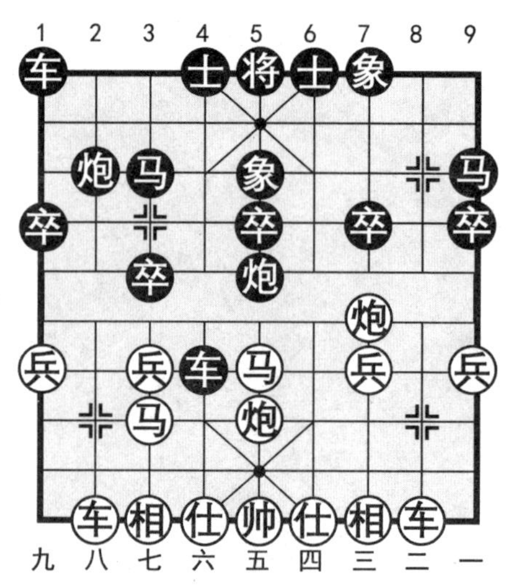

图69

如图69形势，黑方主要有两种应着：（甲）马3进2；（乙）车1平2。现分述如下：

（甲）马3进2

10. ………… 马 3 进 2

严重的失着！忽略了红方的战术打击。

11. 炮五进三！ 炮 2 进 7　　12. 炮三进五 士 6 进 5

13. 炮五进二 士 5 进 4　　14. 车二进七！ 车 1 进 1

15. 马七退八

黑方溃不成军，红方大占优势。

（乙）车1平2

10. ………… 车 1 平 2

稳妥之着，使红方无机可乘。

11. 车八进六 卒 7 进 1　　12. 炮三平四 士 4 进 5

13. 车八平七 车 2 平 3

黑方足可满意。

小　结

对于红方第10回合出车捉炮的骗着，黑方（甲）变麻痹大意，遭到红方战术袭击，局势一蹶不振。（乙）变黑方识破红方诡计，稳固防线，取得了不错的局面。

在本局中，黑方只要能够认真分析形势，不受进马打车的诱惑，红方的骗着难以得逞。

第49局　套路危害

1. 炮二平五　马2进3　　2. 马二进三　车9进1

3. 车一平二　马8进9　　4. 马八进七　炮8平6

5. 车二进七（图70）

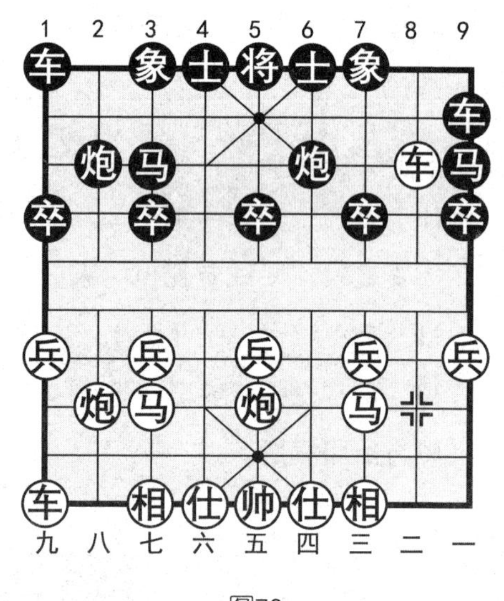

图70

双方由中炮对单提马弈至如图70形势。红方进车炮台，意在牵制黑方子力，并具有较大的欺骗性。对此，黑方主要有两种应着：（甲）车9平4；（乙）车9平3。现分述如下：

（甲）车9平4

5. …………　车9平4

平车占肋，深受“套路式着法”的影响。这一循规蹈矩的着法，说明黑方丝毫没有意识到己方阵形所存在的隐患！

6. 炮八进二！

升炮巡河，棋谚有曰：“沿河十八打，将军拉下马。”颇为传神。

6. …………　车4进3

为解决红方炮八平七与炮八平三的双重威胁，也只好如此了。

7. 炮八平三　车4平7　　8. 马三退一

以退为进，恰到好处，令黑方防不胜防。

8. ………… 卒9进1　　9. 马一进二　车7平8

10. 炮三进五　士6进5　　11. 车二平一　车8进2

12. 车一进二

至此，红方伏有抽将等战术手段，占尽优势。

（乙）车9平3

5. ………… 车9平3

平车护马，应着冷静，是对红方骗着的最好回答！

6. 车二退三　车3平4

红车进而后退，骗着落空。黑方平车较为稳健，也可改走炮6进5，红如炮五进四，则炮6平2，炮五退二，炮2退3，双方各有顾忌。

7. 仕六进五　车4进5　　8. 炮五平四

如改走兵五进一贸然进攻，则车4平3，马七进五，炮2进4，黑方得子占优。

8. ………… 车4平3　　9. 相七进五　象3进5

至此，红方布局难有便宜，黑方满意。

小　结

红方第5回合的进车，可谓是典型的布局骗着。它的威力，主要是建立在黑方的（甲）变应着之下：平车占肋，深受“套路式着法”之害（对付红方的一般走法，黑方常常要走车9平4这着棋）！红方继之以“沿河十八打”的战术紧逼，特别是第8回合的退马奇袭，更是令黑棋无法招架。黑方（乙）变识破了红方的诡计，平车护营，并伏有闪击的手段，令红方不能越雷池半步，其骗着只能是枉费心机。红方第5回合的正着是炮八平九，仍是先手局面。

有不少的爱好者，对基本套路略知一二，在实战中经常生硬地套用其着，这种危害是显而易见的。一方面，我们需要对基本套路作进一步研究；另一方面，在临局中要尽可能地了解对手的行棋目的，并制订出相应的灵活机动的战略战术，这一点尤为重要。

第50局　艺高胆大

1. 炮二平五　马2进3　　2. 马二进三　车9进1

3. 车一平二　马8进9　　4. 兵七进一

挺起七兵，伏有一定的战术手段，是红方常见的攻着。

4. …………　炮8平6

正着。如随手走车9平4，将遭到红方的袭击：兵七进一！卒3进1，炮八平七，车4进1，炮五进四，红优。

5. 炮八进四（图71）

进炮过河，威胁以炮打中卒，阻止黑车过肋，是红方有预谋的欺骗性着法。一般多走车二进四或兵三进一，红方可稳持先手。

如图71形势，面对红方炮八平五的攻着，黑方主要有两种应法：（甲）象3进5；（乙）车9平4。现分述如下：

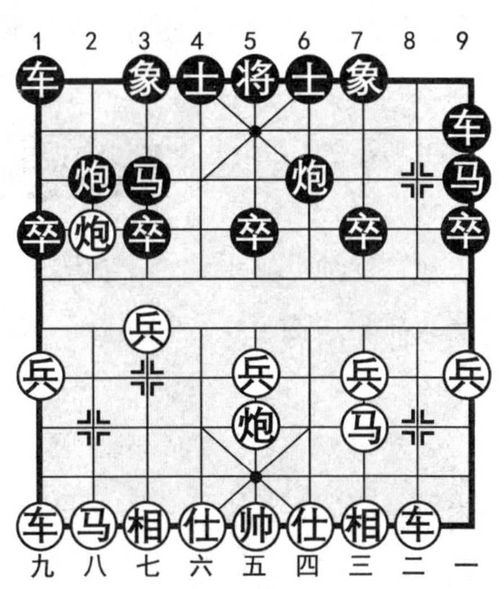

图71

（甲）象3进5

5. ………… 象3进5

补象看似是一步正着，实则缺乏力度，受制于敌。这样，红方意图得以实现，将轻松地扩先取势。

6. 炮八平五 马3进5 7. 炮五进四 士4进5

8. 马八进七 车1平4 9. 车九平八

在夺取中卒后，红方炮镇中央，不仅在物质上获取实利，并且占有攻势，已然获得了较大的优势。反观黑棋，虽说阵形也算工整，但子力受制，缺少反弹，是一盘艰苦的棋局。为使大家更清楚地看到这一点，我们再往下推演几手。

9. ………… 车4进7

力求反击但不能成功。如改走卒7进1，则兵五进一，车9平7，马三进五，红方亦优。

10. 仕六进五！

弃子抢攻，胸有成竹。

10. ………… 车4平3 11. 车二进四 将5平4

只好如此。如改走车3平7，则车二平六，车7退1，帅五平六，炮2平4，车六进三，炮6平4，车八进九，炮4退2，车八平六杀棋。

12. 车二平六 炮2平4 13. 车八进九 将4进1

14. 相七进五 车9平8 15. 车六进二 车8进3

16. 炮五退二

红方攻势凶猛，黑方难以招架。

（乙）车9平4

5. ………… 车9平4！

对红方的威胁置之不理，毅然平车过肋，着法积极，精警有力！

6. 炮八平五　马3进5　　7. 炮五进四　车4进2

8. 炮五退二

如改走炮五退一，则车4进1，兵五进一，炮2进2，炮五平八（如炮五进一，则车4退1，兵五进一？卒3进1，黑优），车4平2，双方基本均势。

8. ………… 马9退7　　9. 炮五平三

为维护“先手优势”，红方平炮射马，意在挑起纷争。如改走马八进七，则马7进6，车九平八（如炮五进一，则车4进4，车九平八，车1平2，黑势颇具弹性），马6进5，车八进七，象3进5，车八退二，马5进7，黑势可持乐观。

9. ………… 车1进1　　10. 车二进八

看似红方有利可图，但黑方有以下的解围妙计。

10. ………… 车1平4　　11. 仕六进五　卒7进1

12. 炮三进四　炮2退1

黑方必将追回失子，呈反先之势。

小　结

对于红方的布局骗着，黑方（甲）变过于教条，红方计划顺利实现。黑方（乙）变硬弃空头，姿态积极，计算准确，并最终以先弃后取的手段取得了满意的对抗形势。

在本局中，黑方艺高人胆大，勇弃空头炮，是破解红方布局骗着的关键所在。

第51局　后发制人

1. 炮二平五　马2进3　2. 马二进三　车9进1

3. 车一平二　车9平4

4. 兵七进一　士4进5

黑方左马暂且不动，提横车过肋，构思别致，是单提马的一路主变。现黑方补士意在巩固中防，如改走马8进9，则兵七进一，卒3进1，炮八平七，车4进1，炮五进四，红方将取得空头炮的攻势。

5. 炮八平七（图72）

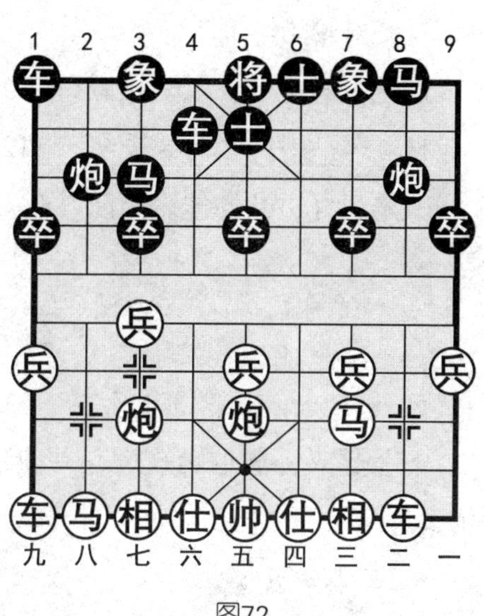

图72

这步棋一般多走马八进七，黑如马8进9，红再车二进四或兵三进一，可持先手。

如图72形势，红方平炮是一步带有欺骗性的攻着。对此，黑方主要有两种应着：（甲）车4进3；（乙）象3进1。现分述如下：

（甲）车4进3

5. …………　车4进3

进车失察，低估了红方潜在的攻击能力。

6. 兵七进一　车4平3　7. 炮五退一

红方弃兵牵住黑车，继之沉炮伏击，黑方形势顿时吃紧。

7. ………… 炮8进2

目前形势下的最顽强应手，改走它着均难免失子。

8. 炮五平七 车3平2 9. 马八进九 马3退4

10. 前炮进七 马4进5

如改走马4进3，则马九进七，车2平6（如车2进2，马七进六，红优），炮七退三或车九平八，红方多相占优。

11. 前炮退二

退炮脱离虎口，以防止黑有炮2平3逼兑的手段，令黑方无机可乘。

11. ………… 马8进7 12. 兵三进一

改走马九进七亦佳。至此，红方占有明显优势。

（乙）象3进1

5. ………… 象3进1

乍看起来补象似嫌软弱，并使阵形松散，但实际上却是一步似笨实佳的好棋。

6. 马八进九

匆忙出马，授人以隙。较好的下法是仕四进五，尽管看上去不是那么令人满意。

6. ………… 车4进6 7. 炮七退一 车1平4

8. 仕四进五 前车平2！

封锁红车以冻结红方左翼的子力，这是黑方取得抗衡局面的关键性着法。

9. 炮五平四 马8进9 10. 兵三进一 卒9进1

11. 相三进五 车2退1 12. 炮四进一 车2进1

13. 炮四退一 车2退1

至此，红方左翼“半身麻木”，黑方足可满意。

小　　结

红方第5回合平炮胁马，具有一定的欺骗性。对此，黑方的（甲）变粗枝大叶，升车护河不利，被红方施以战术打击，较为轻松地扩大了战果。黑方（乙）变"忍"字当头，飞起边象后发制人，避开了红炮的锋芒，使红方无机可寻，并于第8回合平车封锁占据半壁江山，获得了布局的成功。

红方的骗着——第5回合的平炮，虽可攻击黑方右马，但本身着法有嫌重复（兵七进一已包含了制马的因素），同时也破坏了己方的阵形，因此是不足为取的。

第52局　石破天惊

1. 炮二平五　马2进3
2. 马二进三　马8进9
3. 车一进一

红方出横车，针对性不足。对付黑方单提马的阵形，车一平二较为有力。

3. …………　象3进5
4. 车一平六　士4进5
5. 车六进五　车1平4
6. 车六平七

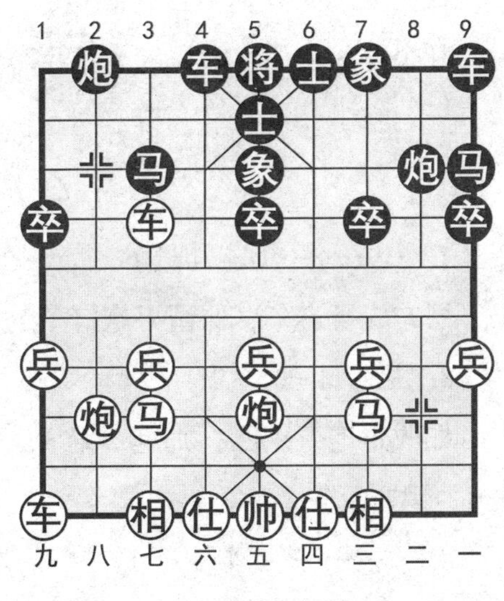

图73

红方右车长途跋涉，显得有些急切，此时如兑掉黑车，亦攻势不足。

6. ………… 炮2退2 7. 马八进七（图73）

红方明知黑方将要炮2平3打车，但左马仍然是“顶着”黑方的炮口而上，这是一步布局骗着。当然改走马八进九要稳妥一些。

如图73形势，黑方主要有两种着法：（甲）炮2平3；（乙）车4进6。现分述如下：

（甲）炮2平3

7. ………… 炮2平3

随手打车，算度不足，显然是上当之着。

8. 车七进一！

弃车砍马，石破天惊！

8. ………… 炮8平3

9. 炮八进七 炮3进5

10. 车九进二！ 炮3平7

11. 炮五进四

几个照面之后，眼见红方下手车九平六作杀，黑方已然束手无策。

（乙）车4进6

7. ………… 车4进6

黑方先行进车，保留平炮打车的权力，有效地避免了红方的圈套。

8. 炮八进一

如改走炮五平四，则炮2平3，车七平八，车4平3，相七进五，卒7进1，黑方反先。

8. ………… 车4进1 9. 车九进二 炮2平3

10. 车七平八 车9平8 11. 仕六进五 车4进1

至此，红方先手荡然无存，黑方形势乐观。

小　结

对于黑方单提马的阵形，红方横车的攻法未免生硬，缺乏针对性。在如图形势下，红方左马正起，意在引诱黑方上当。黑方（甲）变失察，正所谓“一着不慎，满盘皆输”。黑方（乙）变改换步调，使局面焕然一新，并取得了乐观形势。

本局红方的骗着，尽管存有侥幸一击的心理，但却不无警示意义。在类似局面下，要注意对方砍马再沉炮牵车的手段。

第53局　弃卒困车

1. 炮二平五　马8进7　　2. 马二进三　卒7进1

3. 车一平二　炮8进2

黑方左炮巡河，意在避开红方过河车的侵扰，是一种防御型布局。

4. 兵七进一　马2进3　　5. 炮八平七

平炮限制黑方挺兑3卒，略感生硬。较好的走法是马八进七，自然出子更具发展潜力。

5. …………　象7进5　　6. 马八进九　炮2退1

退炮威胁红方右车，并乘机调整阵形，是黑方此类阵式的惯用手段。

7. 车二进四

红车巡河作用不大，反给黑方较多的利用机会。应走车二进一，较为轻灵。

7. ………… 炮2平7（图74）

通常黑方多走炮2平8打车，红如车二平四，则马7进6，以下续有炮8平6，可进一步调整子力配置。现平炮7路引而不发，暗伏袭车的战术手段，具有欺骗性。

8. 车九平八？

如图74形势，红方危险在即却浑然不知，随手出车铸成大错。这是初级爱好者易犯的错误，足引以为戒。

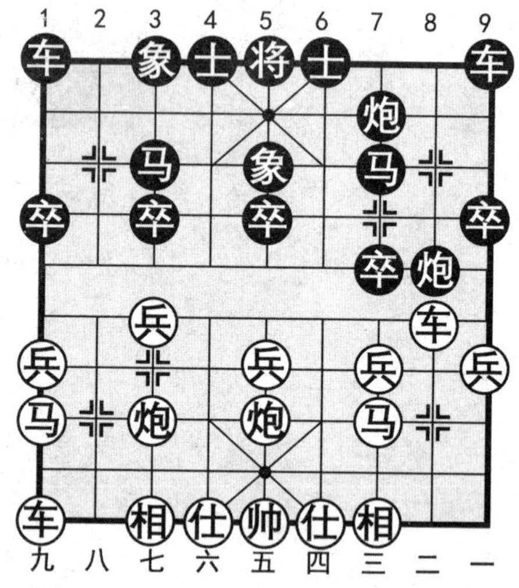

图74

8. ………… 卒7进1！

鱼已上钩，黑方从容收网，弃卒攻车，令红方措手不及！

9. 车二退三

无奈的选择。如误走兵三进一，则炮7平8，车二平一，卒9进1！红车无路可逃，难挽败局。

9. ………… 卒7进1　10. 马三退一　车9平8

11. 车八进七　车1进2

用邀兑的手段，消除红方唯一的反击，黑势渐入佳境。

12. 车八平九　象3进1

至此红方陷入困局，已无法收拾。

小　结

对于黑方“弃卒困车”的战术打击，红方显然毫无提防。黑方一击得手，大获全胜。

在如图74形势下，红方正确的走法是车二平四及时脱离险地，以下黑如车1平2，则车九平八，车2进9，马九退八，黑方主力车晚出，红方仍可小持先手。

第54局 诱敌深入

1. 炮二平五 马8进7 2. 马二进三 车9平8

3. 兵七进一 炮8平9

黑方平炮亮车，形成了三步虎的阵式。其特点是左刚右柔，灵活多变。

4. 马八进七 卒7进1

进卒活马，应着较为稳健。亦可走车8进5直接进行反击。

5. 车一进一

另一主要的变化是炮八进二，象3进5，马七进六，士4进5，车一进一，马2进1，双方将转入阵地战。

5. ………… 车8进5

6. 相七进九 炮2平5

架还中炮，是力战型的下法。近年来更为流行的是士4进5，巩固中防以逸待劳，并可根据红方的攻着再作部署。

7. 兵三进一（图75）

弃兵争先，含有诱使黑车深入的意图，带有一定的欺骗性。

如图75形势，黑方主要有两

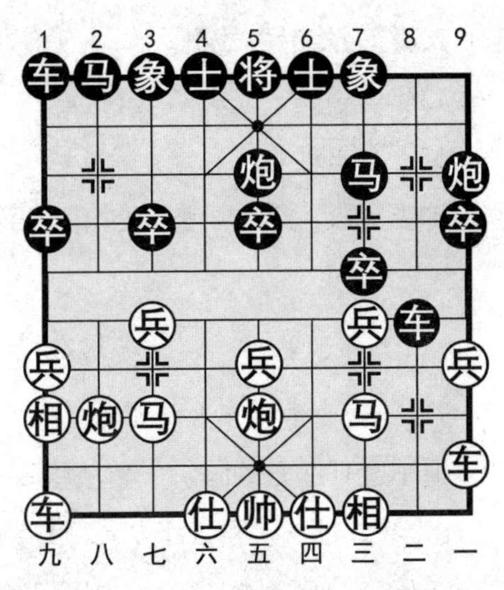

图75

种着法：（甲）车 8 平 7；（乙）车 8 退 1。现分述如下：

（甲）车8平7

7. ………… 车 8 平 7

黑方为表面上的安全所迷惑，丝毫未意识到车处险地的危害。然而仅在两步棋之后，黑方便大难临头了。

8. 炮五退一

精确。如改走车一平三，则炮 9 进 4，黑有反弹之势。

8. ………… 车 7 进 1　9. 车一平三！　炮 9 进 4

逼着。显然不能走车 7 平 8，因红有马三进四！车 8 平 6，车三进四，红方子力活跃大占先手。

10. 炮八进一　炮 9 平 5　11. 马七进五　炮 5 进 4

12. 马三进五！　车 7 平 5

别无选择。如果走车 7 进 2，红则马五退四得子！

13. 炮八进四

凌空虚点，美不胜收！如改走车三进四，则象 7 进 5，车三进二，车 5 平 2，红方将错失战机。

13. ………… 马 7 进 6　14. 车三进四　马 6 进 4

15. 车三进四

掠去黑象，红方局势得到了实质性进展。

（乙）车8退1

7. ………… 车 8 退 1

退车避开红方的陷阱，着法稳妥。

8. 兵三进一　车 8 平 7　9. 马三进四　马 2 进 3

正确的出子。如贪吃红相而改走车 7 进 5，则车九进一，马 2 进 3，车九平三，车7退1，车一平三，黑方不利。

10. 车九进一　车1平2　　11. 车一平三　车2进4

至此，双方形成对峙之势，各有千秋。

小　结

红方第7回合的弃兵，可取之着，同时也具有一定的欺骗性。（甲）变黑方以车杀兵执迷不悟，被红方乘机利用。在红方的战术逼迫下，黑方被迫兑子，结果损兵折将。（乙）变黑方识破红方的意图，退车巡河避免陷阱，几经交锋，双方旗鼓相当，形成了对峙之势。

在本局中，以弃兵为诱饵巧陷黑车，是红方布局骗着的构思精华所在。黑方如能发现其中机关，及时避让，可免遭上当受骗。

第55局　从容应对

1. 炮二平五　马8进7
2. 马二进三　车9平8
3. 车一平二　卒7进1
4. 兵七进一　炮8进4
5. 马八进七　象3进5
6. 马三退一（图76）

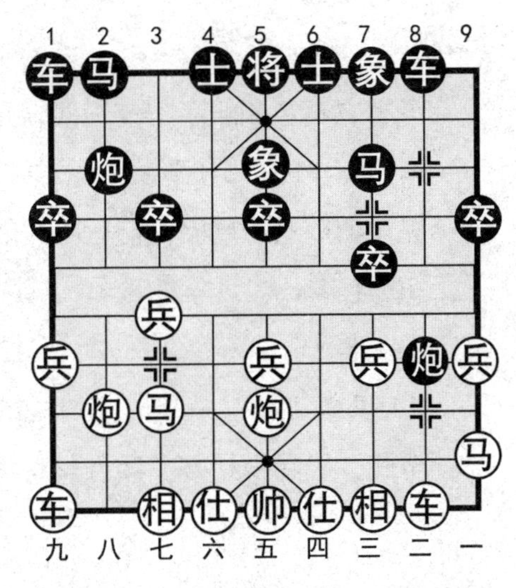

图76

红方退马捉炮，试探黑方应手。这一走法属于布局正着范畴，但仍然带有一定欺骗性。除此之外，红方另有两种主流变化，略示如下：(1)炮八平九，士4进5，车九平八，炮2平3，双方各有顾忌。(2)炮八进七，车1平2，车九平八，炮2进4，马七进六，互缠之势，可参考下局。如图76局面，黑方主要有两种着法：(甲)炮8退2；(乙)炮8进1。现分述如下：

(甲)炮8退2

6. ………… 炮8退2

软着！示弱的表现，让红方骗着顺利得计。除此之外，黑方另有三变亦不理想：(1)炮8平5将军抽车，则炮五进四，黑反丢一子。(2)炮8退1，炮八进二，炮8平2，车二进九，马7退8，马七进八，马2进4，车九进一，红出子速度快，稍优。(3)炮8退3，炮八进七(车二进四亦稳占先手)，车1平2，车九平八，炮8进4，马七进六，炮2进5，马六进五，马7进6(马7进5，则炮五进四，士6进5，炮五平九，红多兵优势)，马五退三，士6进5，马一进三，炮8进1，马三退四，对峙局面红多兵占优。

7. 马七进六　马2进3　　8. 炮八平七　炮2退1

9. 车二进一 …………

机敏之着。如随手车二进四，则炮2进4，黑反客为主。

9. ………… 炮8平9

兑子期望透松局面，但三路线的弱点依然难以解决。

10. 车二进八　马7退8　　11. 车九平八　车1平2

12. 马一进二　炮2平5　　13. 车八进九　马3退2

14. 马二进一　卒9进1　　15. 炮五进四

至此，残局中红方多兵且具有兵种优势，黑将陷入苦守。

（乙）炮8进1

6. …………　炮8进1

进炮打马，不甘示弱，着法积极有力。

7. 车二进二

另可改走马一进三，则炮8退1，双方将回到刚才的局面。

7. …………　车8进7

8. 炮五进四　马7进5

9. 炮八平二（图77）

布局至此，局面有所简化，黑方少卒仍然面临考验，决不可掉以轻心。

如图77形势，黑方主要有马2进4和卒3进1两种应着，分列于后：

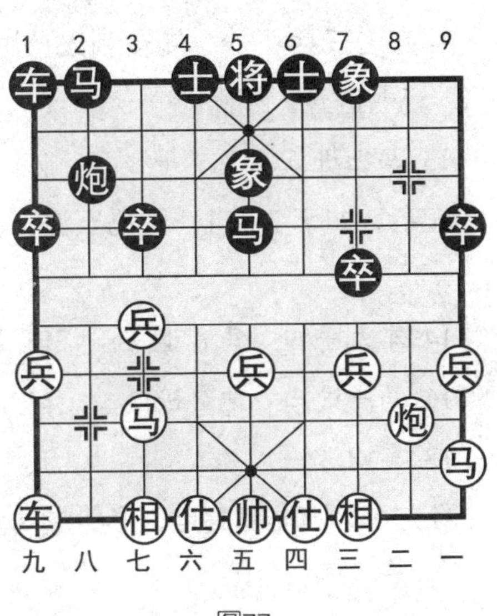

图77

（一）马2进4

9. …………　马2进4

惯性思维下的随手棋，忽视了红方中兵的潜在威胁。

10. 兵五进一　马5进6

无奈之举，如马4进6防守，则红顺势车九平八，炮2平4，车八进五，黑方难应。

11. 车九进一　车1平3

红方抬横车意在攻马，着法紧凑。黑如选择卒3进1试图突破，则兵七进一，车1平3，马七进八！车3进4（象5进3，则马八进六，马4进

5，车九平八，炮2平6，车八进五，红多兵占优势），马八退六！车3进5（如车3进1，马六进四，车3平5，炮二平五，红多子胜势；又如车3平6，车九平四，黑难逃失子），马六进四，车3退2，马四退五！炮2进7，帅五进一，化解黑方底线攻势后，红多子的优势将逐步显现。

12. 兵三进一　卒7进1

红方送三兵巧妙，先发制人！黑如接走卒3进1，则车九平四，卒7进1，马七进五，红优。

13. 马七进五　卒7平8

无奈。如卒7进1，则马五进三，以下马三进二或车九平三，均为红优。

14. 车九平四　马6退7　　15. 炮二平七　车3平2
16. 马一进三　炮2进7　　17. 车四进五　炮2退6
18. 车四退一

红方子力占据制高点，形势主动。

（二）卒3进1

9. …………　卒3进1

从容应敌，刻不容缓！

10. 兵五进一

冲中兵，争取先手。如车九平八，则马2进4，炮二平五，马5进6，兵七进一，车1平3，炮五平六（车八进五，则马6进5，相三进五，车3进4，局面简化，基本和势），车3进4，马七进六，车3进1，马六进四，炮2平1，相三进五，车3退1，马四退六，马4进5，黑子力灵活足可应战。

10. …………　卒3进1　　11. 兵五进一　马5进3
12. 兵五平六　卒3进1　　13. 兵六平七　卒3进1

14. 车九进二

红方出动左横车，以期寻求战机。如车九平八，黑方仍可炮2进5寻求简化。

14. ………… 炮2进5

冷静之着。如卒3进1贪战，则炮二平五，士4进5，马一进二，炮2进4，炮五进一！下伏马二进三或车九平八等攻击手段，红方先手。

15. 炮二平八

如相三进五，马2进4，炮二平七，车1平2，兵七平六，马4进5，黑方子力位置极佳，满意之势。

15. ………… 卒3平2　16. 车九平八 马2进4

至此，尽管红方保留过河兵的优势，但子力简化，基本和势。

小 结

在本局战例中，面对红方第6回合的回马金枪，黑方甲变回撤，过于示弱；而乙变进炮打马不甘示弱，对策积极。在后面的角逐中，（二）变黑方兑卒争先尤为可取，从容应敌，可化解红方的攻势。

第56局 以逸待劳

1. 炮二平五 马8进7　2. 马二进三 车9平8

3. 车一平二 卒7进1　4. 兵七进一 炮8进4

5. 马八进七 象3进5

补象固防，着法稳正。黑方另有两种应着，略示如下：（1）炮2平

5，仕四进五，马2进3，车九平八，车1平2（改走车1进1，变化较为丰富），炮八进四，士4进5，马七进六，双方同形，红方棋快一着明显有利；（2）马2进3，炮八进二，象3进5，兵三进一，卒3进1（如卒7进1，红炮八平三占优），兵七进一，卒7进1，兵七进一，马3退5，马三退一，炮8进1，马七进六，炮8退2，炮八平三，炮8平4，车二进九，马7退8，炮五进四或车九平八，均为红优。

6. 炮八进七

以炮换马，可牵制黑方车炮，是红方这一局面下惯用的手段。

6. ………… 车1平2

7. 车九平八 炮2进4

8. 马七进六（图78）

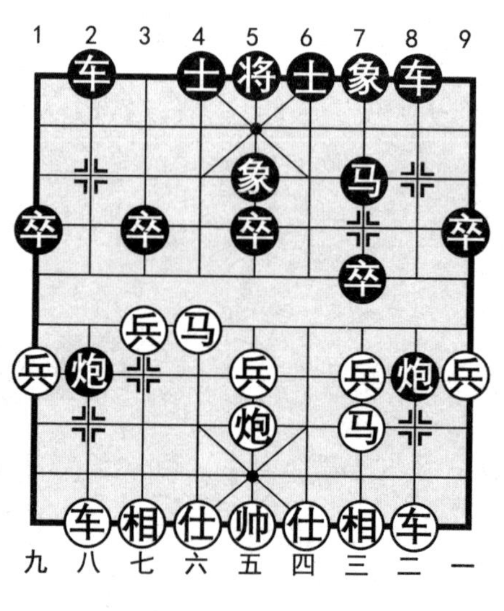

图78

如图78形势，红方跃马河头，伏有兵七进一与马六进五等后续手段。对此，黑方主要有三种着法：（甲）炮8平5；（乙）炮2进1；（丙）士6进5。现分述如下：

（甲）炮8平5

8. ………… 炮8平5

平炮打将，误以为可以争得先手，这是初级爱好者最易犯的错误。

9. 炮五进四！

反戈一击，一举占优。

9. ………… 马7进5

无奈，只好弃子谋攻。如改走士6进5，则车二进九，马7退8，马三进五，红方白多一子。

10. 车二进九　炮5退2　11. 马六进七　炮5进1

12. 车二退五

至此，黑方攻势化尽，红方胜定。

（乙）炮2进1

8. …………　炮2进1

躲炮虽然可行，但稍感消极。

9. 炮五进四

有力之着。如改走马六进五，则炮2平7（如马7进6，则马五退三，红方主动），车八进九，炮8平5，仕六进五，车8进9，马五进三，士6进5（正着，如改走车8退6，则马三退四，炮5退1，车八退四，红优；又如改走车8平7，则马三退四，炮5退3，马四进六，红亦优），马三退四，炮5退2，均势。

9. …………　马7进5　10. 马六进五

至此，黑方子力受牵，红方前景看好。

（丙）士6进5

8. …………　士6进5

补士巩固防线，着法稳正，是以逸待劳的好棋。

9. 兵七进一

过兵欺炮，拘泥于局部得失，虽有一定的威力，但却算度不足。

9. …………　车2进5！

进车捉马，着法有力，是着眼于全局的佳着！若应以炮2进1，红可马六退七占优。

10. 马六退八

如改走车八进三，则车2平4，兵七进一，卒7进1，黑方反先。

10. ………… 炮8平5 11. 仕六进五 车8进9

12. 马三退二 炮5平9

炮击边兵，顺手牵羊，进一步扩大了战果。

13. 兵三进一 卒7进1 14. 车八进一 卒3进1

15. 马八退六 车2进3 16. 马六退八 马7进6

至此，黑方虽少一子，但五卒俱全，并且有效地控制了局势，局势乐观。

小 结

红方前8个回合的攻法虽为正常变化，但对黑方亦不无考验。对此，黑方（甲）变失之大意，红方反戈一击立呈胜势。黑方（乙）变躲炮避让，仍棋处下风。黑方（丙）变以逸待劳，并对红方兵七进一的欺着采取了有力的弃子取势手段，收到了很好的效果。

在（丙）变中，红方第9回合虽有一定的欺骗性，但却算度不足，缺乏全盘的计划。正着是马六进五，以下黑有马7进5与炮8平5两种应着，可引起复杂攻守变化，仍属正常变例。

第六章 仙人指路类

第57局　巧设诱饵

1. 兵七进一　炮2平3　　2. 炮二平五　象3进5

3. 马二进三　车9进1　　4. 马八进七（图79）

双方由仙人指路对卒底炮演变至如图79形势，至此黑方主要有两种着法：（甲）卒3进1；（乙）车9平2。现分述如下：

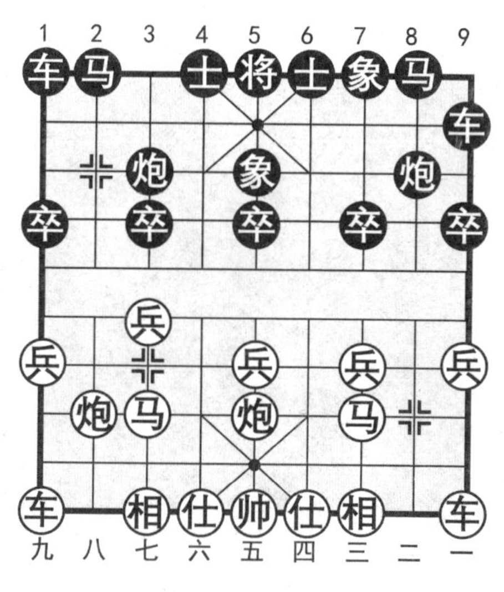

图79

（甲）卒3进1

4. …………　卒3进1

战略性错误，这步棋的严重性将在以下的变化中充分显示出来。

5. 兵七进一！

极有魄力的一步棋。如改走马七进六，则卒3进1，马六进五，马8进9，黑方形势不错。

5. …………　炮3进5　　6. 车一平二　车9进1

如改走车9平8，则车二进四，马2进4，马三退五，炮3退1，车九平八，车1平2，炮八进六，士4进5，炮五平二，红方找回失子占优。

7. 炮八进二！

升炮巡河伏有打车的手段，同时为边车开辟通道，是一举两得的佳着。

7. …………　卒9进1　　8. 炮五进四　士6进5

如改走士4进5，则炮八平九，马2进1，炮九平三，将5平4，车九进一（如车九进二，则炮8进5），炮3平4，车九平六，炮4退5，车六进五，红方少子占势亦优。

9. 炮八平九！

逼迫黑马屯边，可削弱黑棋的中防力量，极为重要的次序。

9. ………… 马2进1 10. 车二进六 马8进7

如改走卒1进1，则车二平三，炮8平7，炮九平二，以下红方有车九进二与车三平二的有力续着，黑方阵形散乱亦难抵抗。

11. 炮五退一 卒7进1 12. 车九进二 炮3退1

13. 车九平四

左车右移可加强进攻力量，即将发动总攻。

13. ………… 炮3平7 14. 车四进六 卒1进1

15. 炮五平九！

黑方在无奈的情况下挺起了边卒，除此之外也别无良策。红方炮打边卒追回失子，简明可取。

15. ………… 车1平3 16. 后炮进三 车3进4

17. 后炮退一 车3进5 18. 后炮平五

至此，红方攻势强大，胜利在望。

（乙）车9平2

4. ………… 车9平2

正着。如改走车9平4，则车一平二，马8进9（如车4进5，则炮五平四，红方阵形完美，较有潜力），车二进四，红方稳获先手。

5. 炮八平九 马2进4

正确的出子。如改走马8进9，则炮五进四，士4进5，炮五平九！红方主动。

6. 车一平二 马8进9 7. 马七进六 士4进5

巩固棋形，以逸待劳。如改走卒9进1，则炮九平六，士4进5，仕六进五，车1进1，炮六退二，车2进3，车二进六，炮8平6，炮五平六，红方先手。

8. 炮九平六

另有炮五平六的变化，黑则车2进6，仕六进五（如炮六进六，则车1平4，红方无益），马4进2，马六进五，车1平4，车二进四，车4进6，兵九进一，车4平1，双方互缠，黑方足可满意。

8. ………… 车1进1

升车再护肋马，可活跃二路车进行反击，是防御的重要手段。

9. 仕六进五 车2进4

意图是破坏红方的河头堡，以舒展子力。

10. 马六进五 马4进5 11. 炮五进四 卒9进1

必要的一步。如果车2平3杀兵，则相七进五，车3平2，炮五平一！红方较优。

12. 相七进五 车1平4 13. 兵三进一 车4进3

14. 车二进六 炮8平6 15. 炮五退二 车2退1

16. 兵一进一 炮3平1

至此，黑方阵形工整，足可抗衡。

小 结

红方第4回合先跳正马，是对以往车一平二着法的小小改进，同时也含有引诱对方冲卒的意图。对此，黑方（甲）变上当受骗，贸然发动了不成熟的反击。红方高瞻远瞩，顺水推舟妙弃左马，集结重兵对黑方阵营施以有力地空中打击，黑方虽多一子，但阵形溃乱难以招架，最终红方追回失子大占优势。黑方（乙）变平车牵炮，应着稳

正，两个回合之后双方转入流行的变化，各有千秋。

如前文所述，对红方所设的诱饵，黑方只要不急功近利，采用（乙）变就可避免上当。而在（甲）变中，红方妙手连珠的攻击亦堪称弃子攻杀的典范。

第58局 知己知彼

1. 兵七进一 炮2平3　2. 炮二平五 象3进5
3. 马二进三 车9进1　4. 炮八平六（图80）

如图80形势，黑方主要有两种着法：（甲）车9平4；（乙）卒3进1。现分述如下：

（甲）车9平4

4. ………… 车9平4

平车捉炮，看似是一步先手，实则恰好迎合了红方的意图。如改走车9平2，则马八进七，马2进4，车一平二，马8进9，马七进六，黑方拐角马受牵，红方优势。

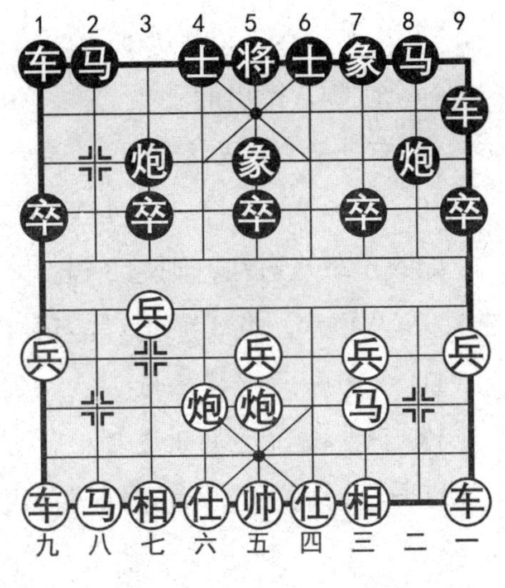

图80

5. 仕六进五 士4进5

如改走马8进7，则车一平二，炮8平9，马八进七，卒7进1，车二进四，红亦先手。

6. 车一平二 马8进9

7. 马八进七　卒9进1

8. 车二进四　车4进3　　9. 车九平八

红方亮出左车，取缓攻之策。如改走马七进六，则马9进8（如炮3进3，红马六退七得子），炮六进三，炮8进3，马六进四，马8进6，黑方可以应付。

9. ………… 马9进8　10. 车二平六！　车4进1

11. 马七进六

红方平车邀兑，手段简明，现左马抢占河头，子力配置攻守自如。

11. ………… 马2进1　　12. 炮五进四　马8进6

13. 相七进五

红方稳获优势。

（乙）卒3进1

4. ………… 卒3进1

冲卒反击，刻不容缓！否则红左马正起后阵形优良，黑方易落后手。

5. 马八进九　车9平4　　6. 仕六进五　卒3进1

7. 车九平八　士4进5

补士固防，待机而动。

8. 车一平二　马8进9　　9. 车二进四　车4进4

10. 车二平六　卒3平4　　11. 兵三进一

如改走车八进八，则炮3进2，炮六平八，炮8退1，车八退四，马2进3，车八平六，炮8平7，黑方满意。

11. ………… 马2进1　　12. 马三进四　车1平2

13. 车八进九　马1退2

红方位置稍好，黑有过河卒，双方均势。

小　结

红方平炮士角，虽属可行之着，但其中也不乏欺骗意图。（甲）变黑方平车捉炮，无形之中削弱了卒底炮的威力，属上当之着，红方十分顺利地取得了优势局面。（乙）变黑方冲卒渡河，针锋相对，可获得抗衡局面。

只有知己知彼，方能百战不殆。在本局中，黑方针对红方平炮士角的布局骗着，采用冲卒反击的对策，有效地破坏了红方的计划，争得了抗衡局面。

第59局　弃子夺势

1. 兵七进一　炮2平3　　2. 炮二平五　炮8平5

还架顺炮，是后手方经常出现的下法，特点是双方相互牵制，有较强的战术纷争。

3. 马二进三　马2进1　　4. 车一平二　车1平2

5. 马八进七　卒3进1

冲卒反击，是一步具有欺骗性的攻着。一般多走马8进7，车九平八，车2进4，黑方可以应战。

6. 车二进五

进车骑河，着法明快。如果走车二进四，则马8进7，车九平八，车9平8，红方无趣。

6. …………　炮3进1（图81）

升炮一步，意在诱使红方就范。若是走卒3进1，红可车二平七，以下黑有两变：（1）卒3进1，车七进二，卒3进1，车七退五，马8进7，炮五退一！伏炮五平八与炮五平七的攻着，红优；（2）炮3进1，车七退一，车2进6（如炮5平3，则车七平八），马七进六！车2进1，马六进七，红势主动。

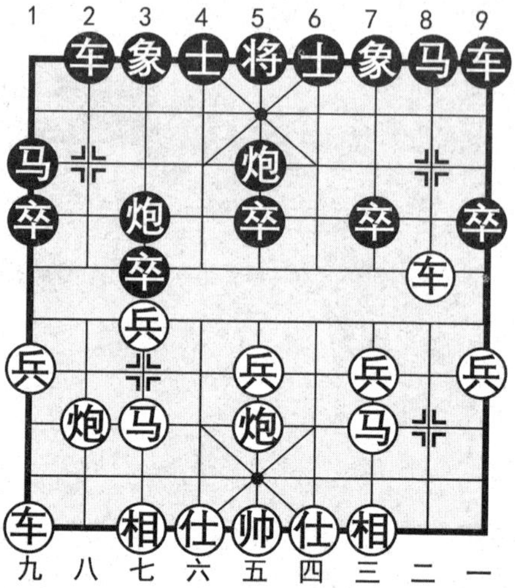

图81

如图81形势，红方主要有三种着法：（甲）车二平七；（乙）车九平八；（丙）兵七进一。现分述如下：

（甲）车二平七

7. 车二平七

草率之着！忽略了黑方叠炮的攻击。

7. ………… 炮5平3

以此，黑方夺得一子。

8. 车七平二 炮3进4 9. 车二进三 士6进5

稳正的选择，使红方无机可乘。以下黑有后炮退1驱逐红车之着，多子稳占优势。

（乙）车九平八

7. 车九平八

出动左车，虽可保持局面的复杂性，但同时也为黑方提供了对抗机会。

7. ………… 卒3进1

势在必争。显然不能走马8进7，因红有炮八进五的手段。

8. 炮五进四　士6进5　　9. 车二平七

红方炮打中卒后再平车，是正确的次序。不宜先走车二平七，因黑有炮5平3的手段。

9. …………　马8进7　　10. 炮五退二　马7进5

进马邀兑，符合局面精神，也是黑方取得抗衡的关键着法。

11. 车七退一　炮3进4　　12. 车七退二　马5进6

13. 炮八进五

进炮封压，以避开黑车过河反击。另有两种下法，对红方不利：（1）兵三进一，马6进7，车七平三，车2进6，黑方有反先之势；（2）车七进三，马6进7，炮八平七，马7退5！炮七退一（如车八进九，则马5进3，炮五平一，车9平8，车八退七，车8进7！黑优），马5退3，炮五平一，马3退5，炮一平五，马5退4，炮五平七，士5退6，红方弄巧成拙，黑方多子占优。

13. …………　车9平8

至此，红方难以把握局势，黑方满意。

（丙）兵七进一

7. 兵七进一！

一步出人意料的好棋！

7. …………　炮3进4　　8. 兵七平八　车2平1

逼着。如果走炮3平7，则炮八进七，以下黑有两种选择：（1）炮5进4，仕六进五，马1退2，车二进三，马2进3，兵八平七，红方占势；（2）马1退2，炮五进四，士6进5，车九进二！马8进7，炮五退二，炮7进1，车二退四，红方追回失子占优。

9. 炮五进四　士4进5

补右士，乃权宜之计。若是走士6进5，红有车二平七，马8进7，炮五退二，炮3平4，炮八平七，黑方易受攻击。

10. 车二平七　马8进7　　11. 炮五退二　炮3平4

12. 车七平六　炮4平3　　13. 车六进一！

进车控制全局，着法有力！至此，红方弃子夺势并有良好前景。

小　结

对于黑方设下的骗局，红方（甲）变失察，白失一子。红方（乙）变缺乏力度，黑方亦得以对抗。红方（丙）变积极拼抢，胆识俱佳，一举粉碎了黑方的布局骗着。

黑方在大子尚未出动阵脚不稳的情况下，第4回合急于反击，时机并不成熟。尽管其具有一定的欺骗性，但红方弃子夺势还以颜色，黑方难免陷入困局。

第60局　锁葫芦炮

1. 兵七进一　炮2平3　　2. 相七进五

飞相是较为稳健的选择，但攻击力有嫌不足，一般多走炮二平五或炮八平五，对黑方较有威胁。

2. …………　马2进1　　3. 马八进七　车1平2

4. 马七进六

跃马出击，子力配置并不协调，但红方仰仗此后的骗着，对黑方亦不无“测试”机会。正着是车九平八，均衡出子。

4. …………　马8进7　　5. 车九平八　车2进4

黑方看到红马已前无进路，遂升起巡河车，准备走车 2 平 4 逼回红马。但这只是黑方一厢情愿的构思。升车巡河后，车处险地，易给红方利用的机会。较好的走法是车 2 进 3！柔中带刚，黑方可以乐观。

6. 兵七进一（图 82）

强行弃兵，乃红方预伏的骗着，暗藏玄机。

如图 82 形势，黑方有两种应着：(甲）车 2 平 3；(乙）车 2 进 1。分述如下：

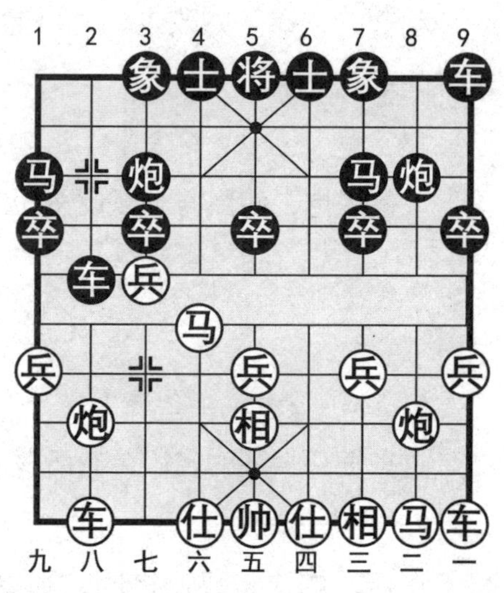

图82

（甲）车2平3

6. ………… 车 2 平 3

平车杀兵，误认为红方是出于“无奈”，却不知危险在即。

7. 炮八进五！

红方骗着得逞，他的炮立即出击了！

7. ………… 象 7 进 5　8. 马六进八　炮 3 平 4

改走马 7 退 5，黑方不致失子，但红有炮八进一！炮 3 退 1，车一进一，马 5 退 7，车一平六，红方集结重兵于一翼，黑方亦将面临受攻局面。

9. 炮八进一　马 1 退 3

无奈之着。若是走马 1 退 2，红有马八进九，亦可得子占优。

10. 马八进九　炮 4 平 2　11. 车八进七　马 7 退 8

12. 车八平七！

虎口献车，着法精确有力！如车八平六？黑将马 3 进 2。

12. ………… 士 6 进 5　13. 车七进一

明智的选择。如改走马九进七，则将5平6，红方只图一时之快，车陷黑阵难以逃脱。

13. ………… 炮8平1 14. 炮八平九

吊住黑炮，使黑方难以反击，红方多子占优，胜局已定。

（乙）车2进1

6. ………… 车2进1

进车捉马，及时省悟，有所改进。

7. 兵七进一

正着。如改走马六进四，则象7进5，兵七平六，卒7进1，马四进三，炮3平7，车八平七，炮8进4，红方难讨便宜。

7. ………… 车2平4

如改走炮3平2，则马六进四，车2平6，炮八平七，车6退1，炮七进七，士4进5，炮七退二，炮2进2（如炮8平3，车八进七，红优），炮七平二，马1进3，炮二退三，红方多相占优。

8. 兵七进一 炮8平3 9. 车八平七 炮3退1

局势至此，红方仍持先手，但黑方亦可应付。

小结

对于红方精心设计的骗着，黑方（甲）变缺乏警惕，盲目贪吃红兵，造成了难以挽救的后果。黑方（乙）变识破红方意图，亡羊补牢，为时不晚。

本局红方的布局骗着，被民间棋手称为“锁葫芦炮”，其意图是利用黑方升车顶马的争先之机，借力使力，采取突然袭击，战术精巧。就此方面而言，不失为侧翼突破的典型范例。

第61局　真伪莫辨

1. 兵七进一　炮2平3　　2. 相七进五　马2进1

3. 马八进七　车1平2　　4. 车九平八　炮8平5

反架中炮，争取在中路牵制对方，是黑方采用较多的着法。稳健的选择是车2进4，以下红如马二进三，则卒7进1，黑方可取得稳固的阵势。

5. 马二进三

具有欺骗性的一步棋。正着是炮八进四，马8进7，马二进一，车9平8，车一平二，卒3进1！兵七进一，车8进4，兵七平八，卒1进1或马1进3，双方对攻，各有顾忌。

5. …………　马8进7

起马正常出动子力。当然黑方亦可考虑走卒3进1，马七进六，卒3进1，马六进五，炮3平4（如炮3退1，炮八进五红优），双方互有机会。

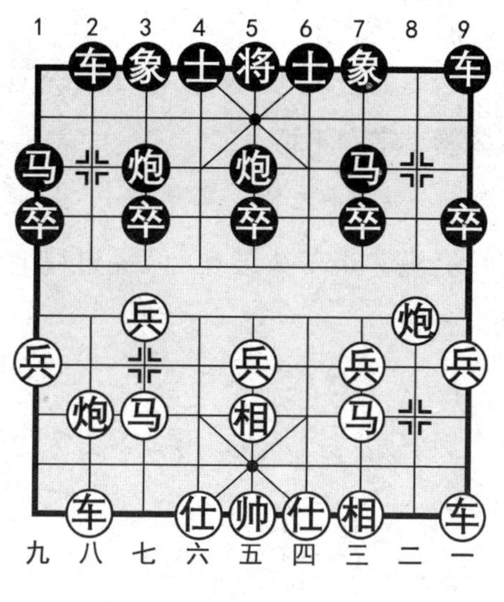
图83

6. 炮二进二（图83）

如图83形势，红方升炮沿河，伏有马七进八打车的手段，是布局骗着。对此，黑方主要有三种应着：（甲）车2进6；（乙）车9平8；（丙）卒7进1。现分述如下：

（甲）车2进6

6. ………… 车2进6

力图避免红方打车，虽然可行，但不够含蓄。

7. 马七进六 车9平8 8. 车一平二 车2退3

9. 马六退七 车2进3 10. 马七进六 车8进4

黑方升车求变，如车2退3，马六退七，双方循环下去，两闲对两闲，不变作和。

11. 兵七进一 车2平4 12. 兵七进一 车4退1

13. 兵三进一！ 车4退3 14. 兵七进一 车4平3

15. 炮八平六

至此局面平稳，双方均势。

（乙）车9平8

6. ………… 车9平8

当黑方发现可用炮3平2来防范红方的马七进八时，遂平车捉炮，看似紧凑，实为不智。

7. 炮二平三！ 卒7进1

仍应改走车2进6，但经过马七进六，车2退3，车一进一，红方主动。

8. 马七进八 车2平1

只好避回。如改走炮3平2？炮三进三！红方得子。

9. 炮三平四

至此，红方先手扩大。

（丙）卒7进1

6. ………… 卒7进1

以静制动，伺机待变，是对付红方布局骗着的高明策略。

7. 马七进八　炮3平2　8. 车一平二　车9平8

9. 炮八进五　车2进2

至此红方一无所得，黑方呈反先之势。

小　结

红方第5回合的跳马，具有一定的欺骗性，但阵形不够协调，黑方如果应对无误，红方难有发展。当弈至如图形势时，红方主要想通过打车的威胁来欺骗对手。（甲）变黑方见着拆着，计划不够长远，属一般性的策略，双方形成均势。（乙）变黑方出车捉炮不够严谨，上当受骗，红方先手得以扩展。（丙）变黑方识破红方骗着，处之泰然地挺起7卒，深沉有力，最终红方计划落空，局势被动。

红方打车的威胁本身是一种假象，黑方如能辨其真伪，并制订出相应的作战计划，即（丙）变着法，红方的布局骗着不但难以得逞，反倒自受其苦。

第62局　勇弃空头

1. 兵七进一　卒7进1　　2. 炮二平三　象7进5

黑方飞象，是求稳的应着。另有炮8平5与炮2平5等多种选择，各具复杂攻守。

3. 马二进一　炮8进4（图84）

黑方进炮过河，是一步典型的布局骗着，意图是借威胁红方中兵之机，抢先封锁红方右车。一般多走马8进7，车一平二，车9平8，车二进四，红方先手。

如图84形势，面对黑方炮8平5的攻着，红方主要有两种着法：（甲）马八进七；（乙）车一平二。现分述如下：

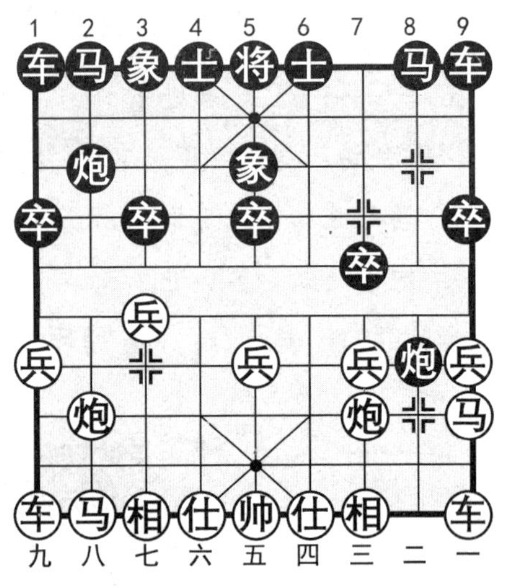

图84

（甲）马八进七

4. 马八进七

进马护兵，有嫌教条，黑方计谋得逞。

4. ………… 马8进7　　5. 车九进一

求变之着。如果走相七进五，黑可马2进1，兵一进一，炮2平3，车九平八，车1平2，炮八进四，卒3进1！兵七进一，象5进3，黑亦取得满意的对抗形势。

5. ………… 炮2平3　　6. 相三进五　马2进1

7. 车九平四　车1平2　　8. 炮八平九　车2进6

9. 仕六进五　卒3进1！

黑方冲卒指向红方左马，以配合左炮抢夺中兵，是反击的有力手段，具有启迪意义。

10. 车一平二　车9平8　　11. 车四进三

正着。不宜走兵七进一，因黑有炮3进5，炮三平七，车2平3，炮七平六，炮 8 平 5，黑方反先。

11. ………… 卒 3 进 1　　12. 车四平七　炮 3 进 5

13. 炮三平七　炮 8 平 5　　14. 车二进九　马 7 退 8

经过转换，黑方夺取中兵，局势乐观。

（乙）车一平二

4. 车一平二！

不为黑方所惑，勇弃空头炮，着法有力。

4. ………… 炮 8 平 5　　5. 马八进七

跃起左马，以赶兑黑炮。不宜贸然走车二进八，否则黑有士 6 进 5，红方乏味。

5. ………… 炮 5 退 2

若是走炮 5 退 1，则炮八进二，黑方无益。

6. 马七进六　马 8 进 7　　7. 马六进七　马 2 进 1

红方扑马向前，盯住黑炮不放，是预谋的战术手段。黑方跃马尽快出子，如改走炮 5 进 2 也没有积极意义，因为红可车二进四再车二平五赶走黑炮。

8. 马七退五　卒 5 进 1　　9. 车二进六

在迫兑黑炮后，黑方攻势已消，现红方右车挺进，抓紧时机制造攻势，着法有力。

9. ………… 车 9 平 8　　10. 车二平三　炮 2 进 4

黑方置左马于不顾，进炮准备再置空头，未免过于生硬。但若改走士 6 进 5，红可兵七进一！亦很主动。

11. 车三进一　炮 2 平 5　　12. 车三退一　车 1 平 2

13. 炮八进四

红方吃马，当仁不让，现进炮封车，连消带兑，已然大占优势。

13. ………… 车8进7　　14. 车九进二　士4进5

15. 兵七进一

红方渡兵助战，进一步扩张势力。此时不宜急于走炮八平五兑炮，因黑有车2进3的牵制着法。

15. ………… 马1退3　　16. 兵七进一

至此，黑方攻势徒具形式，红方多子占优。

小　结

黑方第3回合的飞炮打兵，可谓是典型的布局骗着。对此，红方（甲）变循规蹈矩，示弱性地消极防守，使黑方计划顺利实现。红方（乙）变胆识俱佳，勇弃空头炮，将计就计，然后左马快速出击迫兑黑炮，从而为夺取优势奠定了坚实的基础。

本局黑方的空头炮没有强子配合，难能奏效，骗着一旦不成，反因出子落后而陷入困局。

第63局　腹地封压

1. 兵七进一　卒7进1　　2. 炮八平六　马8进7

3. 炮二平五

红方后补中炮，立意进取，体现了“仙人指路”布局灵活多变的特点。如果走马八进七，则马2进3，车九平八，车1平2，相三进五，象3进5，马二进三，将形成角斗实力的阵地战。

3. ………… 车9进1（图85）

黑方起横车，求变之着，对红方是个考验。一般采用的是马2进3或车9平8，变化较为正常。

如图85形势，红方主要有两种出子方式：（甲）马二进三；（乙）马八进七。现分述如下：

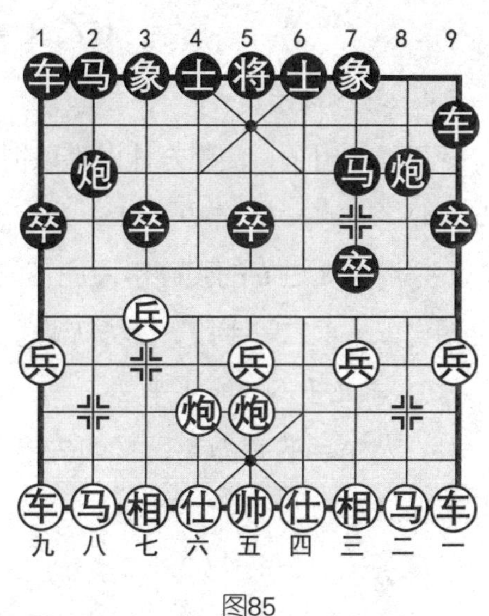

图85

（甲）马二进三

4. 马二进三

跳右马失察之着，未能识破黑方起横车的意图，由此招致先手的丧失。

4. ………… 车9平4　5. 仕六进五　炮2进6！

进炮压马，犹如神兵天降，充分体现出先发制人的可贵思想，令红方措手不及。

6. 车九进二

红方高车，意在下着平车捉炮摆脱困境，但为时已晚。另如改走车一平二，黑有炮8进6！仕五退六，炮8平7，仕四进五，马2进3，黑亦反夺主动。

6. ………… 马2进3　7. 车九平八　车1平2！

逼兑红车，有效地破坏了红方的计划，使其难以解围。

8. 车八进七　马3退2　9. 车一平二　炮8进6！

黑方双炮深入红方腹地，左右逢源，构成了一幅美丽的图画。红方左右受制，前途黯淡。

（乙）马八进七

4. 马八进七

正确的出子，使黑方计谋难以得逞。

4. ………… 车9平4　5. 仕四进五　马2进3

采用炮8进6的强硬手段已不能奏效，因红可车一进二，以下有车一平四与车一平二等手段，黑方无趣。

6. 车九平八　车1平2　7. 车八进六！

扩大先手的有力手段！如先走马二进三，黑有炮2进2，攻守兼备，红方无益。

7. ………… 炮2平1

尽管红方还未完成出子，但阵形厚实，特别是左车压进后，给黑方造成了一定的压力。现黑方平炮兑车准备化解红方来势，如马7进6采取反击，红有马二进三，炮8平5，车一平二，士4进5（如误走马6进5，则马三进五，炮5进4，炮六进七！红优），车二进四，红方易走。

8. 车八进三　马3退2　9. 马二进三　车4进5

10. 车一平二　车4平3　11. 车二进四

以下红有兵三进一兑兵手段，可持先手局面。

小　结

对于黑方左车横起欺骗性的着法，红方（甲）变出子方式有欠周密，黑方抓住先机，以强有力的封压手段反先势。红方（乙）变先跳左马，无形之中破坏了黑方计划，从而有力地维护了先手的利益。

本局黑方的封压手段一旦实现，就会具有坚不可摧的威力。对此，红方如能及时发现并采取马八进七的着法，可免遭上当。

第64局 贯彻意图

1. 兵七进一 卒7进1 2. 马八进七

双方以对兵局开局，红方左马正起顺势出子，属常见下法。另有炮二平三与炮八平六以及架还中炮等选择。

2. ………… 马8进7 3. 车九进一 象3进5

4. 相三进五 马2进4 5. 马二进四 车1平3

6. 炮二平三（图86）

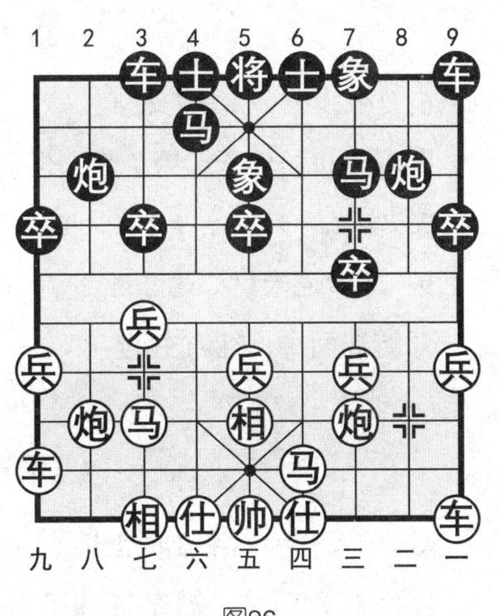

图86

双方在各自的阵营内排兵布阵，形成了阵形相似的对峙局面。这种棋表面上十分平稳，但内部则暗藏机关，变化微妙，往往是在平淡之中显示出双方的实力。

如图86形势，红方平炮三路，看似貌不惊人，实则苦心经营，意在诱使黑方出错。对此，黑方主要有三种着法：（甲）车9平8；（乙）马7进8；（丙）卒3进1。现分述如下：

（甲）车9平8

6. ………… 车9平8

出车似乎理所当然，但却造成了子力配置的不协调，正投红方所好。

7. 车九平六 车3进1

当红方平车捉马之时，黑方已感难受（左车不动可车 9 进 1，棋形协调），现升车护马乃权宜之策。如改走马 4 进 6，红则马七进六，下手将直取中卒。

8. 车一平二　炮 8 进 4　　9. 兵三进一！　马 7 退 9

红方冲兵乃突破的妙手，黑方退马迫不得已。如误走卒 7 进 1（如马 4 进 6，红仍可车六进六），则车六进六！黑方难应。

10. 兵三进一　象 5 进 7　　11. 车六进六　炮 2 进 4

12. 马七进六

黑方阵形不整，红方明显占优。

（乙）马7进8

6. …………　马 7 进 8

跃马封车虽佳于（甲）变，但仍被红方利用。

7. 车九平六　车 9 进 1　　8. 车六进四　卒 3 进 1

9. 马四进六！　炮 2 进 2　　10. 车六进一

对峙局面中，红方主动。

（丙）卒3进1

6. …………　卒 3 进 1！

不为红方所惑，冲卒舒通子力，继续贯彻杀出“象位车”的作战意图，是针对红方布局骗着的正确对策。

7. 车一平二　马 7 进 6

跃马灵活出击，使阵形富于弹性。

8. 车九平六　车 9 进 1　　9. 兵七进一

如车六进四，黑有炮 2 进 2！随后可炮 8 平 6，红方乏术。

9. ………… 车3进4

至此，黑方局势开朗，呈反先之势。

小　结

对于红方第6回合平炮的布局骗着，黑方前两种应着缺乏针对性，为红方所乘。黑方（丙）变不为所惑，继续贯彻出车的作战意图，收到了良好效果。

红方第6回合的平炮，其本身效用不高，没有实际的意义，正着是车一平三或马七进六。黑方如能清楚地认识到这一点，对其不予理睬，继续执行出车的计划，红方反而无趣。

第65局　弃卒变例

1. 兵七进一　卒3进1

立即送卒，俗称“弃卒变”，是典型的布局骗着。

2. 兵七进一　象3进5（图87）

如图87形势，面对黑方的飞象捉兵，红方主要有两种着法：（甲）兵七平六；（乙）兵七进一。现分述如下：

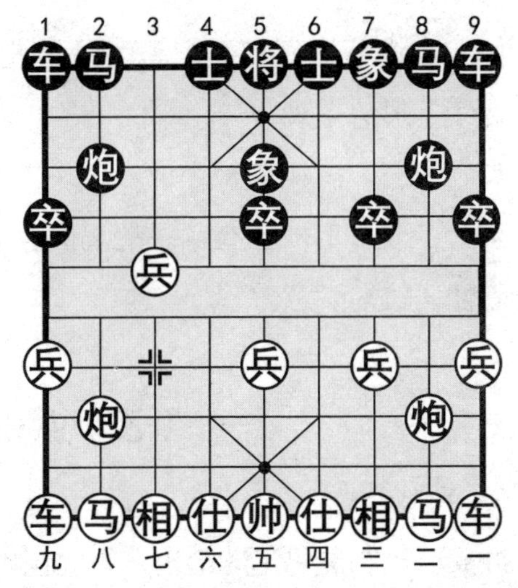

图87

（甲）兵七平六

3. 兵七平六

平兵给人一种轻飘飘的感觉，容易被对手利用。

3. ………… 马2进3

4. 兵六进一 马3进2

跃马踩兵兑炮，力争先手，是借力使力的佳着。

5. 炮八进五 炮8平2

6. 兵六平五 车1平3

7. 马八进九

如改走相七进五，则车3进8！黑方下一手有车3平2与车3平8的双重打击，红方有失子之危。

7. ………… 马8进7　8. 炮二平五 车9平8

9. 前兵进一 象7进5

正着。不宜改走车8进8，由于红有兵五平四的手段。

10. 马二进三

如改走炮五进五打象，黑可马7进5，此后有车8进2与车8进8的战术后续，形势乐观。

10. ………… 车8进6

至此，双方形成互有顾忌的局面。但作为执后的黑棋来讲，子力活跃富于弹性，较为满意。

（乙）兵七进一

3. 兵七进一

冲兵可控制黑马迅速踏出，方向正确。

3. ………… 马2进4　4. 兵七平六 车1平3

5. 相七进五　车3进8

看似十分凶狠的一着，但在此后的变化中就显得有些莽撞了。较为明智且有耐心的走法是车3进6，马二进三，车3平4，兵三进一，车4退3，马八进七，马8进9，尽管红方占有先手，但黑方也可应付。

6. 马八进七

另可考虑走仕六进五，以下黑如车3平2，则马八进六，车2平4，炮八平六，伏有退炮打车的手段，红方先弃后取找回失子占优。

6. ………… 车3平8　　7. 马七进八　炮2进5

如改走车8进1，则车一平二，炮8进7，车九平七，车9进1，车七进八，红方弃子颇有作为。

8. 炮二平八　炮8进7　　9. 仕六进五

补仕巩固棋形，着法精细。如先走车九平七，黑方有车8平2的补救措施。

9. ………… 马8进7　　10. 兵六进一　马4进6

11. 马八进六

至此，红方在左翼形成强大攻势，先发制人可占优势。

小　结

“弃卒变”是典型的布局骗着，其战术意图是利用红方想保兵的心理，迅速出动子力抢占要位，以便发动反击。红方只要识破对方的意图，不被假象迷惑，或是在恰当的时机弃还过河兵保持先手，或是以硬对硬先发制人，均可获得不同程度的优势局面。

“弃卒变”又称“瞎眼狗”，是上手棋对下手棋的欺骗着法。从理论上看，让对方白过一兵，显然缺乏根据。但在实战中，红方如不明其意，一通瞎冲乱撞，则易给黑方可乘之机。

第66局　野马脱缰

1. 兵七进一　马8进7
2. 兵三进一　象3进5

对红方“两头蛇”的布置，黑方飞象，准备采取“拐角马”的阵势，是一种柔中带刚的布局选择。如果走炮8平9，则马二进三，车9平8，车一平二，卒3进1（如车8进4，红可炮二平一占先），兵七进一，车8进4，兵七进一，卒7进1，黑方以弃卒为代价抢得先机，布局未几双方即短兵相接，战局趋于尖锐化。

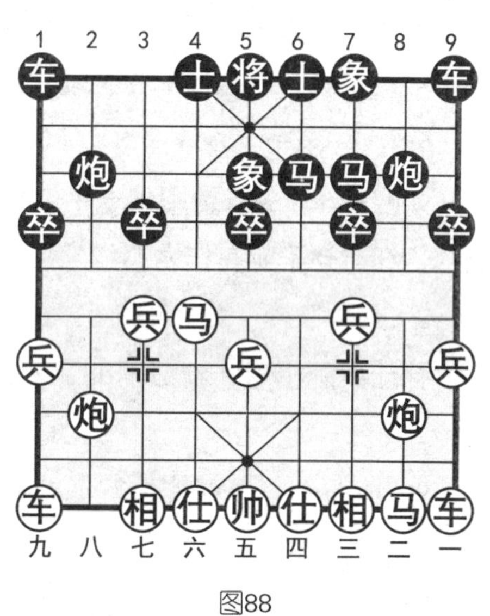

图88

3. 马八进七　马2进4　　4. 马七进六

红方疾进先锋马，一则削弱黑方弃3卒再开象位车的反击，二则可对黑方“拐角马”阵形构成遥控之势。

4. …………　马4进6（图88）

迅即跃马缠角，有诱使红方马踩中卒之意，是步典型的布局骗着。改走卒3进1再车1平3，或直接走车9进1较为适宜。

如图88形势，红方主要有两种着法：（甲）马六进五；（乙）炮八平五。现分述如下：

（甲）马六进五

5. 马六进五

轻率的举动，导致孤军深入。贪小利而忘大势，这是初学者易犯的错误。

5. ………… 马6进5！

黑方缠角马乘势跃中盖头，“翻蹄亮掌”，一面邀兑红马争先，一面虎视眈眈窥视红阵，犹如野马脱缰，不可羁服！

6. 兵五进一

面对黑方的异军突起，红方已防范不及，只好见招拆着，尽力周旋了。如改走马五进三，黑将马5进6！炮二平四，炮2平7，相七进五，炮8进4！兵五进一，车1平2，黑方子据要津，红方亦难抵御。

6. ………… 马5进7　　7. 炮二平五　士4进5

8. 马五进三

如改走马五退四，黑可炮2进3或炮8进3，仍是占优。

8. ………… 炮2平7　　9. 马二进三　车1平2

10. 炮八平六　车9平8　　11. 车一平二　炮8进4

至此，红方阵形呆滞，黑方反先。

（乙）炮八平五

5. 炮八平五！

平炮镇中，使黑方蓄意谋划的腾挪手段当即失效！

5. ………… 卒7进1

挺兑7卒，力求舒展子力，尽管要面临红方的攻击。实际上黑方已别无良策，例如走马6进5，则炮五进三！卒5进1，车九平八，炮2平4，炮二平五，黑方中卒浮起，阵形虚弱，攻守失据。

6. 车九平八　炮2平4　　7. 马六进五　马7进6

再运用马6进5的手段，显然相形见绌，红可炮五进三（简明有力，不宜走马五退三，黑有马5进6），马7进5，兵三进一，士6进5，兵三平四，马5退7，兵四平三，红方稳占优势。

8. 兵三进一　前马进7　　9. 兵三进一

优势之下仍不可掉以轻心。此手红如强留中炮而走马二进三，黑有炮4进5的反击。

9. …………　马7进5

黑马远道而来换去红炮，显然步数吃亏，但却出于无奈。如果走马7进6企图反击，亦不能奏效，红有炮二平四，炮4进5，车八进一！

10. 相三进五　马6进5　　11. 马二进四

弃兵抢先无可非议。改走兵三进一亦佳，接下黑如马5进6，则马二进四（不可随手走炮二平四，否则黑有马6进8双重打击！红反优为劣），炮8平9，车一平三，红方优势亦不可动摇。

11. …………　马5退7　　12. 车一平三　马7退6

13. 马五退六

红方大占优势。

小　结

面对黑方布下的缠角马骗着，红方（甲）变急功近利，黑方野马脱缰，一发不可收拾。红方（乙）变识破黑方诡计，使其不能发力，黑方反而因子力拥塞而难以开展，最终在红方的攻击下，陷入困境。

尽管缠角马处于不利的位置，但一经活跃，仍可大放异彩。本局红方的两种着法，对此可谓是一纵一制，结果却有天壤之别。

第七章 飞相局类

第67局　为象所累

1. 相三进五　炮8平5　　2. 马二进三　马8进7

3. 车一平二　车9平8　　4. 马八进七　马2进1

右马屯边，意在均衡展开子力，是黑方采用较多的着法。

5. 兵三进一　炮2平4　　6. 车九平八　车1平2

7. 仕四进五

以上形成飞相局对左中炮的常见变化。红方补仕巩固阵营，可避免黑方士角炮的侵扰，以利于发挥起手飞相的先手作用。如果走炮二进四（如炮八进四？则炮4进5），过早出击没有好处，黑有车2进6的反击手段，以下红不能炮八平九自然邀兑，因为黑将车2平3，车八进二，炮4进5！

7. …………　车2进4

右车巡河，方向正确。如果走车8进4，红有炮八进二再马三进二打车的先手，黑方容易受攻。

8. 炮八进二　车8进6

9. 炮八平七（图89）

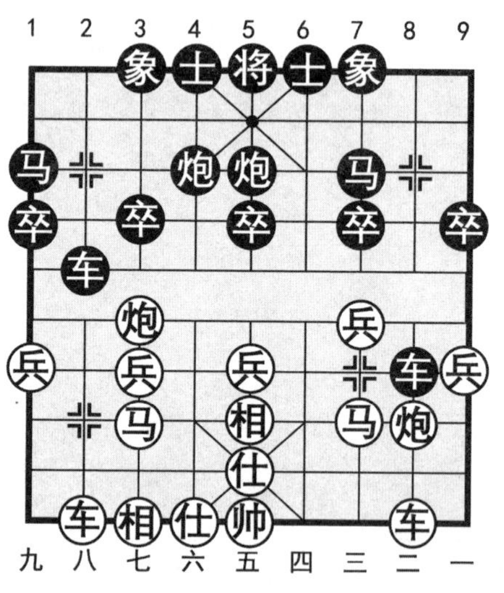

图89

第8回合，红方一般多走炮八平九，而本局红方一改故辙，升巡河炮借跃马打车之机，争得平炮攻象的机会。这是一种带有欺骗性的攻着，黑方将面临考验。

如图 89 形势，黑方有两种选择 :（甲）车 2 平 3 ;（乙）车 2 进 5。现分述如下 :

（甲）车2平3

9. ………… 车 2 平 3

平车堵炮，受其拖累，有被红方牵着鼻子走的感觉。

10. 马三进四

红方计谋得逞，从容跃马出击，是发展先手的有力着法。

10. ………… 车 8 退 3

目前形势下的最好应着，可暂保安全。如用以下两种变化，黑方即刻受攻 :（1）车 8 平 6，马四退六！炮 4 进 3，炮二进二！黑方难应 ;（2）车 8 退 2，兵三进一！车 8 平 7，炮二进三！车 7 进 2，马四进六（凶悍！改走炮二进三取缓攻之势亦佳），车 3 平 4，炮七进五，士 4 进 5，炮七平九，红方攻势旺盛。

11. 炮二进一！

很难想象，这步看似平淡的升炮，却是卓有远见高招！如果走炮二进二，较为乏味，黑方可卒 1 进 1，成对峙之势。

11. ………… 卒 1 进 1　　12. 马四退三！　车 8 进 1

于无声处听惊雷！黑方顿时危机四伏。假若改走炮 4 进 3 强行拦炮，红将车八进七，续有车八平六与车八平七等攻着，黑方也难以找到令人信服的防御之策。

13. 马三进二　车 8 平 4　　14. 车八进八　士 4 进 5

15. 马二进三

黑方阵形呆板，红方占优。

（乙）车2进5

9. ………… 车 2 进 5

争先之着！不惧红方打象，深明弈理。

10. 炮七进五

贪得黑象孤炮难鸣。不如改走马七退八，保留炮七平六的防御手段，较为明智。

10. ………… 士 4 进 5　　11. 马七退八　卒 5 进 1！

黑方获得先机后，挺进中卒加紧反攻节奏，着法有力。若走卒 1 进 1，则失之过缓，流于习俗。

12. 马八进七　卒 5 进 1　　13. 兵五进一　马 7 进 5

14. 兵五进一　炮 5 进 2　　15. 炮二平一　车 8 平 7

16. 马三进五

如误走炮一进四，黑有马 5 退 7！以下红如马七进五，则马 7 进 9，车二进六，炮 4 平 5，黑方得子。

16. ………… 车 7 平 9

细腻的手段，既能牵制红方底线，又可解除红炮一进四的威胁。

17. 炮一平三　炮 5 进 1

至此，黑方对红方构成威胁，形势主动。

小　结

针对红方平炮攻象的布局骗着，黑方（甲）变有嫌保守，被红方牵制主力，作战不利。（乙）变黑方不为所惑，积极应战，并组织起有力地进攻，夺得主动。

具有正确的全局观念，是本局黑方选择最佳对策的内在原因。丢象并不可怕，即使是对方带将打象，也将是孤炮难鸣，难成气候。其中，黑方的反击也很有章法，不乏一些重要的带有启示意义的战术手段可资借鉴。

第68局 逢捉必躲

1. 相三进五 炮8平5 2. 马二进三 马8进7

3. 车一平二 车9平8 4. 兵三进一 车8进6

红方抢挺三兵，是出于战略上的考虑，以便把棋局纳入己方所设计的轨道上来。

黑方左车压进，乃大势所趋。如改走车8进4（升车的思路是正确的，否则红有炮二进四的封车手段），则马八进七，卒7进1（如改走卒3进1，则炮八进二，红势具有发展潜力），兵三进一，车8平7，马三进二，红方先手。

5. 马八进七 车8平7

正着。如改走马2进3，则马三进四，红方形成了先手的屏风马左马盘河，形势有利。

6. 车二平三 马2进3 7. 兵七进一 车7平8

8. 炮二平一

灵活的调动。红如改走车三平二，则卒5进1，炮八进一，车8退2，黑方此后可架马盘头，棋势富有弹性。

8. ………… 卒5进1 9. 兵三进一

红方强弃三兵，是带有欺骗性的攻着。一般多走炮八进一，车8进1，炮一退一，双方互有攻守，属正常变化。

9. ………… 卒7进1

10. 马三进四（图 90）

如图 90 形势，面对红方的跃马出击，黑方主要有三种应着：（甲）车 8 平 6；（乙）车 8 进 1；（丙）炮 5 进 4。现分述如下：

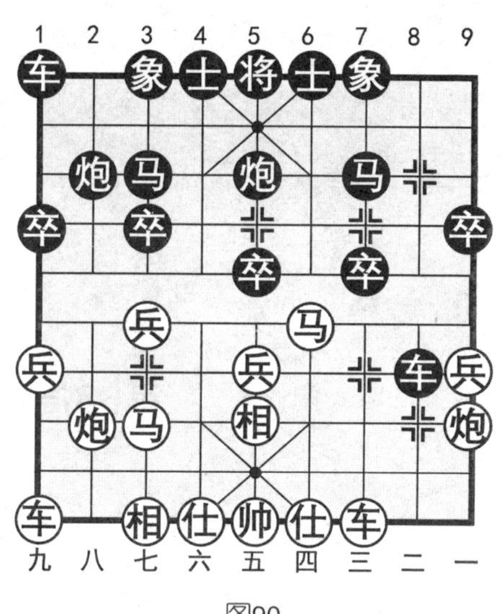

图90

（甲）车8平6

10. ………… 车 8 平 6

平车捉马，乃习惯性应着，在此并不适合。

11. 马四进六 马 3 进 5

12. 炮八进一

迫使黑车离开要道，借机又移形换位，是掌握主动权的必要手段。

12. ………… 车 6 进 1 13. 炮一平三 车 1 进 1

14. 仕四进五 车 6 进 1 15. 炮八平六！

平炮既可封车（防止黑车 1 平 4，以确保骑河马的威力）又为左车开辟通道，是发展先手的一举两得的好棋。

15. ………… 卒 5 进 1

企图从中路打开局面，除此亦无好着。

16. 车九平八 炮 2 平 1

逼着。不能走卒 5 进 1，否则红有炮六退二！黑方有失子之危。

17. 炮三平四！

如改走兵五进一，则炮 5 进 3，红方一时难有收益，以下如强攻而走车八进七，则车 6 退 4，炮六平五，象 7 进 5，炮三进五，马 5 退 7，马六进五，炮 1 平 5，炮五进四，车 6 退 2！炮五平七，车 1 平 8，红方颇有后顾之忧。

17. ………… 车6平8　18. 兵五进一

如果现在简化局势，黑方可以从容应战，例如走马六进五，则象7进5（亦可考虑走卒5进1），兵五进一，马5进6。

18. ………… 炮5进3　19. 马六进四　炮1平5

20. 炮六平五

至此，红方对黑方较有牵制，对攻中红方机会看好。

（乙）车8进1

10. ………… 车8进1

捉炮意在争取先手，但不幸的是红方完全可以置之不理。

11. 车三进五!

非常简洁而有力！兑换子力后，红方将控制全局形势。

11. ………… 车8平9

盘中马亦不能改善局面，例如走马3进5，则马四进五，马7进5，车三进一，车8平9，车三平五，车9退1，炮八进一，车9退1，炮八平七，红方前景光明。

12. 车三进二　车9退1

炮5进4的巧着不成立，否则红马七进五，炮2平7，炮八平一，卒5进1，马四进二，黑方失子。

13. 车三退一

至此局势明朗，红方占有优势。

（丙）炮5进4

10. ………… 炮5进4!

一步出人意料的好棋！只有仔细分析局势后才能走出。

11. 仕六进五

由于红方有现时的先手，故不愿简化局面。如果走马七进五，则车8平5，马四进六，车5平4，马六进七，车4退4，车三进五（如马七进八，则象3进5，红难讨便宜），车4平3，车三平五，士4进5，双方基本均势。

11. ………… 车8平6　12. 马四进六

最有威胁的一步。如果走马七进五，则车6退1，车三进五，马3进5，车三进一，象3进5，红方将一无所获。

12. ………… 炮5退1！　13. 车三进五

如果走马六进七立即得子，则象3进5，红马深入黑阵，并随时有被擒的可能，更何况黑方还多有两卒。

13. ………… 马3进5　14. 车三平五　车6退2！

巧妙的兑子！借此黑方反夺主动。

15. 车五退一　车6平4

以下黑有炮2平5的反击手段，形势较为乐观。

小　结

红方第9回合强行弃兵，然后跃马踏车，具有较大的欺骗性。（甲）变黑方平车捉马落入俗套，红方则乘势入局争先，借力使力。此后尽管呈对攻之势，但红方大子异常活跃，机会看好。（乙）变黑方进车捉炮企图与红方对抢先手，但红方以简明有力的兑子，一举控制了局势。（丙）变黑方炮击中兵构思巧妙，并以几手漂亮的闪展腾挪逐步削弱了红势，局面为之开朗。

如前文所述，对于红方的布局骗着，黑方的前两种着法均是逢捉必躲，消极对待，结果正中红方下怀，其危害是显而易见的。而（丙）变炮打中兵主动出击，化不利为有利，当属最佳对策。

第69局　取舍果断

1. 相三进五　炮8平5　　2. 马二进三　马8进7

3. 车一平二　车9平8　　4. 马八进七　马2进1

5. 兵七进一

黑方以左中炮应付红方的飞相局，是流行已久的布局阵势，其特点是均衡出子，以中炮牵制对方，伺机在两侧展开反击。

红方进兵活马，是一路主要变化。另有兵三进一的选择，以下黑可炮2平4，车九平八，车1平2，仕四进五，车2进6，炮二进一，车8进4，双方接近均势。

5. …………　卒3进1

黑方弃卒，意在争先，是带有欺骗性的下法。按常理多走炮2平4或车8进4，试演变化如下：（1）炮2平4，炮二进二，车8进4，马七进八，卒3进1，兵七进一，车8平3，仕四进五，卒7进1，红方稍先；（2）车8进4，炮二平一，车8进5，马三退二，车1进1，车九进一，车1平8，马二进四，车8进3，双方对峙。

6. 兵七进一

正着。如过分注重强子的控制作用而改走炮二进四，黑方将赢得反击时机，则卒3进1，相五进七，车1进1，兵三进一，车1平4，相七退五，车4进5，车九进二（如炮二退三，则车4进2，仕四进五，车8进4，黑主动），炮2平3，炮八进四（不能马七进八，因为黑有车4平2再炮3进5的凶着），车4平3，马七退五，马1进3，车九平六，士6进5，马五退三，马3进5！红方难能满意。

6. ………… 车8进4（图91）

如图91形势，红方主要有两种着法：（甲）兵七进一；（乙）马七进六。现分述如下：

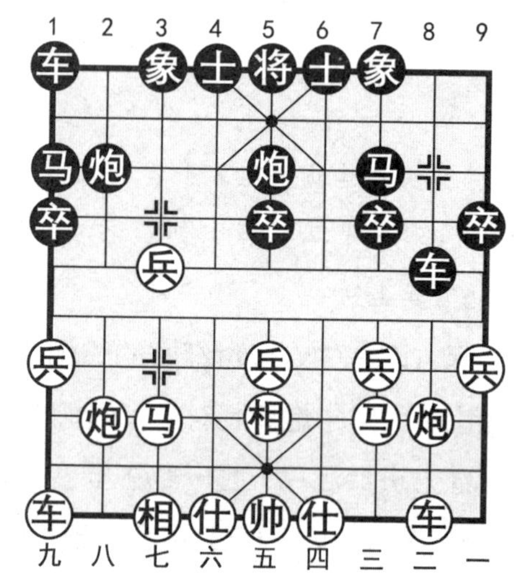

图91

（甲）兵七进一

7. 兵七进一

贪恋过河兵，实为不智之举。

7. ………… 车8平3

8. 马七进六 炮2平4

9. 兵七平八

平兵封车，势在必行。如改走仕四进五，则车1平2，车九进二，车2进5！红方难应。

9. ………… 炮4进7！

凶悍的一步！稳健的走法是车3平4，马六退七，车4平2，车九平八，车2退1，黑方从容灭掉红过河兵，亦较为可取。

10. 车九进一

如帅五平六去炮，黑有车3平4，以下红如兵八进一，则车4进1，帅六平五，车4平2，黑方占优。

10. ………… 炮4退2 11. 仕四进五

如急于兵八进一，则炮4平7，炮八平三，炮5进4，帅五平六，车1进1！黑将弃子抢攻占优。

11. ………… 车3平4 12. 仕五进六 车4进1

13. 仕六退五 车4平2 14. 炮八平六 车2退2

局势至此，黑方多士占优。

（乙）马七进六

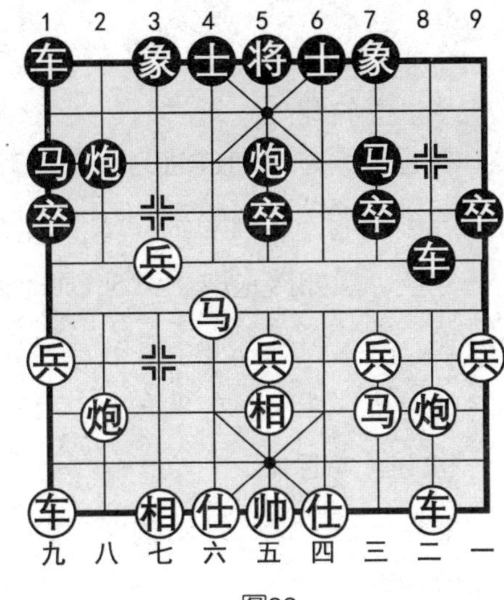

图92

7. 马七进六（图 92）

不为过河兵所惑，及时跃马出阵，着法轻灵。

如图 92 形势，黑方有车 8 平 3 与炮 2 平 4 两种着法，分列于后：

（一）车8平3

7. ………… 车 8 平 3

表面上，黑方轻而易举地夺回了失卒，但红方有如下的运子妙计。

8. 马六退八！ 车 3 退 2

9. 马八退六

借踏车打炮的先手，红马顺利退至士角，下一步将占领相位的绝佳位置。红方此手亦可炮八进五交换，以下黑如车 3 平 2，则马八进六，卒 7 进 1，炮二进四，红方先手。

9. ………… 炮 5 平 4　　10. 马六进七　炮 4 进 4

11. 相七进九　炮 2 进 4　　12. 车九平七　炮 4 平 7

13. 马七进八

尽管黑方双炮出击，但红马仍然屹立不动。现在时机成熟，一个扑马逼兑，以下无论黑方如何应付，均难免处于劣势。

（二）炮2平4

7. ………… 炮 2 平 4　　8. 马六退八

既然黑方没有吃兵，那么红方回马守护，势在必争，从而有力地捍卫了主动权。

8. ………… 炮4进4 9. 兵三进一 炮4平9

10. 马八进六

看起来黑方飞炮过河的反击卓有成效，可以马上追回红兵，但肋炮发出后阵形削弱，伏有隐患。红方左马复进，意在重新组织进攻，改走炮二进一亦佳，黑如接走炮9平5，则仕四进五。

10. ………… 炮9退1 11. 马六退八 炮9进1

12. 马八进六 车8平3 13. 炮二进四 车3平4

14. 炮二退二

红炮一进一退，妙用顿挫，借此可抢得炮八平六打车的先手，是不可缺少的次序。

14. ………… 炮9退1 15. 车九进一 卒7进1

如果出车捉炮，同样不能改善局面：车1平2，炮八平六，车4平8，车九平四，卒7进1，兵三进一，车8平7，炮二退三，下着伏炮二平三的攻着，黑方将穷于应付。

16. 炮八平六 车4平3 17. 马六退八！ 车3平2

18. 兵三进一 车2平7

较顽强的应着。如果走车2进2，则兵三进一抢攻，马7退5，车九平四，马5进3，兵三进一，黑方左翼空虚难以防守。

19. 炮二退三 车7平8 20. 车二平一！ 卒9进1

21. 炮二平三 车1平2 22. 马八进六

至此，黑方左马受攻，红方明显占优。以下黑如车8进4，则车九平五！

小　结

对于黑方第5回合弃卒再升车捉兵的骗着，红方（甲）变过于贪兵，结果被黑方顺水推舟，反击得利。红方（乙）变跃马出阵，十分轻灵，并可根据黑方的应着，采取相应的对策发展先手。（一）局变化中，黑方虽消灭了红兵，但红方运子有方，相应马雄据河头先手在握。（二）局变化中，黑方平炮求变，红方则退马护兵，迫使黑炮脱离防线，此后红方时而调兵遣将，时而妙使顿挫，穿插着曲折生动的伏笔，最终夺势占优。

不为黑方所惑，送还七兵，是红方对付黑方布局骗着的最佳对策。取舍之果断，运子之灵巧，足以粉碎黑方的布局骗着。

第70局　过卒诱惑

1. 相三进五　马 8 进 7　　2. 兵三进一　卒 3 进 1

3. 马二进三　马 2 进 3　　4. 炮八进四

双方以飞相局对起马局布阵，展开阵地战的对垒。红方左炮过河，是探索性的变着。一般多走马八进九，以下黑象 7 进 5，车九进一，车 1 进 1，双方另有攻守。

4. …………　象 7 进 5　　5. 炮二平一　车 9 平 8

6. 车一平二　马 3 进 4

7. 马八进九（图 93）

上着黑方跃马河口，伏卒 3 进 1 巧过卒的手段，按照常理，红方此着可走炮八平三顺势打卒。现红方一反常规，先跳边马，故露破绽，引诱黑方渡卒，可称得上是类似局面中的典型骗着。

如图 93 形势，黑方主要有两种着法：（甲）卒 3 进 1；（乙）车 1 进 1。现分述如下：

（甲）卒3进1

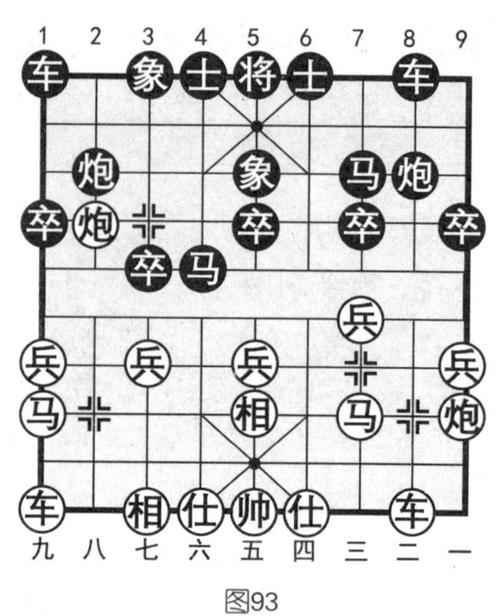
图93

7. ………… 卒3进1

8. 炮八平三 卒3平2

平卒封住红方左车，黑卒顺利过河，似乎占到了便宜。此手如果走卒3进1，红则车九平八，炮2进4，马九进七！马4进3，车八进三，炮8进4，车八进五，士6进5，马三进四，红方主动。

9. 车二进五！

黑方还来不及享受成果，红方的利剑就出鞘了。此手也可改走车九进一，以下续有车九平六与车二进五的双向打击，红方同样有利可图。

9. ………… 炮2进1

黑方升炮作顽强的抗争。若走马4退3，则兵七进一！卒2平3，车九平八，车1平2，车八进六，红方迅即得势。

10. 车二进一

稳步进取。如车二平六交换（不宜走兵三进一，否则黑炮2进1得先），黑可炮2平7，马三进二，炮7平8，黑有纠缠机会。

10. ………… 炮8平9

如炮2平7，红将车二平三占先，以下黑如炮8进6，则车三进一，车8进7，炮一进四，车8平7，炮一进三，象5退7，车三进二，炮8进1，相五退三，车7进2，车三平二！对攻中红方先发制人。

11. 车二进三 马7退8　　12. 炮三平八 马4退2

13. 车九进一

至此，黑方左翼薄弱，红方占优。

（乙）车1进1

7. ………… 车1进1

不受诱惑，开动主力，应着稳正，使红方无隙可寻。

8. 车九进一　车1平6

针对红方的平车攻马，黑方已有所准备。如改走炮2平4封车，则车九平四，红方较为主动。

9. 车九平六　马4进6！　　10. 马三进四

正确的兑子。如下两种变化，红方失势：（1）车六平四？马6进7，车四进八，马7进8，黑方白得一子；（2）车二进二？马6进5！车六平五，马5退7，车二进一，卒7进1！红不能车二平三去马，因为黑马7进8后将捉死红车。

10. ………… 车6进4　　11. 车六进六　炮8平9！

化解红势的巧妙腾挪！如炮2退2（当然不能走炮2平1，因红可炮八进三），红则车二进六，士6进5，车六退一，红方有利。

12. 车二进九　马7退8　　13. 车六退一　马8进6

14. 炮八平五　马6进5　　15. 车六平五　车6进1

局面再次简化，趋于平稳，双方接近均势。

小　结

本局红方诱使黑方过卒的布局骗着，涂抹了较强的理论色彩，战术因素则相对减弱。黑方（甲）变虽渡过一卒，但不能对红方构成实质性威胁，相反影响了全局的速度，可谓得不偿失。黑方（乙）变不为所惑，正常出动子力，可安然无恙。

在一定形势下，是否采用渡卒（兵）参战的手段，应从实际效用多加分析，这样才能有的放矢无往而不胜。

第71局　以退为进

1. 相三进五　炮2平4　　2. 马八进九　卒1进1

针对黑方的士角炮，红方左马屯边，着法稳健。另有兵三进一、兵七进一、马八进七等多种走法。黑方挺卒制马，着法细腻。如改走马2进3，则兵七进一，车1平2，炮八平七，红方先手。

3. 车九平八

如改走车九进一，则马2进1，车九平六，士6进5，车六进三，车1平2，兵九进一，卒1进1，车六平九，车2进4，车九平四，炮8平9，马九进八，车2平8，黑方阵形良好，足可满意。

3. …………　马2进1　　4. 炮八平六　马8进7

跳马稳正。如改走炮8平5，则马二进三，马8进7，车一平二，车9平8，炮二进四，卒7进1，车八进四，车1平2，车八平二，红方主动。

5. 兵三进一　车1进1

6. 炮二平三

平炮瞄马，着法奇特，是一步具有欺骗性的攻着。其主要用意是迫使黑方补象，然后可抢到车八进七的先手，以阻止黑车过肋。一般多走马二进三。

6. …………　象7进5

7. 车八进七（图94）

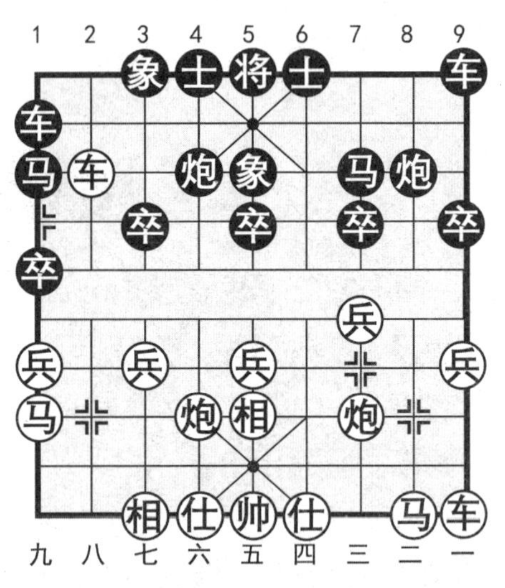

图94

如图94形势，红方进车捉炮，

想借此封锁黑方右车，或起到扰乱黑方阵形的作用。对此，黑方主要有三种着法：（甲）士6进5；（乙）炮4进2；（丙）马7退8。现分述如下：

（甲）士6进5

7. ………… 士6进5

补士之后，尽管阵形工稳，但右车不畅易落后手。

8. 炮三进四

一着两用的好棋，既获取实利，又为右马腾出了好的位置。

8. ………… 卒3进1　9. 马二进三　车9平8

10. 车一平二

红方净多一兵且阵形良好，取得了优势。

（乙）炮4进2

7. ………… 炮4进2

目的是保持右车的通畅，但使阵形留有隐患。

8. 马二进一

如改走兵三进一？则马7退8，车八退三，卒7进1，红无益处；又如改走车八平六，则炮4平9，马二进一，士6进5，车六退三，车9平8，黑方可以应付。

8. ………… 车9平8

如改走炮4平8，则炮六进五，车9平7，兵三进一，红优。

9. 车八平六

如改走车一平二，则炮8平9，黑方可借兑车之机重新调整阵形。

9. ………… 炮4平8　10. 兵三进一

较为简明的下法。亦可改走炮六进七，黑如车8进1，则兵三进一，红方得士占优。

10. ………… 士6进5　11. 车六退三　象5进7

12. 马一进三

红方大占先手。

（丙）马7退8

7. ………… 马7退8！

既保持了阵形的完整，又使右车畅通，是以退为进的好棋。

8. 车八退三　车1平6　9. 仕四进五

如改走炮三进四，则车6进2，兵三进一，炮8平7，红炮孤军深入，黑方有较多的利用机会。

9. ………… 车6进5　10. 车八平五　马8进6

11. 炮三平四　炮8平6　12. 马二进三　炮6进5

13. 炮六平四　车6平7　14. 车一进二　车9平8

15. 车五平四　马6进8　16. 车一平二　卒7进1

17. 兵三进一　车8平7

黑方巧送7卒，之后再平车闪身，至此已呈反先之势。

小　结

针对红方的布局骗着，黑方（甲）变未免教条，红方意图实现，占有主动。黑方（乙）变削弱了己方阵形，结果欠佳。黑方（丙）变进退自如，使红方计划落空，并反客为主。

红方第6回合的平炮，本身布子不够协调，他的希望完全建立在黑方的受骗之上。黑方如能因地制宜，以退为进，红方的骗着将索然无味。

第72局　巡河闪击

1. 相三进五　炮2平4　　2. 马八进七　卒3进1

3. 车九平八　马2进3　　4. 兵三进一

挺三兵，与黑方的进3卒形成局部对称，可彼此消长。另有炮八平九的选择，黑可马8进7，兵三进一，炮8平9，马二进三，车9平8，车一平二，车8进6，形成对抗之势。

4. …………　车1平2　　5. 马二进三　马8进7

6. 炮八进四

左炮封锁，意在限制黑车的活动空间。也可走马三进四，接下黑方可选择车2进6压境，或车9进1加强反击，均为正常攻守。

6. …………　马3进4

跃马河头，应着积极。如下两种变化，对黑方不利：（1）象7进5，马三进四，士6进5，炮二平四，红方左右得势，局面主动；（2）炮4进5，车一平三，炮8平9，仕六进五，车9平8，炮二平一，炮4平7，车三进二，象7进5，车三进一，红方稳持先手。

7. 炮八退二（图95）

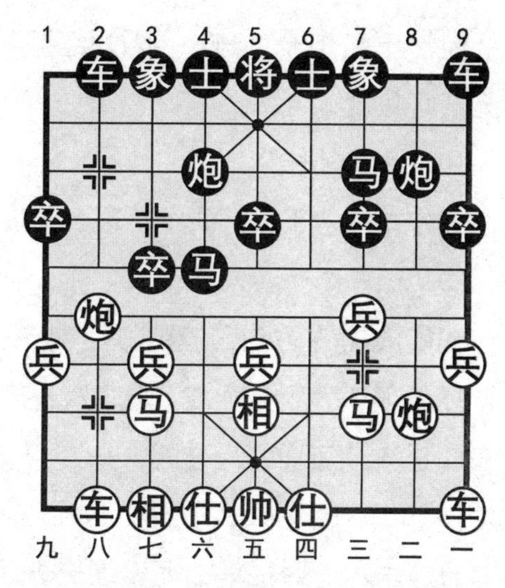

图95

红方退炮，表面上是为了避免黑方卒3进1的威胁，实则是具有一定欺骗性的着法。一般多走仕四进五，象7进5（如卒3进1，红可炮八平三，车2进9，马七退八，卒3进1，车一平四，红出子占先较优），炮八进一，车2进1，车一平四，炮8平9，马三进二，车9进1，形成互缠局面，黑方足能抗衡。

如图95形势，黑方主要有两种着法：（甲）象7进5；（乙）象3进5。现分述如下：

（甲）象7进5

7. ………… 象7进5

就黑方本身的阵形而言，补左象较为协调。但黑方忽视了极其重要的一点，由于右车“脱根”，红方将有如下的闪击手段。

8. 兵三进一！

计谋得逞，红方打出了他的“冷枪”。

8. ………… 卒3进1

亡羊补牢，但为时已晚。若走卒7进1，红可炮八平一！黑方将毫无代价地损失一车。

9. 兵七进一　马4进2

显然不能走卒7进1，因为红可兵七进一，马4退3，兵七进一，黑方无药可救。

10. 兵三进一！

红方并不急于找回失子，现兵临城下，立呈优势。

10. ………… 马7退5

不能成功的防御，但黑方已别无良策。例如走炮4进5，红有兵三进一，炮4平7，兵三平二（走车八进四亦佳），炮7平3，炮二平七；再如走车2进4，红可车八进四，车2平7，马三进四，两种变化黑均难摆脱困境。

11. 车八进四　车2进5　　12. 马七进八　炮4进5

13. 炮二进四！

凶狠之着！不给黑方任何透松的机会。如改走车一平三，则车9平7，仕四进五，炮4平2，黑可纠缠。

13. ………… 马5进3

无可奈何。如果走炮4平7，红可炮二平五，车9平7，兵三平四，黑方将束手待擒。

14. 马三进四

红方多兵占势，黑方难以抗衡。

（乙）象3进5

7. ………… 象3进5

补起右象，着法稳正，无懈可击。

8. 仕四进五 炮8进4

直接反击，战术可行。也可考虑走炮8退1再炮8平3，左炮右移亦很含蓄。

9. 兵七进一

若是走车一平四，则炮8平3，车四进五，马4退3，以下黑有卒7进1、卒3进1和车9平8等战术手段，红方阵形失调，亦处被动。

9. ………… 卒3进1 10. 相五进七 炮4平3

11. 相七退五 炮8平7 12. 炮二进二

看上去较为消极，但为防止黑方马4进6及车9平8的先手，也只好勉为其难了。

12. ………… 车9平8 13. 车一平二

如车一平四黑有卒7进1的手段。

13. ………… 车8进4 14. 车二进三 炮3进4

红方全盘受制，黑方形势极佳。

小 结

针对红方第7回合的布局骗着，黑方（甲）变粗心大意，铸成大错，无可挽救。（乙）变黑方补起右象无懈可击，红方不但骗着难以得逞，反因子力局促而陷入困局。

在车脱根的情况下，要特别小心对方巡河炮的闪击手段。黑方补左象，仅仅从己方的棋形特点出发，受习惯影响，当引以为戒。

第八章 其他布局类

第73局　先弃后取

1. 炮二平六　马8进7

左马正起，属常见应着，并与炮8平5交替使用，成为应对过宫炮布局的两大防御体系。

2. 马二进三　车9平8　3. 相七进五

红方补相寓攻于守，是过宫炮布局的主要变化之一。此外另有车一平二、兵三进一、马八进七等多种选择。

3. ………… 卒7进1　4. 兵七进一　炮2平3

正着是马2进1。现黑平炮卒底，意在限制红方左马正跳，是一步典型的布局骗着。

5. 马八进七

如改走马八进九，则卒1进1，红马屯边后致使兵七进一这步棋的效率顿减，黑方有反先之势。红方左马迎刃而上，可谓势在必争，但关键是下一手该如何对待。

5. ………… 卒3进1（图96）

黑方冲卒冒险一击，实施骗着计划。较为稳妥的应着是象3进5或马2进1，但黑方不甘情愿。

如图96形势，面临黑方的冲击，红方主要有两种着法：（甲）

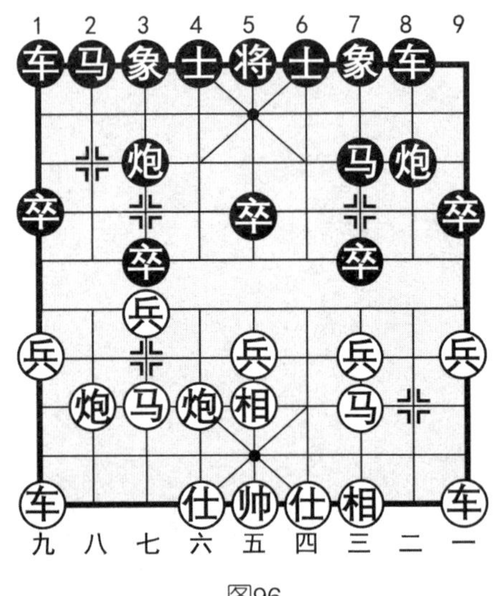

图96

马七进六；（乙）兵七进一。现分述如下：

（甲）马七进六

6．马七进六

红方跃马避攻，着法软弱。同样示弱性的着法是马七进八，黑可卒3进1，相五进七，炮3退1！相七退五，马2进3，黑方阵形工整，红方失先。

6．…………　卒3进1　　7．相五进七　炮8进3！

进炮骑河，战术紧逼，黑方已呈反先之势。

8．相七退五

如改走炮六平五（如先马六进五，马7进5，炮六平五，具有同等价值），则象3进5（不可炮8平3打相，由于红有马六进五，象3进5，马五进七，马2进3，车九平七，车8进5，兵五进一，红得子占优），马六进五，马7进5，炮五进四，士4进5，相七退五，马2进4，炮五退二，马4进3，黑方子力活跃占据主动。

8．…………　卒7进1！　　9．马六进八　卒7进1

10．炮八进七

这种兑子方式，红方虽不情愿，但也无可奈何。如果走马三退五，黑则车8进4，马八进六，车1进1，红方难以收拾。

10．…………　车1平2　　11．马八进七　车2进2

12．车九平七　卒7进1　　13．炮六平三　象7进5

转换之后，黑方形势有利。

（乙）兵七进一

6．兵七进一！

冲兵弃马着法明朗，并识破黑方骗局。

6. ………… 炮3进5

箭在弦上而不得不发。若走炮8进2，则马七进六（不可走兵七进一，由于黑有炮3进5，车九平七，炮3退3，黑炮安全返回），炮8平3，车九平八，红方子力舒展，先手显著。

7. 车九平七！ 炮3平5

炮打红相，以求得某些补偿。否则红方白过一兵，黑方亦有较大的亏损。

8. 炮八平五 象3进5 9. 兵七进一 士4进5

10. 兵七平六

红兵长驱直入，所构成的攻势，补偿一相绰绰有余。

小 结

对于黑方所设的骗局，红方（甲）变示弱性的着法，使黑方计谋得逞。（乙）变红方明察秋毫，运用先弃后取战术，有力地捍卫了主动权，并一举粉碎黑方布局骗着。

本局黑方的骗着，带有一定的侥幸心理。红方若能采用先弃后取的战术手段，可稳获优胜。

第74局 飞相方向

1. 炮二平四 炮2平5

对红方的士角炮，黑方补还中炮，意图是从中路牵制红棋，伺机反击。另有马8进7、卒7进1与炮2平6等多种应法。值得一提的是，黑方反架中炮，不宜走炮 8 平 5，因为红可马八进七，马 8 进 7，马二进三，车 9 平 8，兵三进一，形成先手反宫马对中炮，黑方容易吃亏。

2. 马八进七 卒 7 进 1

抢挺 7 卒，是黑方有计划的一步棋，意在迫使红方右马屯边，以便乘机利用——施以布局骗着。较为常见的下法是：马 2 进 3，马二进三，马 8 进 9，车一平二，车 9 平 8，车九平八，形成堂堂对抗之阵。

3. 马二进一

红进边马，可谓是自然的应着。如仍采用马二进三，黑可马 8 进 9，车一平二，炮 8 平 7，红方右马受攻，不易展开先手。

3. ………… 炮 8 进 5（图 97）

进炮打马，是黑方抢挺 7 卒后的连贯着法，其主要目的在于封锁红车的出动，以此遏制红方的先手。如改走马 8 进 7，则车一平二，车 9 平 8，车二进六，红方先手。

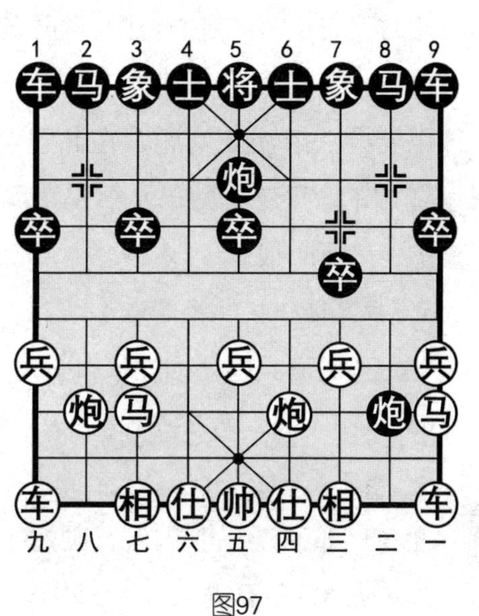

图97

如图 97 形势，红方主要有两种着法：（甲）相七进五；（乙）相三进五。分述如下：

（甲）相七进五

4. 相七进五

飞左相看似稳正，但却难免落入俗手，这正好迎合了黑方的作战意图。

4. ………… 马 8 进 7 5. 车一平二

如改走车一进一，则马2进3，车九平八，马7进6，黑方亦可满意。

5. ………… 车9平8　6. 车九平八　马2进3

7. 炮八平九　卒3进1

至此，黑方子力开扬，已获得了颇具弹性的反先之势。

（乙）相三进五

4. 相三进五！

红方飞右相识破黑方意图，通权达变，着法灵活机智。

4. ………… 马8进7

用老办法解决新问题，在此显然有些教条了。黑方应改走车9进2，以下红如车一平二，则车9平8，尽管步伐迂回，但可贯彻封锁红车的战术意图，尚可应战。

5. 兵三进一！　卒7进1　6. 车一平三

红方巧送三兵出动相位车，有力地打开了局面，由此抢得先机。

6. ………… 马7进6　7. 车三进四　马6进5

8. 车三平二！

要着！如改走马七进五，则炮5进4，仕四进五，车9平8，车三平五，车8进6，车五进二，象3进5，红方难讨便宜。

8. ………… 炮8平7

如马5进3，红可车二退二，马3退5，车二进四，马2进3，马一进三，占据主动。

9. 马七进五　炮5进4　10. 仕四进五　马2进3

11. 马一进三

至此，红方阵形工整，子力活跃，形势占优。

小 结

对黑方策划的骗局，红方（甲）变补左相，墨守成规，未能识破黑方意图，黑方计谋得逞。红方（乙）变通权达变，并以弃三兵抢亮右车的典型突破手段一举夺得优势局面。

黑方第2回合的抢挺7卒，过早地暴露了行棋目的，尽管有进炮打马的布局骗着，红方一旦明其意图，采用（乙）变着法，黑方反易落入后手。

第75局 意外礼物

1. 马八进七 卒3进1 2. 炮八平九 炮2平4

红方平边炮，意在开通左车实施快攻。黑方平炮士角，准备采用较为工稳的反宫马阵式。除此之外，黑亦可马2进3，车九平八，车1平2，车八进六，另有复杂变化。

3. 车九平八 马2进3 4. 炮二平四

红方“照葫芦画瓢”，也摆上了仕角炮。但此着不如兵三进一更为明快一些。以下黑如马8进7，则马二进三，象7进5，相三进五，红方可持先手。

4. ………… 马8进7 5. 兵三进一 士6进5

6. 车八进六 车1平2 7. 车八平七

平车压马，准备挑起争端。如接受兑车，双方局势则趋于平稳。

7. ………… 炮4平6（图98）

按常理来讲，红方压马，黑方应车2进2守护或直接炮4退1进行反击，可取得不同形式的抗衡局面。现黑方竟然置马而不顾，过炮重整阵形，这显然是一步布局骗着。

如图98形势，针对黑方这一意外的举动，红方主要有两种着法：（甲）车七进一；（乙）马二进三。现分述如下：

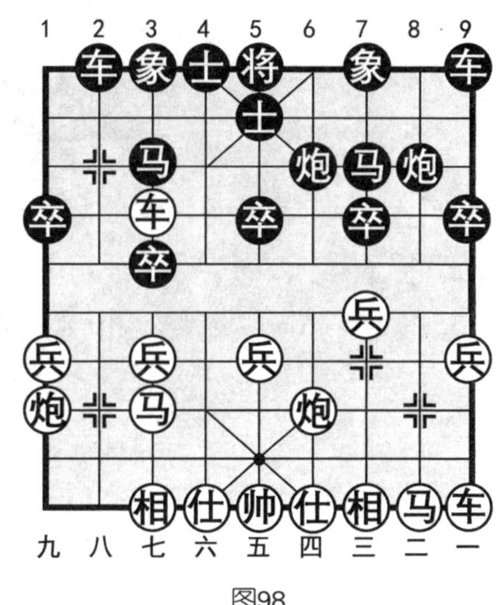

图98

（甲）车七进一

8. 车七进一

“不义之财”不可贪，红方将为此付出惨重的代价。

8. ………… 象7进5　　9. 车七退一

如改走车七进一，则炮8退1，车七退二，炮6进1，车七进一，车2进3！再炮6退1打死红车。

9. ………… 炮6进1　　10. 车七进一　马7退8

11. 车七进一　炮8退1　　12. 车七退一　车2进3！

升车断其退路，乃预谋的战术手段。至此红车犹如“迷失的羔羊”，知途难返。

13. 炮四平六　炮6退1　14. 炮六进五　士5进4

即使送去一炮，红方仍然无法阻止黑方下手的士4退5，只能暗自叫苦不迭了。

（乙）马二进三

8. 马二进三

正确的选择，识破了黑方的骗着。

8. ………… 象7进5　9. 车一平二　车9平8

10. 马三进四！

跃马邀兑，兑子争先。此手万万不可车二进六？否则黑有炮6进1的双重打击。

10. ………… 车2进5

较为顽强的应着。如改走炮6进5，则炮九平四，炮8平9，车二进九，马7退8，相七进五，红优。

11. 马四进六

如改走炮四进五，则炮8平6，车二进九，马7退8，马四进六，马8进7！以下红如接走马六进七，则炮6进1，黑方足可抗衡。

11. ………… 车2平7　12. 相七进五　车7退1

如改走车7进1，则兵七进一，红势占据主动。

13. 马六进七　炮6进1　14. 马七退五

可确保先手局面。如改走马七进五，则炮6平3，马五退三，车8进1，红方亦有所顾忌。

14. ………… 炮6平3　15. 马五退三　卒7进1

16. 车二进六　炮3进3　17. 炮九进四

红方主动易下。

小　结

黑方第7回合的平炮，在调整阵形的同时，伏有引诱红车吃马的目的。红方的（甲）变贪吃黑马，粗枝大叶，结果大车深陷黑阵而难以自拔。红方的（乙）变稳步进取，切合实际，特别是第10回合的跃马出击及时有力，发展下去，红方有利可图。

如果对手为你准备了一份“意外的礼物”，这时你切不可掉以轻心顺手牵羊，以为真的会有“天上掉下来的馅饼”。三思而后行，永远都是正确的。

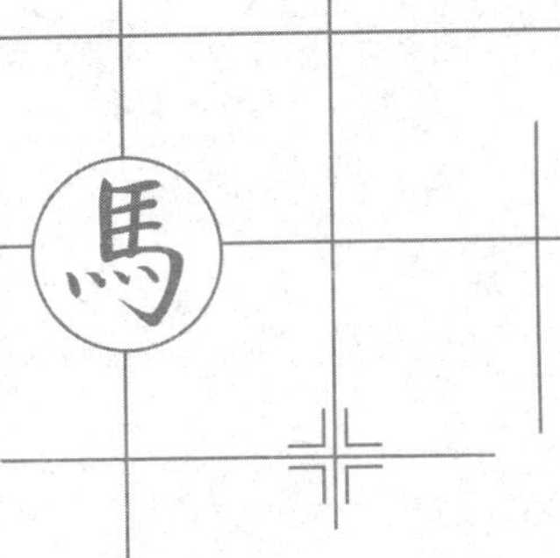

第二部分

冷僻布局与对策

“冷僻布局”也称冷门或怪诞布局，它是棋手们在对弈中为避开常套而采取的出奇制胜的作战方案。诸如“鸳鸯炮”、“龟背炮”等。之所以称为冷僻布局，主要是相对于正规布局而言的。虽然有的只是昙花一现，经不起时间的考验而逐步衰亡，但也有个别的冷僻布局经过多次实践的洗礼，摇身一变成为正规布局。

冷僻布局虽属“左道旁门”，但其攻防战术变化多端，别具一格，不乏吸引力，名手们偶有运用即为佐证。同时，它也具有一定的欺骗性。因此，除了练习正规布局外，研究和掌握冷僻布局的阵形特点及攻防规律，亦是广大棋手们的必修课题。

下面将实战中出现较多的冷僻布局介绍给各位朋友，以帮助你制订对策，丰富你的布局武库。

第76局　中炮对叠炮局（古谱招式）

1. 炮二平五　炮8进1

黑方高炮保卒，着法别具一格。

2. 马二进三

顺势出子，是习惯性的续着，也是古谱中所拟定的着法。

2. …………　炮2平8（图99）

黑方平炮封车，双炮重叠，故有“叠炮局”之称。这种“冷僻布局”最早刊于清代著名象棋谱《梅花泉》与《韬略元机》之中。

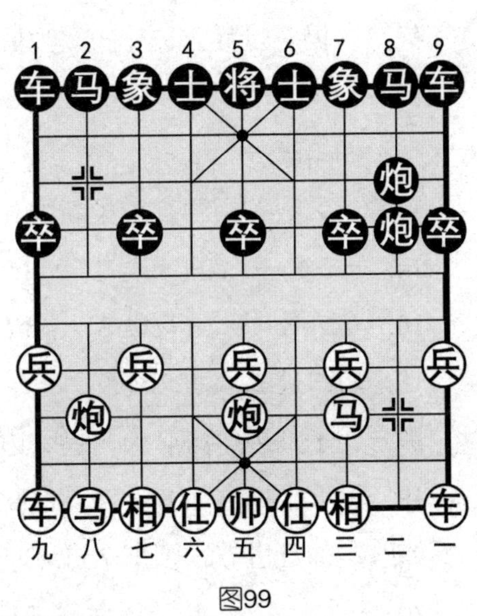

图99

如图99形势，红方有两种着法：（甲）马八进七；（乙）车一进一。以下着法演变主要参照《梅谱》与《韬谱》的古谱招式，结合现代棋艺理论，重新改编予以客观的评析。现分述如下：

（甲）马八进七

3. 马八进七　马2进3　　4. 兵五进一

由于右车被封，红方先行开动左翼子力，之后发起中路冲锋。

4. …………　象7进5　　5. 马七进五　车1平2

6. 炮八平七　车2进4　　7. 车一进一

方向性错误。同样起横车应走车九进一，这样右车伺机而动，攻守两利。

7. ………… 卒9进1　8. 车一平四　士6进5

9. 车四进三

空着，反被黑方利用。应改走兵五进一，卒5进1，马五进四，红有攻势，并续有马换双象的凶着。

9. ………… 马8进9　10. 车九进一　马9进8

11. 车四进四　卒9进1

边线突破，着法刁钻，这也是叠炮局的重要战术。

12. 兵一进一

失策。仍应以兵五进一直攻为好。

12. ………… 车9进5　13. 车九平六　车9进4

14. 相三进一

软着，致败的根源。应果断地冲中兵先发制人，红势丝毫不弱。

14. ………… 马8进7　15. 车四退五　车2平7

16. 车六进七　前炮进3　17. 车四进五　前炮平5

18. 马三进五　马7进9

黑方四子归边声势浩大，马踩边相发起猛攻，红方已疏于防范。

19. 炮七平一　炮8进7　20. 仕四进五

如改走帅五进一，则车7进4，车四退七，炮8退1，黑亦胜定。

20. ………… 车7进5　21. 仕五退四　炮8平6

22. 仕六进五　炮6退7　23. 仕五退四　车7平6

24. 帅五进一　车9退1

黑胜。（节选自《韬略元机》原谱第3变。）

（乙）车一进一

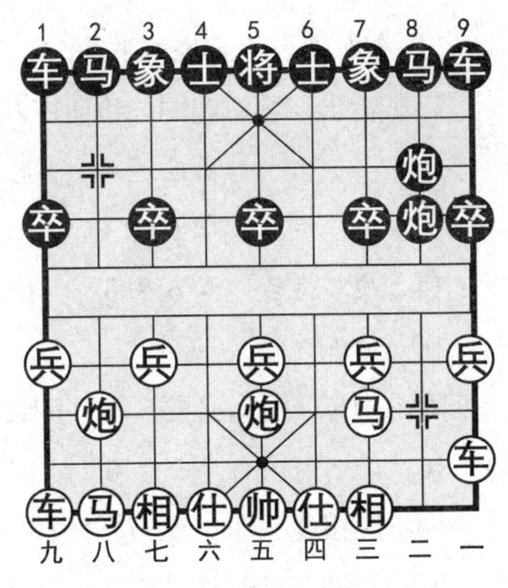

图100

3．车一进一（图100）

红方因直车通道被封，遂提横车起而攻之，是正常的反应。

如图100形势，黑方有车1进2与卒9进1两种着法，分列于后：

（一）车1进2

3．………… 车1进2

高车准备过肋集中兵力向红方右翼阵地发动攻势，这是《梅谱》所拟定的着法。

4．车一平六

右车过肋，寻求对攻。如果走车一平四，则相对较为稳健。

4．………… 车1平6　　5．车六进七　卒9进1

进卒弃马取强攻之势，未免有些勉强。正着应以走马2进3先避一着为妥。

6．车六平八　卒9进1　　7．炮八进七

红方另有两种走法：（1）兵一进一？车9进5，车八进一（“死子不急吃”，应以炮五平六先行防范为好），车9进4！相三进一，炮8进5！炮五平六，前炮平7，仕六进五，炮8进6，相七进五，车6进6，帅五平六，车6进1，连杀黑胜（原谱第9变）；（2）车八进一，卒9进1，车八平七，车6平2，马八进七，卒9平8，车九进一，卒8平7，车九平六，士6进5，马三退一，马8进9，车七退三，马9进8，红方多子较优（原谱一本弈至29回合佯和，双方着法皆有误，余略）。

7．………… 象7进5　　8．车九进一　士6进5

9. 车九平六　后炮退1　　10. 车六进八

弃车斩士，着法凶悍。也可车八退一躲车，仍为红优（原谱第2变）

10. …………　士5退4　　11. 车八平二　炮8退1

12. 炮八退二　象5进3　　13. 炮八平二　马8进6

14. 炮二退六　车6平8　　15. 车二平四　车8进6

16. 炮五进四

炮击中卒，没有必要。较好的着法是马八进七，红多子可稳操胜券。

16. …………　车9平6　　17. 车四平六

当然应接受兑车，红方多子易下。古谱著者显然是夸大了车的作战能力，所以宁失一马而避兑黑车，显然这是一种教条而又片面的认识。

17. …………　车8平2

黑方追回失子，双方接近均势（节选自《梅花泉》原谱第5变）。

（二）卒9进1

3. …………　卒9进1

黑方先挺边卒，右车伺机而动，攻守兼备之着。这是《韬谱》的一种改良战术。

4. 马八进七

如改走车一平六，则卒9进1，兵一进一，车9进5，车六进七，车9进4，相三进一，马8进9，车六平八，马9进8，炮八进七（导致防线失控，应改走车九进一，及时支援右防），马8进6，马三退五，马6进8，炮五平四，马8进7，炮四退一，车9退2，黑方攻势炽烈，至20回合红方败北（节选自原谱一本）。

4. …………　马8进9　　5. 车一平六

平车过宫，与上手跳马有脱节之感。应改走车九平八，以下黑如马9进8，红有兵三进一，马2进3（如车1进2，则炮八进五或炮八平九均为红先），兵七进一，象 7 进 5，马七进六，红势主动。

5. ………… 马 9 进 8 6. 车六进七

红方进车求战，过于强硬。较为稳妥的走法是车六进三。

6. ………… 卒 9 进 1 7. 兵一进一 车 9 进 5

8. 车六平八 车 9 进 4

伸车捉相，着法有力，是突破红方防线的典型战术。

9. 相三进一 马 8 进 6 10. 马三退五

如果走马七退五，黑可马 6 进 8，炮八退一，车 1 进 2！车八平四，车 1 平 4，红方亦难应付。

10. ………… 车 9 退 2 11. 炮五进四

速败之着。若是车九进一，尚可苦撑。

11. ………… 前炮平 5 12. 车八平二 马 6 进 4

13. 车九进一 车 9 平 3 14. 车九平六 马 4 进 5

15. 仕四进五 车 3 平 8 16. 炮八平四 车 8 进 2

17. 炮四退二 炮 8 平 5

重炮叫杀，红方失车，黑胜（节选自《韬略元机》原谱第 2 变）。

小 结

“叠炮局”这一古老的冷僻布局，其战略意图是以暂时放弃右翼为代价，以“左叠炮”为基地，集中优势兵力对红方一翼实施猛攻。其中黑方边卒挺进，策划边线切入这一战术颇为鲜明，具有启迪意义。在实战中，黑方运用这种布阵法对付某些缺乏经验而又只图快攻的选手，则很可能收到出其不意、攻其不备的制胜效果。

值得各位读者注意的是，在大多古谱中（也包括相当一部分的现代棋谱），双方对攻激烈，杀着精妙，有许多朋友（尤其是初级爱好者）在学习后，常常为一方近似于排局式的杀法而拍案叫绝，顿时即有上阵一试的冲动。然而，一经实战使用这些布局战术，往往运转不灵，正所谓“乘兴而至，扫兴而归”。造成这一结果的原因，除了本身的棋艺功底尚不扎实而不能学以致用外，还有一点不容忽视，那就是作者为突出主题并吸引读者，而有意将输棋的一方引入歧途，最终“导演”出“精彩”的结局。这正是古谱著述中的一大特点。因此，当我们学习古谱的时候，应从提高全盘战术手段，以及加强进攻意识等诸方面立足，而不去生搬硬套其阵势，要做到“取其精华，为我所用”。

第77局　中炮对叠炮局（现代招式）

1. 炮二平五　炮8进1　　2. 马八进七

红方先上左马，因势利导，是现代棋手根据“左叠炮”的布阵特点而设计的一步具有针对性的攻着。另有兵三进一的下法（伏兵三进一的手段），也可破坏黑方叠炮的计划，以下黑如炮2平7，则马二进三，马8进9，车一平二，车9平8，马三进四，红方先手。

2. …………　炮2平8

黑方执意布成“叠炮局”，虽有牵强之感，但舍此也别无良策可寻，否则无论走成何种阵形，黑方炮8进1这手棋均将成为效率很低的一步棋。

3. 炮八进五！（图101）

进炮抢占对方炮台，凌空虚点甚是精妙！黑方既不能上马，也不能联象，顿陷捉襟见肘之窘境。

如图101形势，设想黑方大致有三种应着：（甲）卒9进1；（乙）象3进1；（丙）炮8退1。现分述如下：

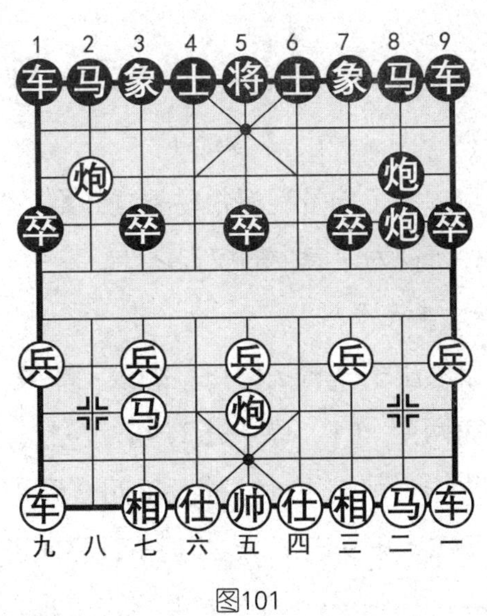

图101

（甲）卒9进1

3. ………… 卒9进1

黑方挺边卒，仍然套用古谱招式，但事过境迁，已难以奏效。若是走车1进2，红可车九平八顺势出车，黑方更是无趣。

4. 马二进三

先上右马消除隐患，是均衡出子的稳正选择。如急于进攻而走兵七进一，黑有马8进9，马七进六，马9进8，马六进四（如马六进五，黑士6进5可战），马8进6（正手，如炮8进6？红将炮五进四！马2进3，炮五退一占优），马四进二，车9进3，马二退三，卒7进1，黑方找回失子，取得满意之势。

4. ………… 马8进9　　5. 兵三进一　马9进8

6. 车九平八

出动主力，蓄势待发。如改走兵三进一，则卒7进1，炮五进四，马2进3，红方较难把握局势。

6. ………… 士6进5　　7. 兵七进一

至此，红方阵形舒展，明显占有优势。

（乙）象3进1

3. ………… 象3进1

飞边象，准备跳拐角马驱赶红炮，但黑象落边后自乱阵脚，实非黑方所愿，可视为逆境中的权宜之计。

4. 车九平八

自然出子，着法稳正。如改走车九进一，则马2进4，车九平六，以下黑有两变：（1）马4进2，车六进六，车9进2，车六平八，炮8进7，车八平一，前炮平6！帅五平四，马8进9，车一平二，马9退7，红无便宜；（2）车9进1，炮八退三，马4进6，黑亦可应战。

4. ………… 马2进4　　5. 马二进三　车1平2

6. 炮八退一　马8进7

如车9进1，红将炮八平五！炮8平5，车八进九，马4退2，炮五进四，夺取空头炮占优。

7. 车一进一　车9进1　　8. 车一平四

平车占肋可控制黑方左车通道，如走车一平六过宫牵马，虽亦属可行，但感觉上不及此着稳中带力。

8. ………… 车2进2　　9. 兵三进一

至此，红方占位俱佳，拥有地域优势。

（丙）后炮退1

3. ………… 后炮退1

黑方退炮棋形怪诞，但为舒通子力，也只好勉为其难，姑且一试。

4. 马二进三

较好的选择。除此另有两种下法：（1）车九平八，马2进3，黑方下步伏有炮8平2攻车的手段，红方有所顾忌；（2）炮八进一，车1进2

（也可象3进5，车九平八，后炮进1，之后黑再马2进4调整），车九平八，车9进2，黑方联车后续有车1平2的反击手段，红似有落空之感。

4. ………… 车9进2

高车捉炮，谋求反击，感觉上是一步先手，但由于己方阵形弱点较多，此举难以奏效。不如直接马2进3出子，或象3进5调形较为实际。

5. 车九平八　车1进2　　6. 炮八退三

黑方虽暂时驱逐了红炮，但现在又面临被闪击的威胁，同样不能感到愉快。

6. ………… 车1平2

避免丢子的唯一应着。如误走士6进5（如士4进5，则炮八平三），红有炮八平七，马2进3，炮七平九！黑方丢车速败。

7. 兵三进一

进三兵顺势出子，并伏有兵三进一再炮五进四的伏击手段。如随手走炮八进五，黑可车2进7，马七退八，车9平2，红方难有收效。

7. ………… 士6进5　　8. 马三进四　车9平6

9. 马四进三

马踏黑卒，简明有力。如弄巧走炮五平四，则车6进3，炮八平七，象3进5，车八进七，马2进4，车八退二，车6进2，黑尚能周旋。

9. ………… 后炮进1　　10. 炮八进五　车2进7

11. 马七退八　车6平2　　12. 炮八平九　车2进7

13. 马三进四　后炮退1　　14. 车一进二

红方大占优势。

小　结

本局红方第2回合改变了习以为常的出子次序，待黑方布成叠炮阵势的瞬间机会，突发奇兵进占黑方炮台，有如在黑方阵营内布置了一门重炮，令其兵马调动不灵，立陷困局。由此可见，黑方叠炮布局存在着难以克服的缺陷，以致在当今的实战中，尤其是全国高级别的大赛中几乎绝迹。不过对于广大的爱好者来说，偶尔一试，亦有出其不意的效果，从中还能起到锻炼应变能力的作用。

第78局　中炮对龟背炮（一）

1. 炮二平五　马 8 进 7　　2. 马二进三　车 9 进 1

3. 车一平二　炮 8 退 1（图 102）

黑方退炮后，状如龟背，故名“龟背炮”，古称“软硬炮”。近代棋手则根据黑方起式提车退炮后，左炮有炮 8 平 5、炮 8 平 3、炮 8 平 1 的三种走法，有如“凤凰三点头”，所以又有“凤凰炮”之称。

龟背炮构形别致，其特点是左柔右刚，便于集中子力于一侧，伺机展开防守反击；其弱点是出子稍显迂回，如运用不当，容易造成己方子力自相羁绊，局面受制。

如图 102 形势，红方有六种攻法：（甲）兵五进一；（乙）兵三进一；（丙）兵七进一；（丁）炮八进二；（戊）马八进九；（己）马八进七。（己）变着法因变化较多，将在下局中评解。现将前五种着法分述如下：

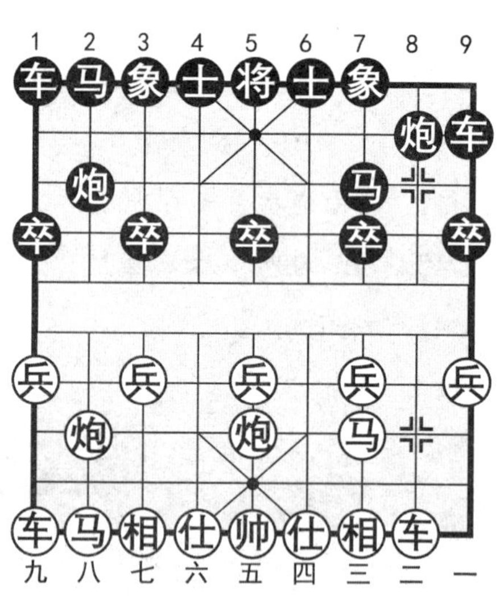

图102

（甲）兵五进一

4. 兵五进一　炮 8 平 5

红方急进中兵，是一种老式攻法。黑方反架中炮，应着积极，可克制红方盘头马的各路攻势。

5. 马八进七　马 2 进 3

黑方除跳马外，另有炮 5 进 4、炮 2 平 5 和车 9 平 6 等多种可行办法，试演一例如下：炮 5 进 4，马三进五，炮 2 平 5，车二进六，卒 5 进 1！车二平三，马 7 进 5，黑方得势易走。

6. 马七进五　卒 3 进 1　　7. 炮八平七

平炮瞄卒，有嫌软弱，招致黑方跃马出去，中路压力倍增。较好的走法是兵七进一或车九进一。

7. …………　马 3 进 4　　8. 车九平八　炮 2 平 5

至此，黑方取得了具有反击潜力的乐观局面。

（乙）兵三进一

4. 兵三进一　象 3 进 5　　5. 马八进七

左马正起，均衡出子。若是走马三进四急攻，黑可炮 8 平 3，马四进五，车 9 平 4，红方虽得中卒，但影响其他子力的出动，并不见好。

5. …………　卒 3 进 1

也可改走炮 8 平 3，以下红如炮八平九，黑有卒 3 进 1，车九平八，车 1 进 2，黑方亦能抗衡。

6. 炮八进四

进炮过河，准备平炮打卒制造攻势。如果走兵五进一，则马 2 进 3，马七进五，炮 8 平 5，黑方阵形巩固，红方难有所为。

6. …………　炮 8 平 3　　7. 相七进九　马 2 进 3

8. 炮八平三　马3进2

至此，形成双方各攻一翼之势，互有顾忌。

（丙）兵七进一

4. 兵七进一　炮8平3　　5. 马八进七　象3进5

工稳之着。由于中防空虚，黑方不宜走卒3进1反击，否则红可马七进六，卒3进1，马六进五，象3进5，车二进四，卒3进1，车二平七！卒3平4（如炮2平3，则车七平八！炮3进7，仕六进五，黑方难免失子），车七平六，卒4平3（如卒4平5，则马五进三，炮2平7，马三进五，红优），车六进三！黑方难应。

6. 马七进六　车9平4　　7. 炮八进二

升炮巡河，构建沿河工事。如改走马六进五，则马7进5，炮五进四，士4进5，以下红有两变：（1）炮八平五，炮2进5！马三退一，马2进3，前炮平一，车4进5，兵五进一，车1平4，仕四进五，车4进4，炮一进三，炮2退2！对攻局面下，黑方子力集中占据主动；（2）相七进五，卒7进1（细致之着，如马2进3，红炮五平一占优），仕六进五，马2进3，炮五退二，车4进5，双方势均力敌。

7. …………　卒3进1

尽管红方续有平炮打车的手段，但黑方必须竭力抗争，否则任红方阵形得到巩固，黑方较难开展。例如走卒7进1，红有车二进四的手段。

8. 炮五平六　炮2平4　　9. 炮八平九　炮3平1

唯一的选择。如误走马2进1，则马六进七！红方大优。

10. 炮六进五

如改走马六进五？黑有炮4进7的凶着；再如走马六进四，黑可炮4平3，红方无趣。

10. …………　车4进1　　11. 马六进四　马7退9

马退边陲，应着顽强。如误走马7退5，则马四进二！马2进1，车九平八，卒1进1，炮九进三（如急于车八进八出击，黑可马5退3，红方一时难以攻入），车4平1，兵三进一，卒3进1，马三进四，黑方子力受困，红方颇有战机。

12. 车九平八

如车二进八，黑可车4退1从容化解。

12. ………… 炮1进4　　13. 兵九进一　车4进2

至此，虽属红方主动，但子力简化，局面趋于平稳，黑方也可应对。

（丁）炮八进二

4. 炮八进二　炮8平1

针对红方的调炮攻城，黑方平炮边路，利于调整阵形，再次显示出“龟背炮”灵活多样的战术特点。如改走炮8平3，则马八进七，象3进5，炮八平一，车9平4，车九平八，车4进1（当然不能走车1进2，因红有炮一平九），炮一平三，红方主动。

5. 炮八平三

平炮快攻，以期制造战机。若是走马八进七，黑可象3进5，炮八平一，车9平6，车九平八，马2进4，红无便宜。

5. ………… 象3进5　　6. 车二进七　车9平7

7. 马八进七　卒7进1　　8. 炮三进三　炮2平7

在化解红势后，黑方已协调好阵形。

9. 炮五进四　士4进5　　10. 相三进五　马2进3

11. 炮五退一　车1平4

至此，黑方后防稳固，足可对抗。

（戊）马八进九

4. 马八进九

红方跳边马，意在稳步进取，是实战中采用最多的攻法。

4. ………… 象3进5（图103）

飞象舒通子力，应着稳正。如果走炮8平1，则炮八平七，象3进5，车九平八，马2进4，车八进四，车1平2，兵三进一，红方先手在握。

如图103形势，红方主要有车二进四与车九进一两种着法，分列于后：

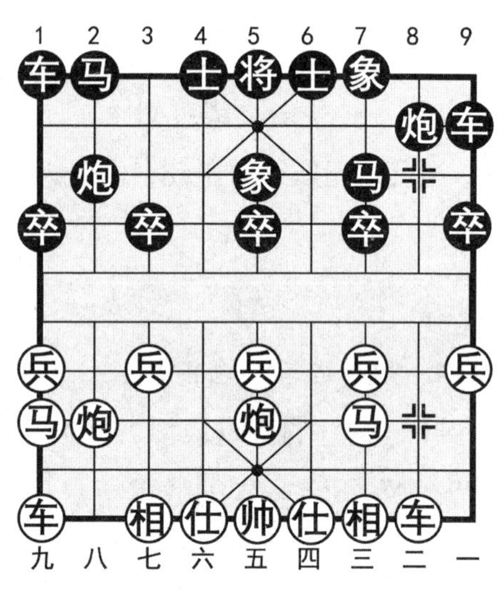

图103

（一）车二进四

5. 车二进四

升车巡河，效率不算很高，容易给黑方从容调整之机。

5. ………… 卒1进1

6. 车二平六

平车过肋，意在牵制黑方右翼子力，继续贯彻了稳健的思路。如下的一路变化，红方虽不成功，但却十分有趣：炮八进七，车1平2，车二平八，炮8平1，炮五平八，车9平2！车八平六，炮1进5，马九退八，炮1平2！红势瓦解，黑方占优。

6. ………… 卒7进1　　7. 炮八平六　炮8平4！

平炮邀兑，有效地控制了红方先手的扩展，是争取对抗之势的有力手段。

8. 车九平八　车1进2　　9. 车六平四

避免兑子寻求多变。如果走炮六进六，则车9平4，车八进四，士4进5，均势。

9. …………　炮4平2

争先之着。若是走炮2平4，红有炮六进六，马2进4，车八进八，车1平2，车八平七！黑方子力受制，红方占优。

10. 炮六进五　炮2进8　　11. 炮六平九　前炮退2

也可走马2进1，车四平八，炮2平1，车八进三，炮1退3，黑亦可满意。

12. 车四平八　炮2平7　　13. 车八进三　马2进1

14. 车八平九

经过大量兑子，局面简化，双方旗鼓相当。

（二）车九进一

5. 车九进一

另有炮八平七的选择，黑可炮8平2强行封车，以下红如炮七进四，则卒7进1，炮五平七，马2进4，红方双马呆板，黑方易下。

5. …………　炮8平2！

平炮邀兑，看起来似有委屈，但却是舒通子力缓冲红势的最佳手段。如改走炮8平3，红有车九平六，卒3进1，车六进六！黑方阵脚不稳，红有较多战术机会。

6. 炮八进六　车8平2　　7. 车九平八　车1进1

8. 兵三进一

如果走车二进六，则卒7进1，兵五进一，炮2平1，车八进八，车1平2，兵五进一，卒5进1，马三进五，车2进3，红方单马盘头，后劲不足，黑方足可对抗。

8. …………　炮2平1　　9. 车八进七　车1平2

10. 车二进六　车2平6

正确的防御，准备采取以攻代守。如果走车2进3，红可车二平三，黑方较有压力。

11. 车二平三　车6进5　12. 炮五平六

至此，局面较为平稳，红方稍优。

小　结

在上列着法中，红方（甲）变有些“冒进”，黑方积极应战机会较好。红方（乙）变侧重右翼，双方各攻一侧互有顾忌。红方（丙）变可占主动，并对黑方构成了一定的威胁，但黑方防守严密亦能抵抗。（丁）变红方采取了快攻之策，在黑方坚忍的防御下，未能有所突破。（戊）变红方稳步进取，其中又以（二）局较为适宜，可取得稍优的局面。

总之，在这5种变化中，黑方“龟背炮”随机应变，战术丰富多彩，取得了不同程度的对抗形式。与其说黑方应得巧妙，不如说红方攻得不紧。在下局中，我们将着重评析红方最有效的（己）变攻法——马八进七。

第79局　中炮对龟背炮（二）

1. 炮二平五　马8进7　2. 马二进三　车9进1

3. 车一平二　炮8退1　4. 马八进七（图104）

红方左马正起，强化整体攻击力量，着法含蓄有力，是对付龟背炮的有效战术。

如图 104 形势，黑方主要有三种应法：（甲）炮 8 平 3；（乙）象 3 进 5；（丙）卒 3 进 1。现分述如下：

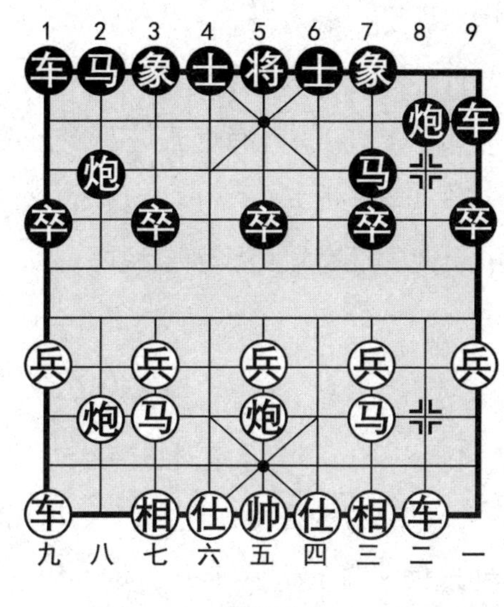

图104

（甲）炮8平3

4. ………… 炮 8 平 3

5. 兵五进一！

在黑方左炮定位之后，红方急进中兵，先声夺人。

5. ………… 炮 2 平 5

架还中炮，图谋反击。如改走象 3 进 5，则与本局（乙）变雷同，这里不再赘述。

6. 车二进六　卒 7 进 1　　7. 车二平三　车 9 进 1

8. 炮八进五！

进炮串打，先手迫兑黑方中炮，意在削弱黑方的防守力量，将为以后的进攻扫平道路。

8. ………… 马 2 进 3

无可奈何之着。如下两种应法，将遭到红方的战术性打击：（1）炮 3 平 7，车三进一，炮 5 进 3，炮五进四！反戈一击，重炮叫杀，红方立胜；（2）炮 5 进 3，马七进五！马 7 退 5，炮五进二，车 9 平 2，车三平五，黑方不能忍受。

9. 车九平八　炮 3 平 7　　10. 车三平四　马 7 进 8

只能如此。若是走车 1 平 2，红有炮八平五，象 7 进 5，车八进九，马 3 退 2，车四进二，炮 7 退 1，车四平八，红方得子；另如走车 1 进 1，红可炮八平五，象7进5，车八进七，黑亦陷入困局。

11. 炮八平五　象3进5　　12. 车四进二　炮7进5

如车1进1，红有炮五进四！士6进5，炮五退一，红优。

13. 马三进五

至此，红有攻势，前景良好。

（乙）象3进5

4. ………… 象3进5　　5. 兵五进一！

针对黑方的补象，红方仍采用了冲中兵的攻着，同样紧凑有力！另有两种选择：（1）炮八平九，炮8平2！兵九进一，马2进4，兵九进一，卒3进1，在黑方置之不理的情况下，红方攻势徒具形式，无计可施；（2）车九进一，炮8平3，车九平六，炮3进5（刻不容缓并为调形佳着！如卒3进1，红有车六进六！炮2平3，炮八进六，黑方受制），相七进九，炮2平3，兵五进一，车9平4，车二进一，车1进1，黑方足可从容应战。

5. ………… 炮8平3

运炮过宫调整阵形，是龟背炮的基本步调。若改走马2进4，则马七进五，炮8平5，车九进一，卒7进1，车九平六，车1进1，车六进四，黑方子力自相羁绊，红方控制局面占优。

6. 车二进六！

进车过河，有力地配合了中炮盘头马的进攻，对黑方构成钳形攻势，令其腹背受敌。

6. ………… 卒7进1　　7. 马七进五　车9平4

8. 兵五进一　卒5进1　　9. 炮五进三　士4进5

10. 炮八平五

红方子力全线展开，即将发动总攻。

（丙）卒3进1

4. ………… 卒 3 进 1

5. 炮八进二（图 105）

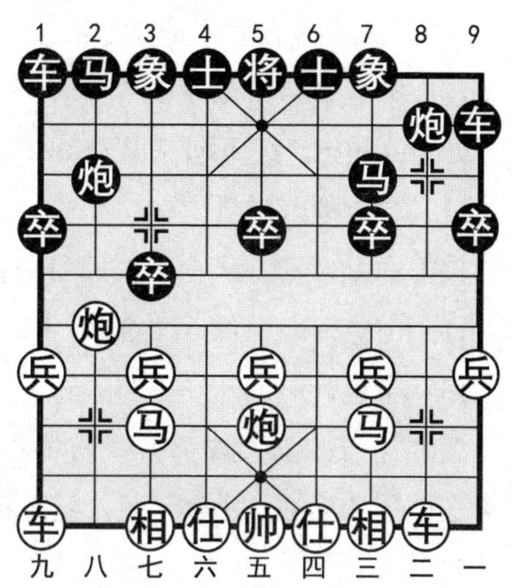

图105

趁黑方阵营尚未巩固之机，红方及时采用素有“沿河十八打，将军拉下马”的巡河炮攻法，对黑方构成强大的威胁，与上一局（丁）变不可“同日而语”。

如图 105 形势，面临红方炮八平一的打击，黑方有三种应法：（一）炮 8 平 5；（二）炮 8 平 3；（三）炮 8 平 1。分列于后：

（一）炮8平5

5. ………… 炮 8 平 5　　6. 炮八平三

红方平炮打马，将抢先亮出左车，攻击黑方尚不稳固的阵形。亦可改走炮八平九，以下黑如马 2 进 1，则车九平八，车 1 平 2，炮九进三，象 3 进 1，车二进六，红势主动。

6. ………… 象 3 进 5

若应以马 2 进 3，红有车九平八，车 1 平 2，车二进五！象 3 进 1，车八进六，红势极佳。

7. 车九平八　马 2 进 4　　8. 车二进七　车 9 平 7

逼着。如果走车 9 进 1，红方车二退六后，伏有炮三平一打死车的手段，黑方更为不利。

9. 车二退六！

一个令黑方颇为难受的过门！在迫使黑方平车保马，压缩其活动空间后，退车转身指向黑方拐角马，使黑方难以调整。

9. ………… 炮5平6

如果走卒7进1，亦不能改善局面，红可炮三平九！炮2平1（如车1平2，红车二平六占优），车二平六，黑方受攻。

10. 车二平六 炮6进6

如士4进5，红可炮三平五,一举夺势。

11. 车六进六！

攻击构思的精华所在！这一漂亮的手段，使红方在黑方阵营内如履平地。

11. ………… 炮6平3 12. 炮五进四 士4进5

13. 车六进一

面临红方的强大攻势，黑方将不堪一击。例如黑接走卒7进1，则炮五平三！车7平8，后炮平五，红方胜定。

（二）炮8平3

5. ………… 炮8平3 6. 炮八平三！

平炮攻马，仍可视为有效战术。如改走炮八平九，黑可马2进1，车九平八，车1平2（也可炮2平4），炮九进三，象3进1，以下黑有卒3进1的反击，红方有所顾忌。

6. ………… 象7进5 7. 车九平八 炮2平4

8. 车八进八 炮3平6

无奈的选择。如改走卒3进1，则兵七进一！炮3进6，炮三进三！车9平2，炮五进四，空头背腹，红胜。

9. 炮三平八

控制局势的下法。若是走炮三平九（不能走车二进七，因黑可马7退5！红方丢车），则士6进5，车八平五，士4进5，炮九进五，红方得士亦优，但易给黑方喘息机会。

9. ………… 士6进5 10. 车八退一！

逼迫黑马屯边，以削弱其防守力量。

10. ………… 马 2 进 1　　11. 兵五进一

黑方全盘受制，红方大占优势。

（三）炮8平1

5. ………… 炮 8 平 1　　6. 炮八平三！

红方不改故辙，平炮打马，意在抢出左车，是巡河炮的基本战术手段。此时不宜走炮八平一，由于黑有车 9 平 4，车九平八，车 4 进 1！

6. ………… 马 2 进 3

较好的防御。若是走象 3 进 5，红可车九平八，马 2 进 4，炮三进三！炮 2 平 7（如炮 1 平 2，则车八进七，红方一车搏三，多子占优），车八进八！以下红有炮五进四的凶着，黑方难以防范。

7. 车九平八　车 1 平 2　　8. 车二进六！

严谨的次序。如直接走炮三进三，经过炮 2 平 7，车八进九，马 3 退 2，炮五进四，虽然红方也能夺取空头炮，但黑可马 2 进 3，炮五退一，车 9 平 6，红方一时难以突破。

8. ………… 卒 7 进 1

不成功的防御，但舍此也别无良策。例如走士 4 进 5，则车二平三，车 9 进 1，车八进六，红有压倒优势。

9. 炮三进三　炮 2 平 7　　10. 车八进九　马 3 退 2

11. 炮五进四

至此，红方的空头炮攻势威力无比，将对黑方构成致命威胁。

小　结

第4回合，红方左马正起，加强了总体的进攻能力，并根据黑方的不同应着，分别采用了中路进攻与巡河炮出击的策略，变化结果，红方取得了不俗的战果。

尽管“龟背炮”有其灵活多变与屯兵一翼的战略战术，但在红方调兵遣将迅速出击的形势下，未免有些相形见绌。诚然，以上是出于理论上的探讨与研究，在实战当中，以有备对无备，偶尔一用，还是可以达到出奇制胜的效果的。

第80局　中炮对鸳鸯炮（黑挺7卒型）

1. 炮二平五　马2进3　　2. 马二进三　卒7进1

3. 车一平二　车9进2（图106）

黑方提车护炮，别有趣味，其战术意图是准备下步续走炮2退1威胁红方右车。黑方此阵因左右双炮相互配合，犹如鸳鸯戏水，故名之。

鸳鸯炮布局，结合了屏风马、反宫马及顺炮等多种局法的战术特点，针对先手方中炮直车的进攻，黑方采取防守反击的战法，巧设陷阱，布置圈套，引敌入围。临局对阵，如对手不明其意，或掉以轻心，黑方往往能收到出奇制胜的效果。

如图106形势，红方主要有四种着法：（甲）马八进九；（乙）马八进七；（丙）炮八平六；（丁）炮八进二。现分述如下：

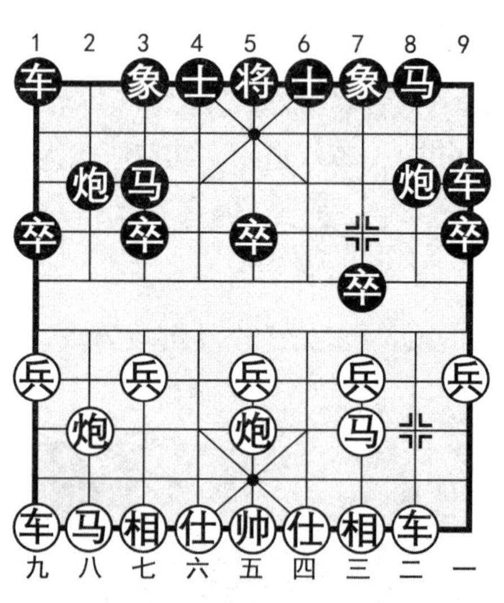

图106

（甲）马八进九

4．马八进九

左马屯边，安全出子，虽然不会导致什么大的过失，但却容易给黑方提供从容调整之机。

4．…………　炮2退1

5．车二进六

另有车二进四的选择，黑则象7进5，车九进一，车1进1，车九平四，炮2平8，车二平六，后炮平6，兵五进一，炮8平6，车四平二，马8进7，兵五进一，车1平2，车二进七，车9平8！车二平三，卒5进1，黑势富有弹性，应付自如。

5．…………　象7进5　　6．车九进一

提起左车，可伺机抢占肋道，以策应全局形势。如果走炮八平七左车直出的方法，黑有炮2平7，车九平八，马8进7，车八进四，车1进1，兵九进一，马7进8！黑方满意。以下红不能车二退一吃马，因黑有炮7平8伏车的手段。

6．…………　马8进7

井然的出子次序。如径走炮2平7，红有车九平四，车1平2，炮八平六，黑方左翼子力不易开展，红方易下。

7．车九平六

若此时走车九平四（如车二平三，则炮8退2，红方徒劳无益），黑可炮2平4灵活应对，红方双车虽然集结一翼，但缺乏明确的攻击目标，黑势可持乐观。

7．…………　炮2平7　　8．炮八平七　　车1平2

9．兵九进一　马7进6

黑方子力也已出动，红方右翼渐感压力，显然不能满意。

（乙）马八进七

4. 马八进七

跃起正马，可加强中心区域的作战力，佳于（甲）变着法。

4. ………… 炮2退1　5. 车二进六　马8进7

正着。如急于炮2平7反击，红则兵五进一！卒7进1，兵五进一，士4进5，兵五进一，卒7进1，马三进五，炮7进8，仕四进五，黑方孤炮难鸣，红方中路攻势强劲占优。

6. 兵七进一

另有兵五进一的攻法，黑方将炮2平5，车二平三（必要之着，如车九平八，则马7进6，黑易走），炮8退2！车九平八，象7进5，马七进五，炮8平7（也可卒3进1），车三平四，马7进8，呈开放型对攻之势，局面尖锐，各有顾忌。

6. ………… 马7进6　7. 车二平四　马6进7

8. 马七进六　象3进5　9. 炮八平七　炮8平6

必要的一步，可稳固阵形。不宜先走炮2平7，因红有车四进二占先的手段。

10. 车九平八　炮2平7　11. 炮五平六

卸炮调形，避开黑方的威胁，以便保持局势的复杂化。若采取马六进五，黑马7进5，相七进五，马3进5，车四平五，车9平8，局面简化，黑方亦可抗衡。

11. ………… 车9平8　12. 相七进五

对峙局面，红方稍占先手。

（丙）炮八平六

4. 炮八平六

红方平炮仕角，由于有潜在的炮六进五手段，可限制黑方炮2退1的直接反击，是一种策略性的攻法。

4. ………… 车1平2　　5. 马八进七　炮2平1

在退炮左移的计划受阻后，黑方右车直出再开边炮，随机应变，显示出鸳鸯炮灵活多变的战术特色。

6. 兵七进一

按部就班的下法，稳健有余而攻势不足。此着可考虑走炮六进二，卒9进1，兵五进一，象7进5，马七进五，红将取得较为积极的进攻态势。

6. ………… 马8进7　　7. 马七进六　车2进6

8. 车九进二　车2平4　　9. 车二进四

升车保马，力争占据制高点，以利于控制局势。如果走马六进七，则炮1退1，黑将立即展开反击。

9. ………… 炮1退1

呼应全盘形势的一步棋，应着较为含蓄。如马7进8急于反击，红有马六进五的妙着！以下黑必走炮8进3，则马五退四，士6进5，马四退六，巧手转换，红方主动。

10. 炮五平四　马7进8！　　11. 车二进一

上一回合，红方卸炮伏击黑车，着法刁钻。对此，黑方不避不让，强行进马反捉红车，着法针锋相对！现红方吃马交换，不得不然，如果走车二平四，黑有炮1平4（机敏有力！并避开了红方的小圈套：车4平5，炮四平五，车5退2，马六进七，黑方丢子），仕四进五，炮8平4！黑方反客为主。

11. ………… 车4退1　　12. 炮四进五　炮8进1

13. 炮四退六

收炮下二路，意在谋求多变。若走车二进一，则车9平6，相三进五，双方趋向平稳。

13. ………… 炮8平7 14. 相七进五

稳妥的走法。如车二平三，黑方可炮7退1，炮四进六（假着！应炮四进七），炮1平7！炮四平一，后炮进3，炮一平七，前炮进3，红方失子。

14. ………… 车9平6 15. 炮四平七 炮1平7

双方形成对峙，黑势不弱。

（丁）炮八进二

4. 炮八进二

红方升炮巡河，借威胁黑边车之机抢夺先手，并可伺机平七攻马，破坏黑方子力结构，使黑方退炮反击的计划受到制约。

4. ………… 卒9进1

5. 兵五进一！

紧凑有力！趁黑棋尚未调整之机，抢先发难。

5. ………… 炮2退1

6. 炮八平七 马8进7

7. 兵五进一（图107）

红方先平炮打马，意在牵制黑方子力，继之冲兵发动进攻，计划周密，使黑方“鸳鸯炮”的阵形难以协调。弈至如图107形势，黑方有炮2平8与炮2平5两种应法，分列于后：

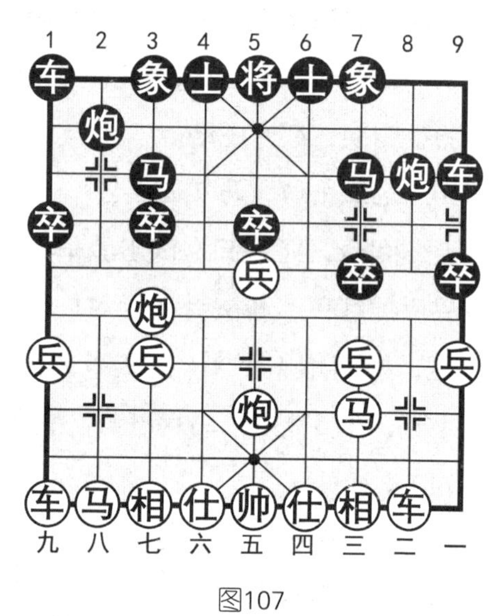

图107

（一）炮2平8

7. ………… 炮2平8 8. 兵五进一

撞击黑卒，势在必争。如兵五平六，黑可士4进5，车二平一，车1

平2，马八进七，马7进6！炮七进三，前炮进4，黑方追回失子，红方双车晚出，形势不利。

8. ………… 士4进5

若走强硬的炮8平5，红方可炮五进六，马7进5，炮五平二，炮8平5，相七进五，黑方一时缺乏有力后续手段，红方多子易下。

9. 兵五平六 象3进5 10. 车二进七！

弃车砍炮，胆识俱佳！若稍有示弱而走车二平一，则马7进6，黑方反先。

10. ………… 车9平8 11. 炮七进三 车1平2

12. 马八进七 卒3进1 13. 车九进一 车2进3

14. 车九平六

黑方车马被牵难以摆脱，红方优势。

（二）炮2平5

7. ………… 炮2平5

补还中炮，应着较为顽强。

8. 兵五平六 车1平2 9. 马八进七 车2进6

伸车兵线，图谋反击，否则子力受制，难以妥善调整。

10. 车九平八

出车邀兑，不畏黑方平车击双，深谋远虑之着。

10. ………… 车2平3 11. 车二进七！

弃车砍炮，精妙的先弃后取战术，着法明快有力！在许多教科书中推荐此着走马七进五，黑方若走炮5进5就上当了，因为红可马三进五，车3平5，车八进三，马7进6，车八平五，马6进5，炮七进三，红方极佳。但是对付红方的马七进五，黑有先卒3进1送卒的手段！待红兵六平七后，再炮5进5，马三进五，车3平5，黑方多子较优，以下红有两变：

(1) 车八进三，车5退2，炮七进三，炮8平3，兵七平六，车5进1，车二进四，炮3平5！红方战术失败；(2) 车八进八，马3退5！车八平六，象3进1，车二进一，马7进6，兵七进一（如车二平六，则马5进4，兵七进一，士4进5，兵七平六，炮8退1，黑优），马5进7，炮七平八，士6进5，炮八进五，象1退3，兵七平八，将5平6！黑方足可抵御红方的攻势，例如红续走车二平六（伏前车平五的凶着），则车9退1死守；又如红车二平七，则炮8退1，车六退三，象7进5，黑方均可化解。

11. ………… 车3退1

必走之着，显然不能走车9平8，由于红有炮七进三妙打双车的手段。

12. 车二平一 象7进9　　13. 马七进五 车3进1

14. 车八进七 炮5进5　　15. 马三进五 车3平5

若是走马3退5，红有马五进七！车3退1，车八平三，车3平5，车三平一，黑方更见不利。

16. 车八平七 马7进6　　17. 车七退一 士6进5

18. 仕六进五 马6进7　　19. 炮五进四 象3进5

20. 兵九进一

红方持有中炮攻势并有过河兵助战，颇有进取机会。

小　结

针对黑方鸳鸯炮挺7卒的冷僻布局，红方（丁）变攻法最为有力，升炮沿河迫使黑方应以效率极低的挺边卒，在这一转换之中红方扩展了先手，此后冲中兵先声夺人，使黑方“鸳鸯炮”的阵形发力不及。当黑方退炮企图反击时，红方先平炮打马，再过中兵，次序井然，计划周密，并在（一）（二）两局中均以车二进七砍炮的手段夺取优势，此乃布局构思的精华所在，有异曲同工之妙。

第81局　中炮对鸳鸯炮（黑挺3卒型）

1. 炮二平五　马2进3　　2. 马二进三　卒3进1

在鸳鸯炮的雏形阶段，黑方此着多走卒7进1，现挺3卒是步改进性的着法。它的优点是，其一，可避免红方升巡河炮后再炮八平七的破坏战术；其二，当己方炮2退1反击时，可迫使红方右车定位在巡河（因黑方未挺7卒，当红车再走车二进六过河时，易给黑方利用的机会，黑可加快反击的速度），从而起到延缓红方攻势的作用。

3. 车一平二

红方亮车无可非议，但此着亦可采用先马八进九的策略性攻法，以下黑方如执意布成鸳鸯炮阵势而走炮2退1（如马8进7，则车一平二，车9平8，炮八平七，形成五七炮对屏风马抢挺3卒的变化，红方仍持先手），红可炮八平七，象7进5，兵七进一（佳着！可破坏黑方右炮攻车的计划），卒3进1，车一平二，马8进6（逼着，不能再走车9进2，因红炮七进五得子），车九平八，车1进1，车八进七，马3进4，车八退二，马4进2（如马4退3，红有车八平四，士6进5，炮五平四，黑方难应），炮七退一，士6进5，兵三进一，黑方阵形失调，红方占优。

3. …………　车9进2（图108）

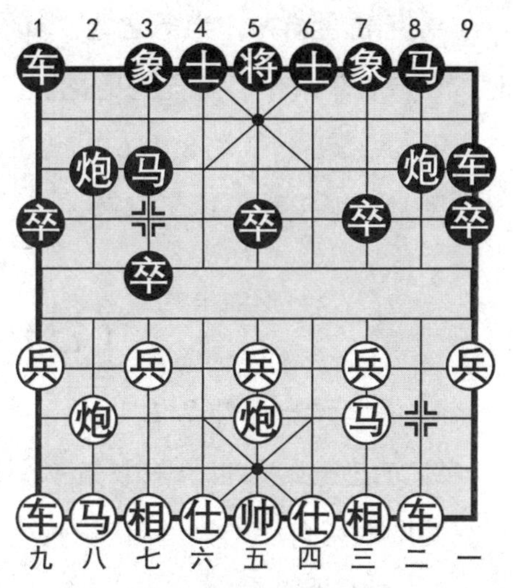

图108

如图108形势，红方主要有四种着法：(甲)马八进九；(乙)兵三进一；(丙)炮八进二；(丁)炮八平六。现分述如下：

(甲)马八进九

4. 马八进九

红方跳边马，是偏于稳健的选择，这样黑方可顺利实现鸳鸯炮的计划。一路不成功的变化是：炮八平七，象7进5，兵七进一？卒3进1，炮七进五，炮8平3，马八进九，车9平8，黑方反先。

4. ………… 炮2退1　5. 车二进四　象7进5

6. 车九进一　卒7进1　7. 车九平四

如改走车九平六，则炮2平7，兵九进一，马8进7，下伏卒7进1再平炮攻车等手段，黑势颇具弹性。

7. ………… 炮2平8

平炮打车，不容迟缓。若再走炮2平7，红有车四进六！炮7进1，车四退一，黑方左翼子力拥塞，容易受制。

8. 车二平六　后炮平6

平炮舒通子力，当务之急。如果走车1平2，红可炮八进二或炮八平七，黑方右车开出，并无好的落点，反助红势。

9. 兵九进一　炮8平6　10. 车四平二　马8进7

黑方阵形工整，足可满意。

(乙)兵三进一

4. 兵三进一　炮2退1

红方进三兵，准备采取先锋马的急攻战术。对此，黑方退炮伏击红车，使局面富有活力，是自然的应着。

5. 车二进六

另有马三进四疾进河口马的攻着，黑将炮2平8，车二平一，前炮平5（平炮舒展子力，正着，如车1平2，红有马四进三，车9退1，马八进七，前炮进5，马三进二，车9平8，车一平二，车2进1，车九进一！炮8平3，车二进八，车2平8，车九平七，炮3平4，兵七进一，红方弃子夺势，抢先发难），马八进七，炮8平5，车一平二，车9平6，对抢先手，黑方足可抗衡。

5. ………… 象7进5 6. 马三进四 炮2平8

平炮攻车，着法紧凑。如缓走马8进6，红有马八进七（如炮五平四，则炮8平6，马四进三，车9平8，黑可巧妙腾挪），士6进5，炮八进四或车九进一，红方占有空间优势。

7. 车二平三 前炮平7 8. 车三平二 炮7平8

稳健的应着。如炮7进7打相贪功，则仕四进五，车1进1，炮八进五！对攻中红方主动。

9. 车二平四

如仍走车二平三，则前炮平7（不能随手走车1平2捉炮，由于红有车三进二反捉的强手），车三平二，炮7平8，车二平三，前炮平7，根据现行棋规，双方若不变可判和棋，红方显然无趣。

9. ………… 后炮平7

黑方抢得失机，运后炮攻相，显示出鸳鸯炮阵形灵活机动的战术特点。

10. 炮五平三

无可奈何之着。如改走马四进三，黑有炮8进1！车四退一，车9平7！红方难应。

10. ………… 炮7进6 11. 马四退三 车1平2

至此，黑具反先之势。

（丙）炮八进二

4. 炮八进二　卒9进1　　5. 炮八平四

红方平炮过肋，意在阻止黑方炮2退1的反击，是一种稳健的选择。如仍采用兵五进一，即套用进攻黑方挺7卒的攻法，在此已不适宜，黑有炮2退1，兵五进一，炮2平8，兵五进一，士6进5，兵五平四，象7进5，车二平一，车1平2，黑方占先。

5. …………　卒7进1

至关重要的一着，从而体现出黑方“鸳鸯炮”因地制宜的灵活战术。如果走车1进1，看起来针锋相对，但经过马八进七，车1平6，车二进四，黑方阵形遭到破坏，一时难以协调；黑再如走车1平2，红可马八进七，炮2平1，兵三进一，马8进7，车九进一，士4进5，车九平六，象3平5，炮四退一，车2进5，兵七进一，车2平3，马七进六，红亦占优。

6. 马八进七　马8进7　　7. 车九平八　马3进4

8. 车二进四　炮2平1

精确的应着。如改走炮2平3，则炮四平九！象3进1，兵三进一，黑方阵形涣散，红方主动。

9. 兵三进一　卒7进1　　10. 车二平三　象7进5

11. 炮四退二

如炮四退一，黑可士6进5，车三平六，马4退6，足可抗衡。

11. …………　炮1平4　　12. 车八进六　士6进5

13. 车八平六　马4进3　　14. 马三进四　炮8退2

至此，双方形成对峙局面，基本均势。

（丁）炮八平六

（接图 108）

4. 炮八平六

红方平炮士角，可有效阻止黑方右炮左移的反击计划，是中炮方进攻鸳鸯炮阵形的常用手段。

4. ………… 车 1 进 1

黑方起横车，乃求变之着。如果走车 1 平 2，则马八进七，炮 2 平 1，兵五进一！象 7 进 5，马三进五，红方将以积极的姿态先发制人。如下三种变化，均属红优：（1）炮 1 退 1，炮六进六，阻击有力，黑方乏味；（2）马 3 进 4，炮六进二，下伏兵五进一的攻着，黑方尴尬；（3）马 8 进 6，车九进一，车 2 进 3，车九平四，炮 8 平 6，兵五进一，卒 5 进 1，炮五进三，士 4 进 5，兵七进一，黑方穷于应付。

5. 马八进七　炮 8 退 1（图 109）

黑方退左炮，着法奇特，这也是上手起横车的既定方案。若走车 1 平 4，红可仕六进五，卒 7 进 1，车九平八，炮 2 平 1，车二进四，红方以下可走兵七进一或兵三进一从容推进，黑方阵形飘浮，容易吃亏。

如图 109 形势，红方有三种攻法：（一）车九平八；（二）车二进四；（三）炮六进二。现分列于后：

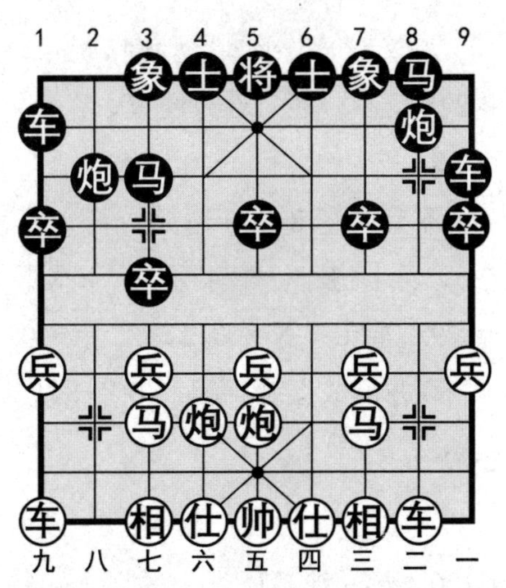

图109

（一）车九平八

6. 车九平八

平车捉炮，是步习惯性的着法，这正好迎合了黑方的意图。

6. ………… 车 9 平 8！

巧妙的应着，轻灵地化解了红

方先手。

7. 车二进七　炮2平8

8. 车八进四　象7进5

9. 兵三进一

如改走车八平四，则车1平6，兵三进一，前炮进4！黑方反先。

9. …………　车1平4

正着。如果走车1平6，红有兵七进一，车6进3，马七进六，黑方被动。

10. 仕六进五　后炮平7

至此，黑方取得满意的对抗形势。

（二）车二进四

6. 车二进四

升车巡河，可避开黑方的邀兑，是偏于稳妥的走法，仍不够有力。

6. …………　车1平4

必要的一手。如径走车9平8，红将车二平六，黑方右翼易受攻击。

7. 仕六进五　车9平8　　8. 车二平四

如改走车二平八，则炮2进2，兵七进一，车4进3，黑方随时有炮8平2的反击，红方难讨便宜。

8. …………　车4进5

不宜走车8平6追兑，否则红车四平八，炮2进2，兵七进一，车4进3，兵七进一，车4平3，车八平二！炮8进3，马七进六，红方先手。

9. 车九平八　炮2进2　　10. 车四进四　卒7进1

双方形成互缠局面，各有千秋。

（三）炮六进二

6. 炮六进二！

具有战略眼光的一步佳着，可阻止黑方兑车计划的实施，从而确保先行之利。

6. ………… 车9平6

显然不能再走车9平8了，否则红炮五进四妙手出击！黑方苦不堪言。

7. 车九进一

方向正确而又果断的出动。若是走车九平八，黑可炮2进2，下伏炮8平2攻车手段，红方难有收益。

7. ………… 象7进5 8. 车九平六！ 车6进2

如车1平4（如车6进5，则车二进二，黑方徒劳），红有兵五进一，炮2进2，马三进五，可顺势拓展攻势。

9. 车二进六

重要的次序，将对黑方左翼马炮构成有力的牵制。如急于进攻而走炮六进四，黑可炮8进3，兵五进一，马8进7，马三进五，士4进5，红方一时难有攻击良策，例如：（1）兵五进一？炮8平5，红方落空；（2）车六进五，炮2进4，黑有反击；（3）仕四进五，车6平4！车六进四，马3进4，炮六退二，卒7进1，黑工事坚固。

9. ………… 车6平4 10. 兵五进一 炮8平4

11. 马三进五！ 炮4进4 12. 兵五进一 车4退3

13. 兵五平六

简明易行。如误走兵五进一，则马8进6，兵五进一，炮2平5！炮五进五，炮4平5，红方失车反遭败局。

13. ………… 马8进6 14. 车六进三

至此，红方优势显著。

小 结

对于黑方鸳鸯炮挺3卒的阵势，红方几种攻法各有复杂变化，其中以（丁）变（三）局攻法最为有力。此种变化中，红方采取了曲线攻击的策略，针对黑方的计划，几度运筹帷幄，使黑方“鸳鸯炮”之阵不能协调反击，最终红方在进攻中夺取了优势。

第82局　中炮对横车敛炮

1. 炮二平五　马2进3　　2. 马二进三　车1进1

3. 车一平二　炮8平7（图110）

黑方右车横起后再平炮卒底，威胁红方三路线，因其着法含蓄，锋芒内敛，故有“横车敛炮”之称。它的特点是左刚右柔，在防御战中伺机反击。

如图110形势，面对黑方摆出的奇特阵式，红方大致有四种攻法：（甲）兵五进一；（乙）兵七进一；（丙）马八进九；（丁）炮八平七。现分述如下：

（甲）兵五进一

4. 兵五进一　象7进5

对红方的中路直攻，黑方采取了补象的稳健应着。另一可行的方案是：车1平4，兵五进一，炮7平5！兵五平四，卒3进1，马八进七，车4进5，双方对抢先手，黑势不弱。

5. 马八进七　车1平6

6. 兵五进一　卒5进1

7. 马七进五　车6进2

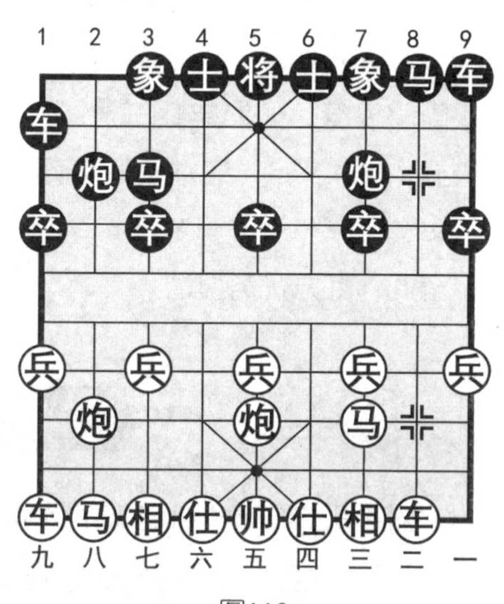

图110

升车卒林，坚守要道，是抵御中炮盘头马的常用手段。

8. 炮五进三　士 6 进 5　　9. 炮八平五　炮 2 进 5

10. 车九进二

稳健的下法。如急攻而走马五进六，则车 6 平 4（不能走炮 2 平 7 打马，因红有炮五平一的凶着），马三进五，卒 3 进 1，后炮平六，车 4 平 5，红方难有成效。

10. ………… 　炮 2 平 7　　11. 马五退三　马 8 进 6

12. 车九平六　车 9 平 8　　13. 车二进九　马 6 退 8

至此，局势有所缓和，红方难有便宜。

（乙）兵七进一

4. 兵七进一　象 7 进 5　　5. 马八进七　车 1 平 6

横车过肋，有利于协调子力，是黑方此阵的基本步调。如果走车 1 平 4，红可车二进四占先。

6. 马七进六

如改走炮八平九，黑可炮 2 进 4，车九平八，炮 2 平 3！红无先手。

6. ………… 　士 6 进 5　　7. 炮五平七

平炮侧击，对黑方右翼构成威胁，较好的选择。另有两种走法，试演如下：（1）马六进五，马 3 进 5，炮五进四，车 6 进 2，炮五退二，马 8 进 6，相七进五，卒 7 进 1，黑方满意；（2）兵三进一，炮 2 进 3！马六进七，炮 2 平 7，炮五平七，车 6 进 3，相三进五，前炮进 1，车九平八，马 8 进 6，炮八进六，车 9 平 8，双方各占一翼，互有顾忌。

7. ………… 　卒 3 进 1

弃卒解困，势在必行。如下两种变化，于黑方不利；（1）车 6 进 4，炮八进二！卒 3 进 1，兵三进一！车 6 平 7，相七进五，车 7 退 1，兵七进一，红方大优，以下黑无法消灭红兵，例如象 5 进 3，红有马六进五；再如车7平3，红可炮八平七！（2）车6进7，仕六进五，马8进6，相七进五，车9平8，车二进九，马6退8，兵三进一，红方攻守两利优势明显。

8. 兵七进一　车6进4　　9. 炮七进五

改走马六退五先避一手变化较多，以下黑如炮2进3（如车6平3，红炮七进一占优），则兵七进一，马3退1，互缠局势，红方稍优。

9. …………　车6平4　　10. 炮八平七

平炮不接受简化，力图保持“原先”的基调。如果走炮七平三，则马8进7，相七进五（不能走兵七进一，因黑有车4进2捉双之着），象5进3，车九平七，象3退5，兵三进一，车9平8，车二进九，马7退8，基本均势。

10. …………　炮2进4

选点正确。如改走炮2进5，则马三退五！黑有帮红调形之嫌。

11. 车二进八　炮7平3　　12. 炮七进五　炮2退5

13. 车二退二

走炮七进一毫无好处，因黑有车4退4再闪击的手段。

13. …………　马8进6　　14. 车九平八　炮2平1

黑方足可抗衡。

（丙）马八进九

4. 马八进九　象7进5　　5. 炮八平七　炮2进2

升炮巡河，灵活的调动。如果走车1平6，则车九平八，炮2平1，车八进四（也可炮七进四，车6进6，车二进二，马8进6，炮五平七，红优），车6进3，兵三进一，马8进6，车八平四，车6进1，马三进四，红势主动。

6. 兵七进一

进兵制马保持复杂局势，并暗伏攻击手段。如果走车九平八，则炮2

平3，炮七进三，卒3进1，红方乏味。

6. ………… 炮2平7

避开了一个小小的陷阱。如随手走车1平6，红有兵七进一，卒3进1，车九平八，炮2退3，车八进七！黑方难应。

7. 车九平八　车1平6　　8. 车八进六

如兵三进一，黑可炮7进3，炮七平三，车6进6，炮三平一，马8进6，仕六进五，车6退2，炮五平七，卒7进1！兵三进一，车9平8，黑有反先之势。

8. ………… 车6进4　　9. 车八平七　马8进6

10. 马九进七　车9平8　　11. 车二进九　马6退8

12. 马七进五　卒5进1　　13. 马五退七　士6进5

14. 炮五平六　马8进6　　15. 仕四进五　马6进5

16. 相三进五　车6平4

至此，双方形成对峙之势。

（丁）炮八平七

（接图110）

4. 炮八平七

红方平炮射卒，“以其人之道还治其人之身”，着法新颖，别具匠心。

4. ………… 象7进5　5. 炮七进四！（图111）

炮击黑卒，牵制黑方底线，并可腾出正马之位，是红方取势的关键之着。

如图111形势，黑方主要有两种应着：（一）卒7进1；（二）炮2进5。分列于后：

（一）卒7进1

5. ………… 卒7进1

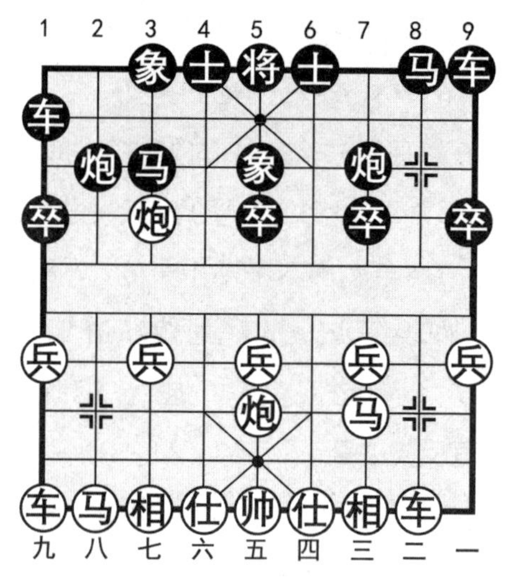

图111

6. 马八进七！

面对黑方渡卒的威胁，红方不为所动，继续抢出主力，雷厉风行，果断有力。

6. ………… 卒7进1

7. 车九平八 炮2退1

如下两种下法，红方仍然占优：（1）卒7进1，车八进七，卒7进1，炮七进三，象5退3，车八平七；（2）车1平2，兵五进一，炮2进4，仕四进五，卒7进1，马三进五。

8. 兵三进一！

弃子夺势，石破天惊！

8. ………… 炮7进5

只好先吃一子再说了。如果走炮2平3，红可炮七进二，炮7进5（如车1平3，则马三进四），马七退五，炮7退1，车二进八，红方亦有较大优势。

9. 车八进七 炮7平3 10. 炮七退四 马3进4

11. 炮五进四 士4进5 12. 炮七进七 马8进7

13. 炮五退一

红方弃子抢攻，前景看好。

（二）炮2进5

5. ………… 炮2进5

进炮打马，谋求简化局面以减轻压力。若改走炮2进2，红可炮五平七，炮2平7，相七进五，车1平6，兵三进一，炮7进3，后炮平三，车6进5，马八进七，红方棋形舒展，明显占优。

6. 马八进七　炮2平5　　7. 相七进五

左相去炮，可保留车九平六开肋车的机会，精细之着。

7. …………　车1平6　　8. 仕六进五　车6进5

9. 车九平六　马8进6

及时出动子力，不能轻举妄动。如改走车6平7，则马三退一，车7平9，马一进二，马8进6，马二进四，红方更为有利。

10. 车六进八！　象3进1

逼着。如改走马6进4试图束缚红车，红有车二进七（如炮七进三，士4进5，车二进八，车9平7下伏炮7退1，红方失控），炮7平6，炮七进三，士4进5，炮七平九，炮6退1，车六退一！士5进4，车二平五，炮6平5，车五平六，黑方阵形支离破碎，红方胜势。

11. 兵七进一　炮7退1　　12. 车六退三　车6平7

13. 车二进八　车9平7　　14. 马三退一

至此黑方阵形松散，红方占有主动。

小　结

对于黑方的“横车敛炮”之阵，红方前3种攻法不够有力，黑方均取得了不同程度的对抗之势。红方（丁）变因势利导，匠心独运，取得了非凡的效果。

黑方的“横车敛炮”，在快速出子的同时其矛头指向红方右翼，并对红方构成一定的牵制，但突出的弱点是右翼防务不足。红方如能根据这一特点而采用炮八平七的攻法，当可克敌制胜，无往不胜。

第83局　中炮对补士敛炮

1. 炮二平五　马2进3　　2. 马二进三　卒7进1

挺起7卒，是黑方的一种策略性下法。一般多走炮8平6或马8进7。

3. 车一平二　士4进5　　4. 马八进七

当对方刻意求变，在前三步中移动了两步弱子的时候（士与卒），加快大子的出动往往是争取较高出子效率的有效途径。除此之外，红方另有炮八平六与兵七进一等选择，虽属可行，但不如此手更为含蓄有力。

4. …………　炮8平7（图112）

黑方平炮7路，形成了“补士敛炮”的冷僻布局。此阵式是当代的新式走法，其矛头指向红方右马，并具有一定的欺骗性。如果红方不明其意，仅仅拘泥于对黑方的防范或采取不当的行动，黑方均有机可乘。

如图112形势，面对黑方卒7进1的威胁，红方主要有三种着法：（甲）车二进四；（乙）兵五进一；（丙）兵七进一。现分述如下：

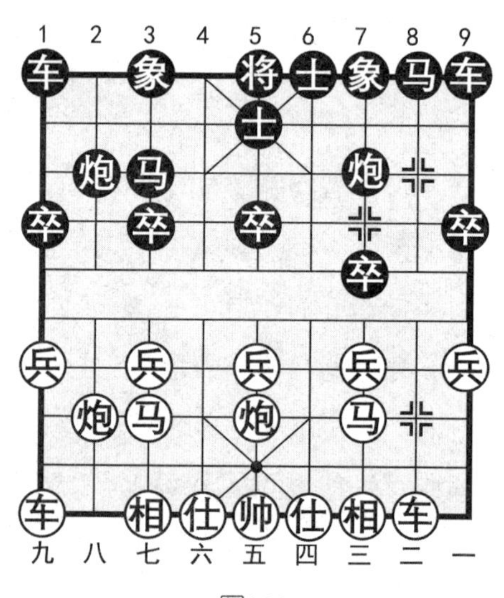

图112

（甲）车二进四

5. 车二进四

保守的应着，对己方没有什么好处，因为黑方可乘机重整阵形。

5. …………　炮7进4！

灵活应变的好棋！不仅获得了一兵的实利，而且使红方巡河车的作用明显降低。

6. 相三进一　象 3 进 5

细致的一着。如径走马 8 进 7，红有车二平七，黑方右马受攻。

7. 兵七进一　马 8 进 7　　8. 炮八平九　车 1 平 2

9. 车九平八　炮 2 进 4

至此，黑方富有弹性，布局成功。

（乙）兵五进一

5. 兵五进一

冲中兵决意强攻，虽可力战，但黑方亦不乏战术机会，未免有些生硬。

5. ………… 卒 7 进 1

以硬碰硬，不容迟疑。如果走象 3 进 5，红有兵五进一，卒 5 进 1，马七进五，红势开朗，形势主动。

6. 兵五进一　卒 5 进 1　　7. 马三进五　卒 7 平 6

8. 炮五进三　炮 7 平 5

双方短兵相接，呈混战之势。作为先手方的红棋，难以控制局势。

（丙）兵七进一

5. 兵七进一（图 113）

不为黑方所惑，进七兵活通马路，深明弈理，同时也是针对黑方欺骗着法的最有力回答。

如图 113 形势，黑方有卒 7 进 1 与炮 7 进 4 两种着法，分列于后：

（一）卒7进1

5. ………… 卒 7 进 1

抢渡 7 卒，黑方似乎占得了便宜，但红方对此早有准备。

6. 马七进六　卒7进1

7. 马三退五　马8进9

8. 炮八进一

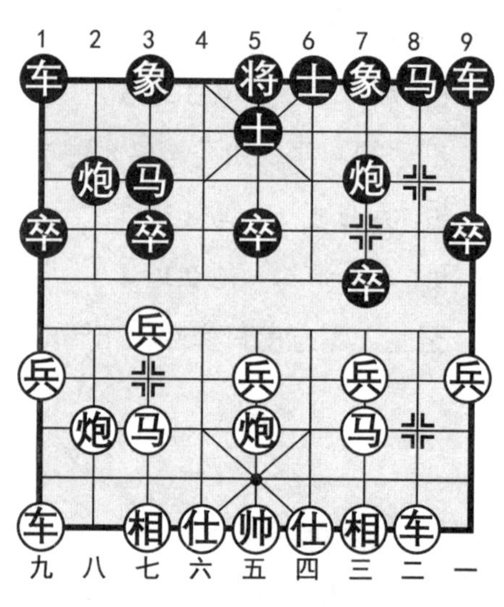

图113

升炮可消灭黑方过河卒，根除后患，从而有力地扩展了主动权。

8. …………　马9进7

9. 车二进六　马7进6

若应以马7进5，红可炮五进三，卒5进1，炮八平三，黑方阵形虚浮，红方优势较大。

10. 炮八平三　象3进5

如马6进5进行交换，则相七进五，象3进5，车九平八，炮2平1，马五进七，红方子力活跃，阵形完美。

11. 车九平八　炮2平1　　12. 炮三平四

至此，红方出子效率极高，稳占优势。

（二）炮7进4

5. …………　炮7进4

左炮发出，优点是可以调整子力部署，但仍无法克服整体局势落后的弱点。

6. 马七进六　马8进7　　7. 炮八平七　象7进5

8. 兵七进一！

紧凑之着！逼迫黑方飞起高象，可进一步削弱其防御能力，具有典型意义。

8. …………　象5进3　　9. 车九平八　车1平2

10. 车八进六　象3进5　　11. 相三进一！

以逸待劳之着！若是走车八平七，黑有炮2进3！红有顾忌。

11. ………… 炮2平1　12. 车八进三　马3退2

13. 车二进一！

右车提起，将奔赴黑方薄弱的右翼，红方占优。

小　结

对于黑方“补士敛炮”的冷僻布局，红方前两种着法不足取，黑方获得了对抗机会。红方最佳的策略是（丙）变（一）（二）两局的变化结果，红方均夺得优势局面。

黑方“补士敛炮”这一阵式，虽具有一定的欺骗性，并含有出其不意的战术意图，但本身出子缓慢，存在着不可避免的弱点。红方如能识破对方意图，不为对方所利用，采取（丙）变的策略，可稳获先手。

第84局　中炮直车对屏风马7卒河口炮

1. 炮二平五　马8进7　2. 马二进三　卒7进1

3. 车一平二　炮8进2

黑方左炮进驻河口，是一种老式的防御阵势，曾在20世纪40年代流行一时。其作用是避开红方过河车的攻法，将局势导向阵地战。但由于着法有嫌消极，现今棋手已较少采用。

4. 马八进七

左马正起，是经过多次实践后而被棋手们公认的行之有效的进攻方案。此外红方另有炮五进四、马八进九及兵七进一等多种着法，效果不算太佳，现试演示如下：炮五进四，马7进5，炮八平五，炮2进2！炮五进四，炮2平5，相七进五，马2进3，炮五平六，车9平8，车二进四，车1进1，黑方足可抗衡。

4. ………… 马2进3

5. 兵七进一 炮2退1

黑方退炮威胁红方右车，是此类阵势的基本战术，意图是内线运子，重新调整阵形。

6. 车二进一（图114）

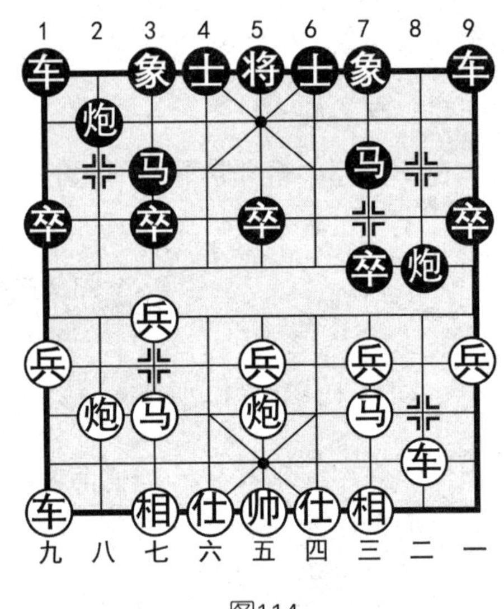

图114

红高一步车，着法轻灵。如果走车二进四，黑有象7进5，炮八平九（红方车在沿河反而失去马七进六的机会，由于黑有炮2进4的手段），炮2平7，车二平四，车1平2，红无先手。

如图114形势，黑方主要有两种着法：（甲）象3进5；（乙）象7进5。现分述如下：

（甲）象3进5

6. ………… 象3进5

另有卒3进1的选择，红方可采取紧逼战术夺得优势：车二平六（伏车六进六），象3进5，兵七进一，炮8平3，兵五进一，炮2平3，马七进八，士4进5，车九平八，车9平8，炮八平七，前炮平2，马八进六！炮3进6，马六进七，炮2平3，马七退五，马7进5，炮五进四。

7. 马七进六 卒3进1

如改走炮2平8打车，红可车二平四，车1平2，炮八平七，车2进5，车四进七！车9进1，相七进九，红方主动。

8. 炮八平七

平炮牵制黑方3路线，并可亮出左车，有利于发动全面的进攻。如接受兑兵而走兵七进一，黑炮8平3后，红方失去攻击目标，黑方可以对抗。

8. ………… 马3进4 9. 兵七进一 象5进3

10. 车九平八 炮2平4

表面看来，黑方似乎已完成了防御，阵形上并无明显弱点。但是红方却有如下的妙着。

11. 兵三进一！

置河口马于黑方炮口而不顾，毅然弃兵强行突破，着法精巧力道十足！将以迅雷不及掩耳之势向黑方阵营发起猛攻。如缓走车八进四，黑方顺势象3退5回防，以下红如车八平七，则车1平2，战机转瞬即逝，黑方阵地固若金汤。

11. ………… 卒7进1 12. 马六进四 马4退6

13. 车八进八 车9进1 14. 马四进二 车9平6

15. 车二平六 炮4平5 16. 车八平六

以下红方伏有仕六进五再出帅助攻的手段，黑方陷入困局。

（乙）象7进5

6. ………… 象7进5 7. 马七进六 炮2平6（图115）

黑方平炮过肋，是较为含蓄的走法，一方面限制红方车二平四开出，另一方面也含有诱使红方急攻的目的。

如图115形势，红方大致有炮八平七与车九平八两种着法，分列于后：

（一）炮八平七

8. 炮八平七

平炮胁马是常识性的攻着，但因黑方一上手走的是炮2平6，局势已脱离常轨，故红方这种攻法已不再适宜。

8. ………… 车1平2

9. 马六进七 车2进6！

黑方的战术意图所在！准备以牺牲一象为代价换取局势的主动。如果走消极的炮6进1，红可车二进三稳持主动。

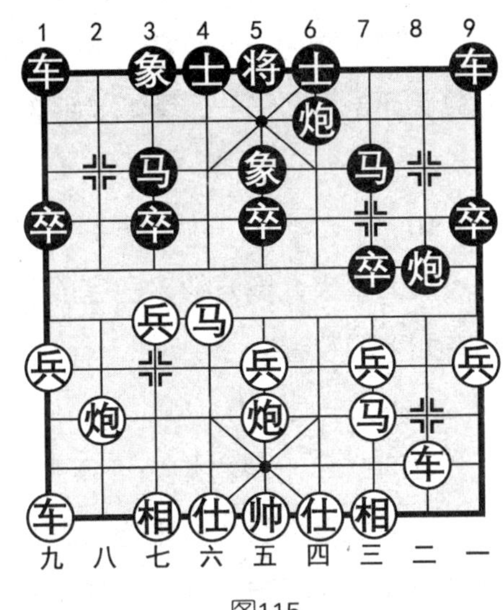

图115

10. 马七进五

中计！急于求成，更多的机会将属于黑方。较好的走法是车九进二。

10. ………… 车2平3

11. 马五退三 车9平8 12. 车九进二 马3进4

至此，双方形成对攻之势，黑方较为满意。

（二）车九平八

8. 车九平八

先行亮车，并可封住黑方右车，是正确的选择。

8. ………… 车1平2 9. 炮八进五

封锁黑车，是红方取势的关键所在，改走炮八进四亦佳。

9. ………… 卒3进1

兑卒打开局面，对黑方并无好处，因为红方大子全部出动更利于夺取先手。黑方不如改走炮6进2，以坚守待变为宜。

10. 炮五平七 炮6进1

如改走马3进4，红有兵七进一，马4进6，相七进五，炮8平3，兵三进一！卒7进1，马三进四，卒7平6，车二进三，红势较为主动。

11. 兵七进一 炮8平3 12. 相七进五 马3进4

如误走炮3平2，则炮七进七！车2平3，马六进八，红方夺象大优。

13. 炮八退二

至此，红方下手伏有炮七平八攻车的手段，黑方陷入被动。

小结

黑方构建的河口炮阵地，是以防御为主的下法，虽然可以实现阵地战的计划，但在红方符合逻辑而又严谨的着法下，它显得步伐迂回，反弹不足，红方可稳持先手之利。

对待此阵时，红方有两点值得注意：一是采取左马正起的攻着较为有力；二是当黑方退炮攻车之时，红车高一步较为轻灵，可避免给黑方更多的利用之机。

第85局 仙人指路对金钩炮

1. 兵七进一 炮8平3（图116）

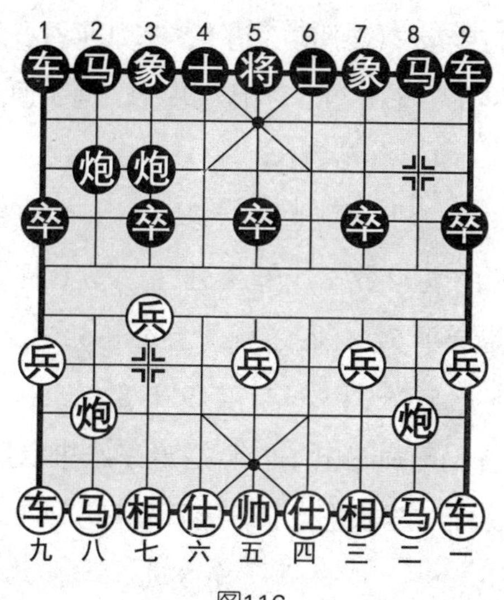

图116

黑方运炮卒下射兵，这时黑方双炮卒与红方七兵形状如钩，故美名曰“金钩炮”。从战术上讲，此手棋锋芒内敛，含蓄多变，所以又有“过宫敛炮”之称。

黑方这种别具一格的布局，主要是用来对付仙人指路或飞相局，其作用是威胁红方七路线，并可借机抢先开出左车，利用双炮集结一侧对红方左翼构成直接或间接的牵制，伺机反击。但它也有明显的弱点，右翼子力密集，活动空间较为狭窄，一旦运用不当，往往形成自相拥塞的困顿局面。因此，使用这种布局战术主要依靠棋手本身的功力进行排兵列阵，相机行事，以求收到出奇制胜的效果。

面对黑方独特而别致的阵法，红方不可掉以轻心。如图 116 形势，红方主要有三种着法：（甲）炮八平五；（乙）炮二平五；（丙）相七进五。现分述如下：

（甲）炮八平五

2. 炮八平五

立即还架中炮，采取直攻对策，略感生硬。

2. ………… 马 8 进 7

3. 马八进七 马 2 进 1

黑方右马屯边，利于加快舒通子力，加强对抗能力。另有两种下法：（1）车 9 平 8，车九平八！车 8 进 7，车八进七，车 8 进 1，马七进六，黑方受攻；（2）象 3 进 5，车九平八，马 2 进 4，马二进一，车 9 平 8，车一平二，车 8 进 5，相七进九，炮 3 退 2，仕六进五，红方略先。

4. 车九平八 车 1 平 2 5. 马二进三

如改走马七进六急攻，黑有车 9 平 8，马二进三，炮 2 进 5！马六进四，炮 2 平 7，车八进九，马 1 退 2，马四进三，车 8 进 5！马三退五，炮 3 平 5，仕四进五，士 4 进 5，红方无益。

5. ………… 车 9 平 8 6. 车一平二

正确的出子。若是走车八进六压进，则车 8 进 5，车八平七，炮 3 进 3！红方车处险地，接下黑有移动 2 路炮闪击的严厉手段，红方危险在即。

6. ………… 车 8 进 5 7. 兵五进一 炮 3 平 5

及时补还中炮，应着灵活，是取得抗衡之势的关键手段。

8. 炮二退一 炮5进3

针对红方退炮加强中路火力的意图，黑方炮击中兵，着法简明，算度准确。以下双方形成大量兑子。

9. 炮二平五 车8进4 10. 炮五进三 炮2平5！

11. 车八进九 马1退2 12. 马三退二 炮5进3

13. 仕四进五 卒7进1

至此，局面平稳，黑方满意。

（乙）炮二平五

2. 炮二平五

右炮立中，与还左炮有着微妙的差别，黑方同样可以从容应战。

2. ………… 马8进7 3. 马八进七

红方先跃左马，准备采用先锋马进攻。如果走马二进三，黑可卒3进1，车一平二，卒3进1，马八进九，炮3进2！车二进四，炮2平3，车九平八，象3进5，炮八平六，马2进4，黑方足能对抗。

3. ………… 象3进5

“金钩炮”阵势是忌右翼子力舒展不开，现飞象可弈成拐角马结构，力免此弊。

4. 马七进六 马2进4 5. 炮八平六 车1进1

6. 车九平八 炮3退2

退炮连消带打，是黑方调整阵形的典型手段。

7. 炮六进六 车1平4 8. 马六进四

尽量牵制黑方。如改走马六进五，黑可车4进2，马五退四，炮2平4，仕六进五，车9平8，马二进三，车8进5，兵三进一，车8平7，黑方反夺主动。

8. ………… 炮2平4

平炮士角，能伸能屈，并绕过了一个小小的暗礁。如随手走卒7进1，红则马四进五夺象占优！

9. 兵三进一　车9平8　　10. 马二进三　车8进4

11. 马四进三　炮4平7　　12. 炮五进四　士6进5

至此，红方虽取中卒，但出子落后阵形虚浮，黑方攻守兼顾，主动易下。

（丙）相七进五

2. 相七进五（（图117）

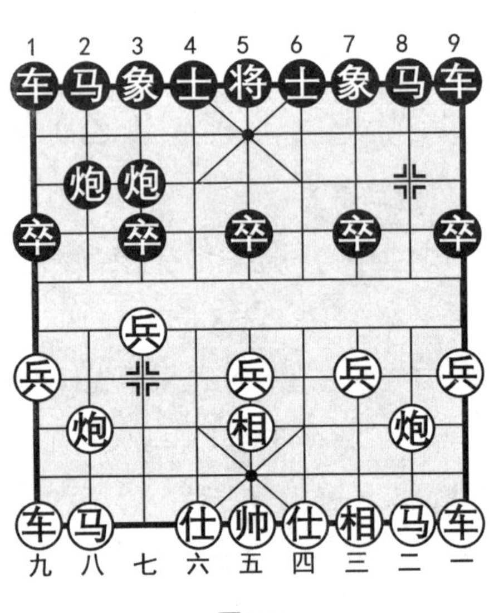

图117

红方飞左相，可避开金钩炮的锋芒，采取稳步进取的策略，它是当代棋手较为喜用的变着。经大量实践证明，红方这种攻法是行之有效的。在此还应指出的是，红方同样飞相，如飞右相，虽属可行之着，但不及飞左象稳健有力。试举一例如下：相三进五，车9进2，马八进七，车9平4，炮八平九，马8进7，兵三进一（如车九平八，黑可炮3退1，伏平炮打车抢先），象3进5，炮二平四，马2进4，马二进三，车1平3！下伏卒3进1冲击红方七路线，黑方较为满意。

如图117形势，黑方有车9进2与马8进7的两种选择，分列于后：

（一）车9进2

2. ………… 车9进2

黑方左车高起，出子方法不落俗套，可视为“金钩炮”这一特殊局面下的典型手段。

3. 兵三进一

抢挺三兵，形成“两头蛇”之势，是一步具有战略眼光的好棋。另有两种走法：(1) 炮八进四，企图用强制力量阻止黑车过河，但对红方没有益处，黑可马 8 进 7，炮二进四，卒 3 进 1！下伏车 9 平 8 捉炮的手段，红方计划失败；(2) 马二进三，卒 7 进 1，车一平二，车 9 平 4，炮二进六，车 4 平 8！转身逼兑，红方难讨便宜。

3. ………… 车 9 平 4

平车过肋，是自然的下法，但无损于红方的“两头蛇”阵势，易落后手。可考虑走车 9 平 8，虽然有些迂回，但可适当地削弱红势。

4. 马二进三 象 3 进 5 5. 马三进四

跃马河口，抢占要位，并以此为基点发展先手。

5. ………… 马 8 进 7 6. 车一进一 马 2 进 4

7. 炮八平九 炮 2 退 1 8. 车一平六

红方平车邀兑，不仅能够顺势跃出底马，且更利于控制局势，是一步扩展主动权的好棋。

8. ………… 车 4 进 6 9. 马八进六 马 4 进 2

10. 炮九平八！

红炮平而复兑，构思巧妙，为开出左车展开攻势创造了良机。

10. ………… 炮 2 进 5 11. 马六进八 卒 3 进 1

如改走士 4 进 5，则车九平八，车 1 平 4，马八退七！马 2 退 3，车八进六，车 4 进 3，炮二平三，黑方将全线受制。

12. 车九平八 卒 3 进 1 13. 马八进七 马 2 进 3

14. 炮二平三

红方稳占优势。

（二）马8进7

2. ………… 马8进7 3. 马二进一

对黑方左马正起的应着，红方右马屯边，意在稳扎稳打。也可选择车一进一，以下黑如车9平8，则车一平六，士6进5（如炮3进3，红可仕六进五，黑方阵形虚浮，红方易下），马二进一，马2进1，炮二平四，红方先手。

3. ………… 车9平8 4. 车一平二 象3进5

5. 仕六进五

以逸待劳之着。如立即走马八进七，黑有卒3进1，兵七进一，炮3进5，炮二平七，车8进9，马一退二，象5进3，局面简化。

5. ………… 车8进4 6. 炮二平三 车8进5

如改走车8平4，则车二进四，卒7进1，马八进七，红方主动。

7. 马一退二 卒7进1 8. 马八进七 卒3进1

兑卒可简化局面，并能舒通右翼，否则黑方子力拥塞，不好安置。

9. 兵七进一 炮3进5 10. 炮三平七 象5进3

11. 车九平六 士4进5 12. 车六进六！

积极有力的手段。如果走车六进四，黑可炮2平6坚守待变，以下红如兵三进一，则象3退5，兵三进一，象5进7，车六平三，象7进5，车三平七，马2进1，黑方足可抗衡。

12. ………… 马2进1

显然不能走马7进6，因为红有车六退一的手段。

13. 炮七平六 卒1进1 14. 马二进三

至此，黑方棋形松散，红方主动。

小　结

对于黑方的“金钩炮”，红方（甲）（乙）两种着法均是还以中炮，虽可引起较为复杂的攻守，但黑方如能随机应变，可从容应战，取得对抗形势。红方（丙）变稳步进取，含蓄多变，在阵地战中，拥有更好的机会。

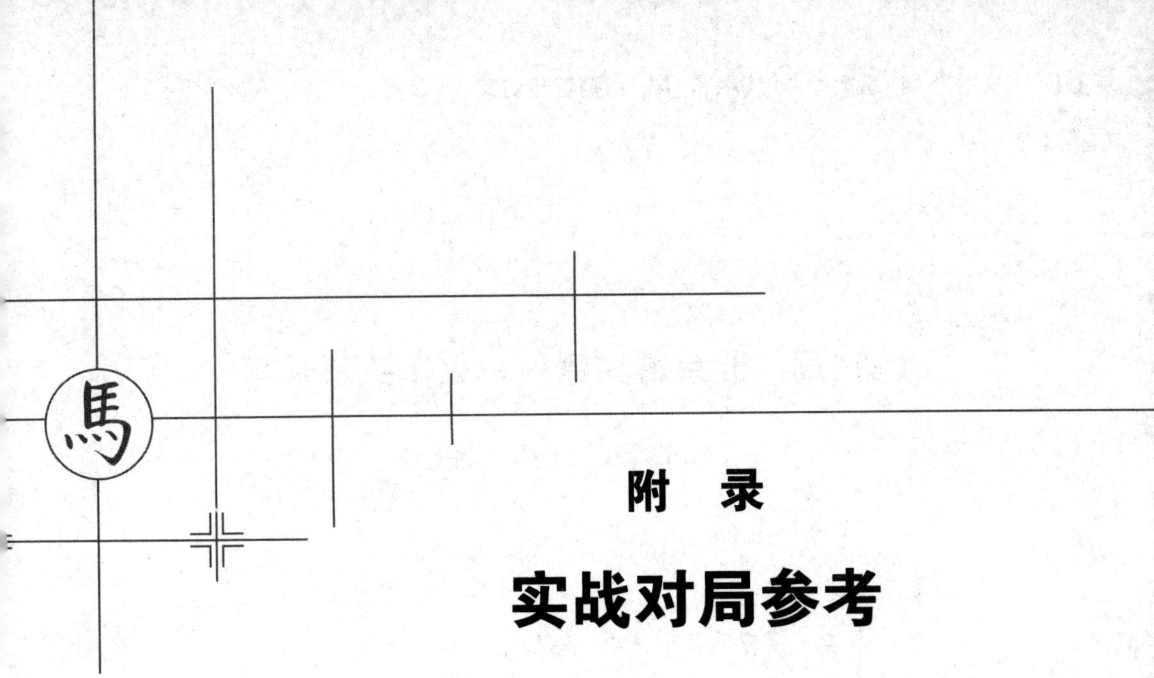

附　录

实战对局参考

第1局　北京臧如意——火车头郭长顺

（1989年5月9日弈于泾县）

1. 炮二平五　炮8平5　　2. 马二进三　马8进7

3. 车一平二　卒7进1　　4. 兵七进一　车9进1

按弈理分析，此时黑方当走炮2进4或马2进3才符合“缓开车”的布阵基调，现黑起左横车，似乎与上步挺7卒不甚协调，但即使如此，红方亦不可漠然置之。

5. 车二进四

红车巡河，着法机敏。如随手走马八进七，则卒3进1！兵七进一，车9平3，黑有争先手段。

5. …………　炮2进4（图118）

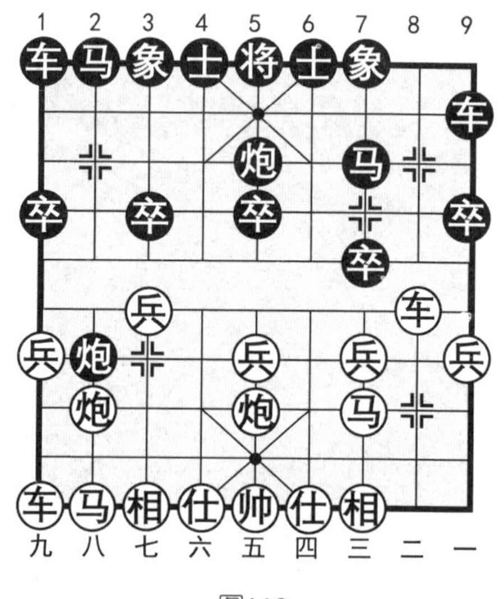

图118

黑方右炮过河，是带有欺骗性的变着，因红如兵三进一，则炮2退1，以此手的威胁来限制红方邀兑三兵，从而达到反先的目的，其战术伪装颇为巧妙。

6. 马八进七

红方进马，未能远虑，正中黑方下怀。如图118形势，红方应走兵三进一，将计就计，以下黑方只好炮2退1，则马八进七，卒7进1（如炮2平7，相三进一，炮7进1，马七进六，马2进3，炮八平七，红优），车二进二，炮2退3，车二平三，车9平4，车三退二，红方大占先手。

6. ………… 炮2平7　　7. 相三进一　车1进1

黑方一着得手后，随即右车横起，形成“霸王车”之势，取得了满意的阵形。

8. 马七进八　车9平8

红方先手丢失，心情不免有些急躁，现进马外肋，似先实后，冷静着法是走车九平八，伺机而动，形势尚可。黑方平车邀兑，乘机抢先，着法有力。

9. 车二平一

如改走车二进四，则车1平8，炮八进七，车8平2，先弃后取，黑方稳占优势。因此，红方平车避让，保持复杂多变，不失为积极的对策。

9. ………… 马2进1　　10. 兵九进一　车1平4

11. 车九进一

横车守护二路，十分必要。如改走兵九进一，则车4进7，兵九进一，车4平7！兵九进一，炮7平8，黑方弃马抢攻占优。

11. ………… 车4进6　　12. 炮八平七　卒9进1？

失算，自露破绽。应改走车8平4，仕四进五，前车退2，强夺骑河要线，黑方主动。

13. 车一进一　车8平2　　14. 仕四进五

随手上仕，错失良机。正着应走车一平三杀卒，兼捉黑方马炮，以牙还牙，对抢先手。以下通过兑子较换，红方将确立优势。试演变化：车一平三，车2进4，车三进二，车4平3（如炮7平8，则车九平二），车三退四，车3平4，车九平七，红方占有明显的优势。

14. ………… 车4退3　　15. 马八进九　车2进2

16. 兵九进一　士4进5

17. 车一退一　炮5平3（图119）

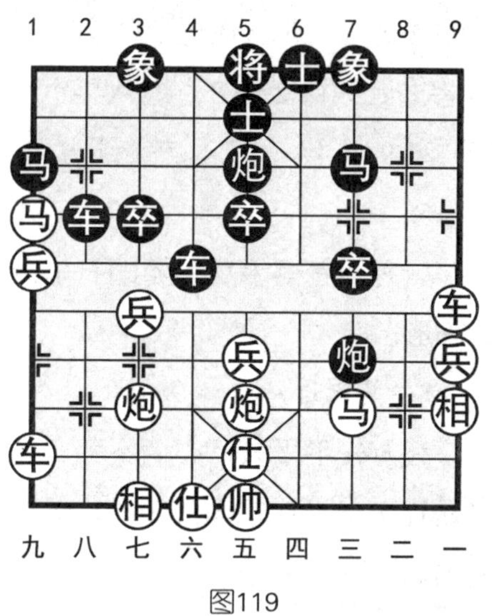

图119

卸炮调形，多此一举。如图119形势，黑方应当即立断，针对红方边马的弱点实施快速有效的攻击，变化如下：马1退2，车九进三，炮5平1，兵七进一，车4平3，兵九平八，炮1进3，兵八进一，炮1进4，黑方占优。

18. 炮五平六　象3进5

红方炮五平六，明为布阵巩固，实则暗藏强硬的攻击手段。黑方补象掉以轻心，由此招致局势恶化。机警的应着是走炮3退1，双方仍是互缠之势。

19. 相七进五　马1退2　　20. 兵七进一　车4平3

红方弃兵突破，着法凶狠，击中黑方要害。黑方平车吃兵，迫于无奈，如改走炮3进2（卒3进1，兵九平八），则兵九平八，车2进1，马九退八捉车，连消带打，下手炮七平八必得一子。

21. 炮六进四　车3进3　　22. 炮六平八　车3平5

23. 炮八进二　炮3退2　　24. 车九平八　车5平7

25. 炮八退五　马2进1　　26. 炮八平三　车7退1

27. 车八进六　马7进6　　28. 车八平九　马6进5

29. 车一平六　车7平8　　30. 车六退一

至此，红方双车马兵临城下，黑方回天乏力，遂推枰认负。

第2局 轻工邬正伟——云南陈信安

（1997年5月9日弈于上海）

1. 炮二平五 炮8平5 2. 马二进三 马8进7

3. 车一平二 卒7进1 4. 马八进七 马2进3

5. 兵七进一 炮2进4 6. 马七进八 炮2平7

至此形成顺炮直车外肋马对缓开车右炮过河的典型局面。在此布局中，黑方有两种对抗方案，实战中炮掠三兵是对攻性较强的新兴变着，另一路更为常见的变例是：车9进1，车九进一，车9平4，仕四进五，炮2平7，车九平七，象3进1，双方对峙。

7. 车九进一 车9平8

红方迅即横车，着法有力。如缓走相三进一，则车9进1，车九进一，车9平6，以下黑有车6进4和车6进5两手好棋，足可满意。现黑方出车邀兑争先，是既定的方针，如改走车9进1，则有前后脱节之感，以下红可车九平七抢先发难，黑将措手不及。

8. 车二进九 炮7进3 9. 仕四进五 马7退8

10. 车九平六 士4进5

以上着法，双方针锋相对，互不妥协，至此形成黑方得相、红方获先的大致两分之势，但总的来看，仍为红方主动。现黑方补士固防，伺机反击，正着。如改走车1进1，则车六进六，车1平8，车六平七，炮7平9，帅五平四，黑方弃子求攻，终属勉为其难，红方显然优势。

11. 车六进三 马8进7 12. 炮八平七 车1平2（图120）

红方平炮胁马，急功近利，欲速不达。正着应走马三进四，稳步推进。

如图 120 形势，面对红方兵七进一的威胁，黑方遇惊不乱，平车捉马以牙还牙，着法积极有力，一举粉碎了红方带有欺骗性的战术攻击。假如黑方此时不加深算而随手应以象 3 进 1，红则马八进七乘势进逼，黑方将穷于应付。

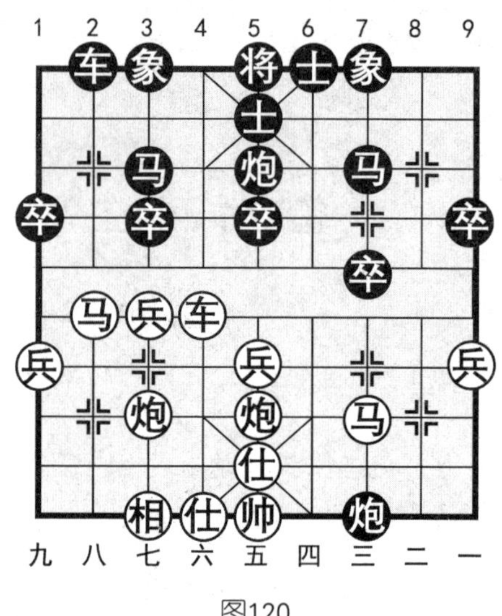

图120

13. 马八进七

无奈的选择。如一味用强而走兵七进一，则马 7 进 6，车六平四，卒 7 进 1！黑方大优。

13. ………… 炮 5 平 6　　14. 马三进四　象 3 进 5

15. 马四进五　马 7 进 6　　16. 马五进七　炮 6 平 3

亦可改走马 6 进 4，前马进八，马 4 进 3，黑方获得残局优势。

17. 车六平四　马 6 退 4　　18. 炮五平三　车 2 进 6

红方平炮寻机反扑，是劣势下煞费苦心的一着，舍此别无良策。黑方进车扫荡红兵，着法凶狠，也可改走马 4 进 3，相七进五，马 3 进 4！再炮 3 进 5，兑子后黑方简明获优。

19. 相七进五　炮 7 平 9　　20. 车四进四　象 7 进 9

软着，给了红方纠缠之机。应改走士 5 进 6 弃象困车，红方难应。

21. 车四退二　车 2 平 4　　22. 车四平五　炮 9 退 2

可能是由于时限紧迫，黑方退炮打相，忙中出错，导致丢子落败，甚为可惜。此时冷静的着法是走象 9 退 7，以下可能出现的变化为：炮三进一，车 4 退 2，炮七平六，卒 7 进 1，炮三进六，象 5 退 7，炮六进四，车

4平8，仕五进六，卒7进1，双方对攻，各有顾忌。

23. 炮三进一　车4退2　　24. 炮七平一　炮3平2

25. 车五进一　炮2进7　　26. 相五退七　马4进6

27. 车五平八　马6进7　　28. 马七进五　车4退2

29. 车八进二　士5退4　　30. 马五进三　将5进1

31. 车八退一

红胜。

第3局　农协李林——大连陶汉明

（1990年6月7日弈于邯郸）

1. 炮二平五　马8进7　　2. 马二进三　车9平8

3. 车一平二　马2进3　　4. 兵七进一　卒7进1

5. 车二进六　马7进6

6. 马八进七　象3进5

7. 车九进一　卒7进1（图121）

黑方冲卒逐车，是铤而走险的侥幸一击。理论上认为此着为时过早，应以改走士4进5先补一手为宜，红如车九平六，则炮2进2，双方对峙。

8. 车二退一

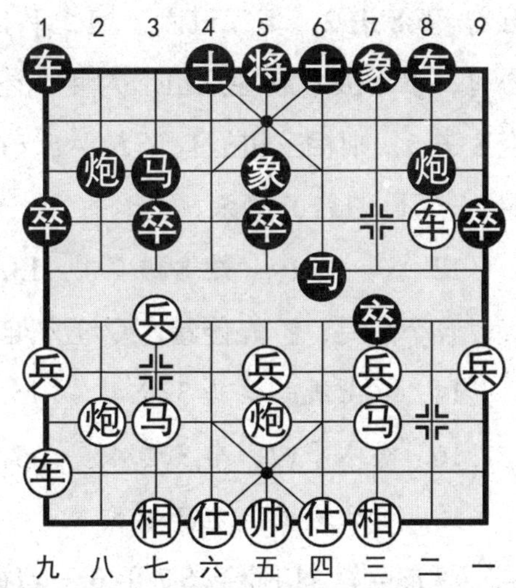

图121

退车捉马，选择失当，使黑方“歪打正着”。如图121形势，红方同样捉马，应走车二平四断其归路，紧凑有力，以下黑有两种应法：（1）马6进7，炮五平四！士4进5，车四平三，炮2进2，马七进六，炮2平7，炮四进四，象7进9，炮八进五，炮7平5，相七进五，车8平7，车三平二，炮8平6，马六进七，红方优势；（2）卒7进1，马三退一，马6进8，炮八进一，车8进1，炮八平三，车8平7，炮三退二，车7进5，车九平四，士4进5，炮五平三，车7平9，前车进二，象7进9，前炮进五，红方胜势。

8. ………… 马6退7　　9. 车二进一　卒7进1

10. 车二平三

显然是错误的交换，应以改走马三退一暂忍一手为妥。

10. ………… 卒7进1　　11. 车三进一　卒7平6

12. 炮五平六

决定性的败着，对局面缺乏应有的紧迫感，否则红方将走车九平二，以下黑如炮8进2，则炮五退一，红方摆脱困局；又如马3退5，则车三平二（亦可考虑径走炮五进四，炮2平7，炮八平四，炮8进2，炮四平五），车8进2，车二进六，炮2平8，炮五进四，红方弃车抢攻，炮镇窝心马，不乏战术制胜之机。为使上述分析更具说服力，续演一变如下：黑炮8进5，则相三进五！卒6平5，马七进六，炮8平2，马六进四，炮2退4，马四进二，绝杀。

12. ………… 炮8进7　　13. 炮六进二　卒3进1

弃卒活马，扩先佳着，令红方难有喘息之机。

14. 兵七进一　马3进4　　15. 车三退三　车1平3

16. 炮八平四　车3进4　　17. 相七进五　车8进7！

18. 仕六进五　炮2进5

黑方自第11回合卒7平6一着得手后，攻势连绵不断，现进炮打相，

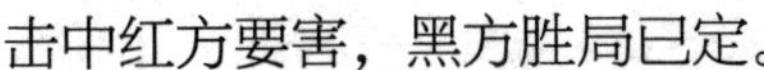

击中红方要害，黑方胜局已定。

19. 炮六退二　马4进5　　20. 车三退一　炮2平4

21. 炮四平六　马5进3　　22. 炮六平二　马3进1

23. 炮二退一　马1退3

至此，红方少子失势，遂推枰认负，黑胜。

第4局　澳门冯启行——广东许银川

（1994年8月14日弈于广州）

1. 炮二平五　马2进3　　2. 兵七进一　卒7进1

3. 马二进三　马8进7　　4. 车一平二　车9平8

5. 车二进六　炮8平9　　6. 车二平三　炮9退1

7. 马八进七　士4进5　　8. 炮八平九　车1平2

9. 车九平八　车8进8（图122）

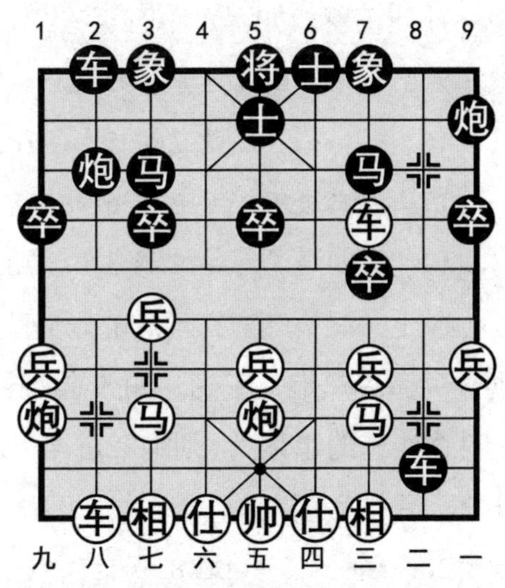

图122

以上形成五九炮过河车对屏风马平炮兑车的常见阵势。现黑方舍弃炮9平7的正规着法，伸车红方次底线，是步典型的布局骗着，这对于布局知识面不宽的棋手来说，的确是个考验。

10. 马七进六

面对“新招”，红方在心理及

技战术等方面准备不足的情况下，顿觉茫然失措，慌乱中草率跃马出击，授人以隙。此时红方另一种误入歧途的应着是走仕六进五，则炮9平7，车三平四，马7进8，黑有攻势。

如图122形势，红方应不受黑方战术骚扰的迷惑，径走车八进六！以下黑如车8平3，则马三退五，炮9平7，车三平四，马7进8，炮五平三！车3平4，车四平二，红方占有优势。

10. ………… 炮9平7　11. 车三平四　车8平4

12. 马六进五

困难的选择。如改走马六进七，则马7进8，车四平三，马8退9！车三退一，象3进5，车三退一，炮2进5，黑方得势。两权相害取其轻，现红方马踏中卒简化局面，是明智的决断。

12. ………… 马7进5　13. 炮五进四　马3进5

14. 车四平五　卒7进1

趁红方中路空虚之际，黑方抢渡7卒，着法紧凑。如改走炮7进5，则车八进六！炮7进3，仕四进五，黑方车炮受牵，形势并不见好。

15. 仕四进五

补仕正着。如误走车五平三，则炮2平5抽车，黑速胜；又如改走车八进六，则卒7进1，黑方大优。

15. ………… 炮2进5　16. 车五平三！　炮7平8

17. 相三进五　卒7平6　18. 车三平四　炮8进6

19. 车四退二　炮2退3　20. 马三退二

以上一段，红方在不利的局势下，应着十分顽强，显示了一定的功力。现退马邀兑黑炮，正确。如改走兵七进一（不可车八进二，因黑有炮2平3叫杀抽车的手段），则炮2进4，兵七进一，炮8平5，帅五平四，炮5平2，黑方优势扩大。

20. ………… 炮8平1

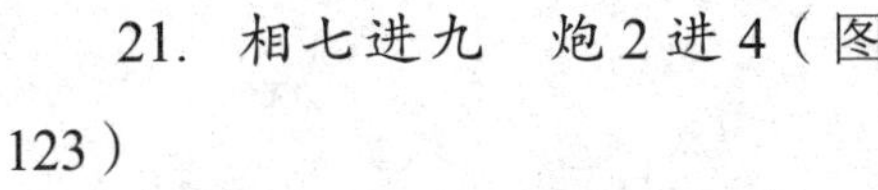

21. 相七进九　炮2进4（图123）

22. 马二进三

红方进马失察，致使苦心争来的接近均势的局面又被打破。如图123形势，红方应改走车四退二预作防范，黑如车2进6，则马二进三，车2平1，相五退三，红方虽处下风，但不乏谋和机会。

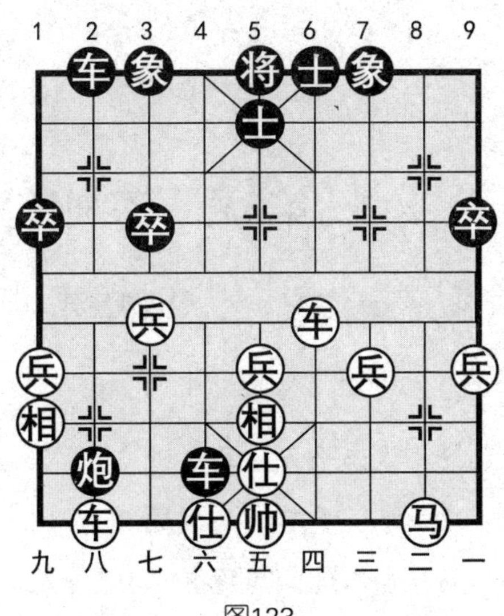

图123

22. …………　车2进7

23. 马三退四　车2平1

黑方抓住战机，掠象夺兵，迅速取得可胜之势。

24. 车四进二　炮2平3

25. 车四平一　车1退1

26. 马四进三

速败之着，改走车一平五还能勉强应付。以下黑方车炮联攻，左萦右拂，一举获胜。

26. …………　炮3退1　　27. 相五退三　车1平3

28. 帅五平四　炮3进2　　29. 帅四进一　车4退4

30. 车一平四　车4平8　　31. 车八进二　车8进4

32. 帅四进一　车8平7

黑胜。

第5局　深圳黄勇——上海孙勇征

（1998年4月3日弈于昆明）

1. 炮二平五　马8进7　　2. 马二进三　车9平8
3. 车一平二　马2进3　　4. 兵七进一　卒7进1
5. 车二进六　炮8平9　　6. 车二平三　炮9退1
7. 马八进七　士4进5　　8. 马七进六　炮9平7
9. 车三平四　车8进5　　10. 炮八进二　象3进5
11. 炮八平九（图124）

前10个回合，双方轻车熟路，弈成中炮过河车河口马对屏风马平炮兑车的常见阵势。此着红方平炮攻车，是步典型的布局骗着，意在考验小将孙勇征的应变能力。如改走炮五平六，则卒3进1，兵三进一，车8退1，兵七进一，象5进3，炮八平七，马3进4，炮六进三，卒7进1，炮六进三，炮7平4，炮八平三，车8平7，相七进五，形成套路式变例，双方大体均势。

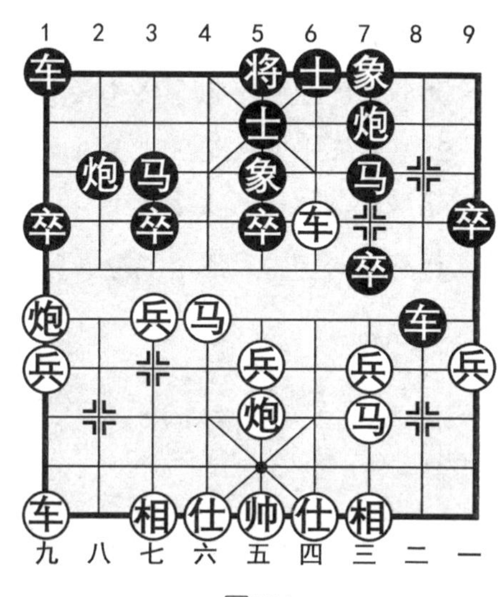

图124

11. …………　车1平3

如图124形势，面对红方的突然袭击，黑方遇惊不乱，平车护马，应着从容而精确。如下两种着法均于黑不利：(1) 车1平2，马六进五，车8平3，马五进七，车2平3，车四进二，红方得子占优；（2）炮2平1，炮九进三，车8平4（如误走车1进2，马六进七，车1平2，车四进二，伏捉炮、踏象双重打击，黑方立溃），炮九平八，伏车四进二的手段，红有攻势。

12. 车九平八 炮2退1 13. 马六进五 车8进3

红方一计不成，又生二计，马踏中卒诱黑入围，对此，黑方不受迷惑，进车二线攻守兼备。如贪吃七兵而走车8平3，则相七进九！前车进1，炮九平七，马7进5，炮五进四，卒3进1，炮七进三，后车进2，车四进二！红方得子。

14. 马五进七

红马长途跋涉去兑换黑方弱马，自不情愿，但也无可奈何，否则黑有卒1进1捉死炮的手段。

14. ………… 车3进2 15. 车八进六 车3平4

16. 炮九平八 炮2进4 17. 车八退二 马7进8

经过子力兑换后，红方三路马成为难以补救的弱点，黑方乘势进击，占据优势。

18. 车八进五 士5退4 19. 炮五平九

卸炮调形尽力周旋。如改走车四平三，则马8退9！车三进一，车8平7，马三退五，车4进6，红窝心马受制，处境艰难。

19. ………… 炮7进5 20. 相三进五 卒7进1

21. 车四平二 车8平4

平车叫杀，借先手摆脱红车牵制，再跃马过河攻入红阵，其势甚锐。

22. 仕四进五 马8进6 23. 马三退四 炮7平1

24. 车八退六

改走炮九进四对攻，变化较为复杂，但黑方仍是胜势。试演如下：炮九进四，马6进4，马四进三，炮1进3！炮九进三，前车平5！帅五平四（马三退五，马4进3，帅五平四，车4进7，帅四进一，车4平6，黑胜），马4进3，车八退九，象5退3，伏车4进7和车4平6双杀，红方无解。

24. ………… 车4退2　25. 车八平六 车4进4
26. 相五进三 车4平5　27. 马四进五 马6进4
28. 炮九进四 卒9进1　29. 车二平七

速败之着，但改走它着也是黑方优势。

29. ………… 马4进3！

致命一击，以下黑方得车制胜。

30. 马五退七 炮1平3！　31. 马七进八 炮3退3
32. 马八退六 车5平9　33. 相三退五 车9平4
34. 炮九退一 炮3平5　35. 帅五平四 卒9进1
36. 相五退三 士4进5　37. 炮九退四 士5进4
38. 相七进五 士6进5　39. 炮九平八 车4平6
40. 帅四平五 炮5进3

黑胜。

第6局　江苏徐天红——上海胡荣华

（1991年1月7日弈于广州）

1. 炮二平五 马8进7　2. 马二进三 车9平8
3. 车一平二 马2进3　4. 兵三进一 卒3进1
5. 马八进九 卒1进1　6. 炮八平七 马3进2
7. 车九进一 象3进5

序盘阶段，双方轻车熟路，很快弈成五七炮进三兵对屏风马外马封车的布局定式。此时黑方流行的续着是卒1进1，则兵九进一，车1进5，车二进四，象7进5，车九平四，士6进5，车四进五，形成互攻一翼的复杂局势。现黑方飞右象，是胡荣华喜用的变着，其意图是下着车1进3加强卒林线，采取以柔克刚，后发制人的战略方针。

8. 车二进六

红方右车过河压制黑方左翼子力，次序井然。如改走车九平六，则马2进1，车六平八，炮2平4，车八进二，卒1进1，马九退八，炮8进4，黑方满意。

8. ………… 卒1进1

黑方冲卒通车，是打破常规的下法，旨在出奇制胜，具有欺骗性质。但就势而论，似有勉强之感，还是应走车1进3较为稳正。

9. 兵九进一 车1进5（图125）

10. 车九平四

对待黑方的“漫不经心”，红方不可等闲视之。如图125形势，红方平车过宫，弃兵争先，是具有大局观的积极应对。如改走相三进一，则马2进3，黑方迅即反先；又如改走车二平三，则炮8进4，炮五进四，士6进5，相三进五，炮8平7，车三平四，马7进5，车四平五，马2进3，黑方得计。

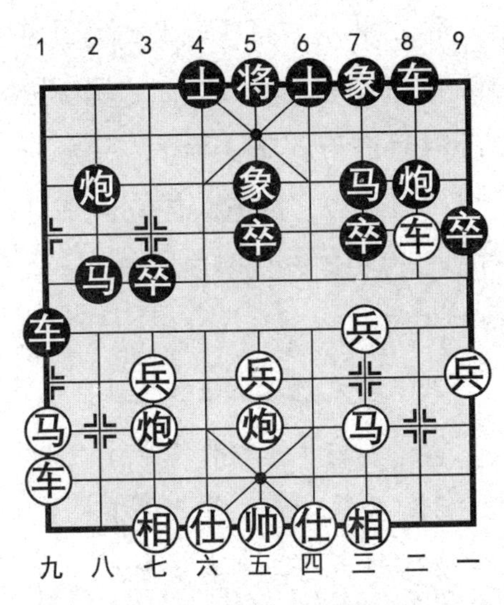

图125

10. ………… 车1平7

11. 马三进四 士4进5

如改走士6进5，则马四进六，炮2进1，炮七平八！炮2平4，马六进四，炮4平6，车四进五，车7进4，马九进八，马2退3，马八进七，伏马七进九袭槽，红方胜势。

12. 马四进五

红方马踩中卒，因势制变，战术灵活。因黑方补右士已避开了红肋车封住将门的威胁，红方如再走马四进六就不合时宜了。

12. ………… 炮8平9　13. 车二进三　马7退8

14. 相三进一　车7进1

红方飞相逐车，试探黑方应手，以便窥虚进招。黑方进车捉兵，任由红马驰骋，显然失策，应改走车7平8为妥，尽管马五退四之后仍为红优。

15. 马五退六　卒3进1　16. 马六进四　车7退2

17. 兵七进一　炮9平6（图126）

如图126形势，黑方平炮打车明知弄险，但却不得不然，否则红方多兵及子力占位的优势亦令黑方难以抗拒。例如改走马2进1，则炮七退一，马1退3，马九进七，黑方立呈败相。以下红方马搏双象，发起悍然攻击。

18. 马四进五　象7进5　19. 炮五进五　将5平4

20. 车四平六　炮2平4　21. 车六进二　炮4退1

黑方退炮是较为顽强的应着。如改走炮6进3，则兵七进一，车7平3，炮七平六，将4进1，仕四进五，车3进1，车六进二，马2进4，相七进五，车3平1，马九进七，车1平2，炮五平二，以下红有炮二进一和炮二退三等手段，其势锐不可当。

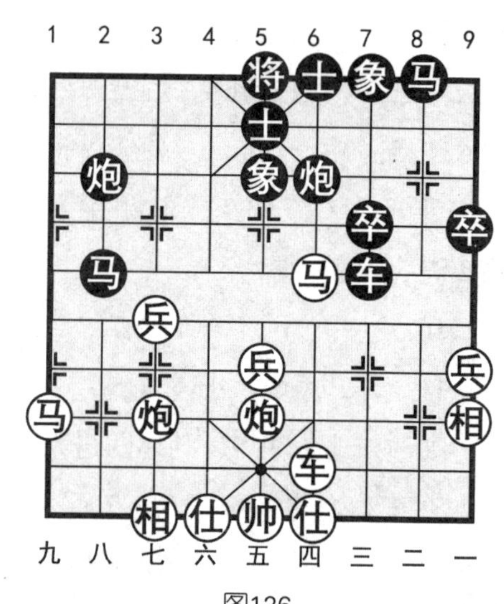

图126

22. 马九进八　士5进4

23. 车六平九　将4平5

24. 车九进五　炮4退1

25. 车九平二　车7平4

26. 仕四进五　炮 6 进 2　　27. 炮七平二　炮 6 平 8

28. 炮五退二

以上一段，红方攻击得法，逐步扩大优势，现退炮拦车，精巧之着，一举奠定胜局。

28. …………　马 2 进 4　　29. 马八进七　马 4 进 6

30. 车二退三　将 5 进 1　　31. 车二进三　马 8 进 6

32. 炮二平五

红胜。

第7局　广东吕钦——黑龙江赵国荣

（1990年9月3日弈于大连）

1. 炮二平五　马 8 进 7　　2. 马二进三　卒 7 进 1

3. 兵七进一　车 9 平 8　　4. 马八进七　炮 8 平 9

5. 车一进一　车 8 进 5　　6. 相七进九　士 4 进 5

以上形成中炮横车七路马对三步虎骑河车的布局定式。红方飞相护兵是稳健的下法，如改走兵五进一，则炮 2 平 5，成对攻之势。黑方补士待变，应着灵活。

7. 车一平三（图 127）

红方马后藏车，是带有欺骗性的变着，其意图是以高深莫测的姿态给对方心理上制造压力，从而达到出奇制胜的作战目的。

7. …………　炮 2 进 4

面对红方兵三进一的战术威胁，黑方不为所惑，飞炮过河先发制人，着法精警有力，一举粉碎了红方的企图。如图 127 形势，黑方如不明其意而误走象 3 进 5，则兵三进一，车 8 退 1（车 8 平 7，相三进一，车 7 进 1，炮八进一，黑丢车），马三进四，红方得计；又如改走车 8 退 1 避让，则马七进六顺势出击，红方棋势渐长。

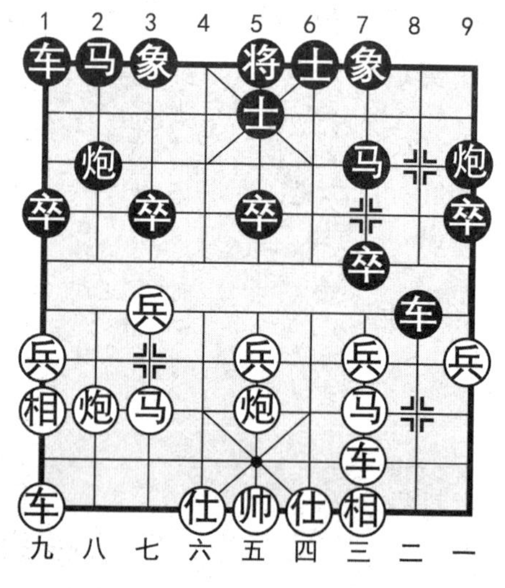

图127

8. 兵五进一　马 2 进 3

9. 车九进一

起横车强化局势，是目前形势下的较好着法。如改走车三平六，则车 8 进 1 或炮 2 平 9，红方右翼受攻，局面失衡，黑方明显占优。

9. …………　象 3 进 5

10. 车九平六　炮 2 平 9

炮击边兵既能牵制红方的中路攻势，又可顺势亮出右车，着法简明可取。

11. 马三进一　炮 9 进 4　　12. 炮八进二　车 8 进 4

13. 相九退七　炮 9 进 3　　14. 炮五平三　车 1 平 2

15. 车六进五　车 2 进 4

以上一段，双方基本上属于必然的应对。现红方进车过河，意在谋图反击，但实战演进表明，红方这一计划不能成立，并因此手的轻进而使本已不利的局面变得更糟。较好的应着是走车六进二固守待变。黑方升车巡河，绵里藏针，顿使红方陷入攻守失据的境地。

16. 相七进五

飞相防范虽属无奈，但亦见机敏。如改走车六平七，则车 2 平 6！杀机四伏，以下红如仕六进五（车七进一，车 6 进 5！帅五平四，车 8 平 7，红方立溃），则车 6 进 4，炮八退三，车 6 平 7，炮八平三，车 8 退 2（精确之着。如车 8 退 1，则前炮进三！红有反击），前炮平六，车 8 平 7，车七进一，车 7 进 1，相七进五，车 7 退 2 或马 7 进 6，黑方尽占优势。

16. ………… 卒 3 进 1

挺兑 3 卒，全局子力皆活，着法适时有力。如改走车 2 平 6 急攻，则炮八退三！红有妙手抵御，以下黑有两种变化：（1）车 6 进 5，帅五平四，车 8 退 1，帅四进一，炮 9 退 1，帅四进一，车 8 平 7，马七退五！红方反败为胜；（2）车 8 退 4，仕六进五，车 8 平 5，炮八进一，车 6 平 2，车三平一，红方局面透松。

17. 车六平七　卒 3 进 1　　18. 车七退二　马 3 进 4

19. 炮三平四　马 7 进 6　　20. 仕六进五　车 8 退 3

21. 兵五进一

黑方双马雄踞河口，各子尽占要位，开始了全面的攻击。现红方弃兵阻马，暂缓危局，以求喘息之机，否则黑马 6 进 7 入侵后，红方立见崩溃。

21. ………… 卒 5 进 1　　22. 车七平四　马 6 退 7

23. 炮八平六　马 4 进 2

进马迫兑，打开缺口，着法简洁有力。

24. 炮六退四　马 2 进 3　　25. 炮四平七　车 2 进 2

26. 车四进二　卒 5 进 1　　27. 炮七进五

黑方中卒长驱直入，红方见固守无望，索性进炮打马，推波助澜，背水一战。

27. ………… 马 7 进 8　　28. 车四平一　车 8 进 3

29. 车一平二　卒 5 进 1　　30. 车三平一　车 2 平 1

红方双车牵炮跟马，伺机一车换双，固守谋和，尽管这已属无望的企图，但舍此亦无良策。黑方平车去兵，积蓄力量，以根绝红方的上述念头。

31. 炮七平九　车 1 平 2　　32. 炮九进二

无奈之中，红方进炮沉底，静待机会侥幸一击。

32. ………… 卒 1 进 1

过于悠闲，实无此必要，黑方的掉以轻心埋下了失败的祸根。不如改走卒5进1来得干脆，红如相三进五，则车2平7，伏车8平6弃车连杀，以下红必走一车换双，黑方可稳操胜券。

33. 车一进七

在濒临绝境之际，红方突发奇想，进车黑方下二路，不动声色地放置一颗“定时炸弹”，待黑方不察，以沉底炮为导火索，随时引爆。

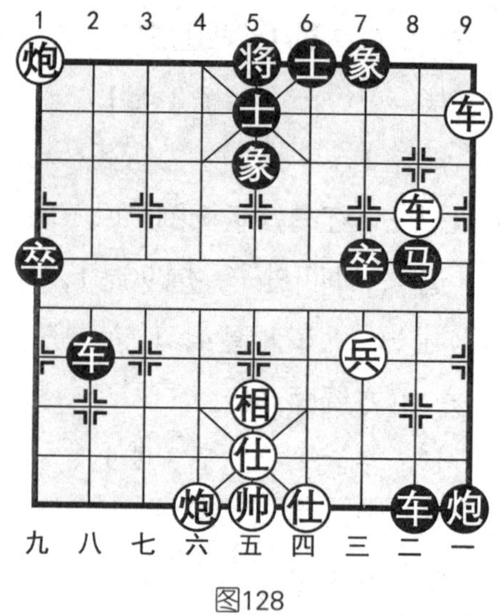

图128

33. ………… 卒5进1　　34. 相三进五　车2平6（图128）

如图128形势，黑方平车叫杀急于求成，忽视了红方严厉反击，粗心大意而导致败局。应改走车2平7，仍是黑方胜势。

35. 炮六进九

图穷匕见，抓住战机，红方妙手献炮，以迅雷不及掩耳之势一举制胜。

35. ………… 象5退3　　36. 炮六退一　象3进1

37. 车一退八　车8平9　　38. 炮六平八

红胜。

第8局　河北刘殿中——上海林宏敏

（1995年5月16日弈于峨嵋）

1. 炮二平五　马2进3　　2. 马二进三　炮8平6

3. 兵三进一 卒3进1　　4. 马八进九 象3进5

5. 车一平二 马8进7　　6. 炮八平六 车1平2

7. 车九平八 车9进1　　8. 仕四进五 车9平4

9. 兵九进一（图129）

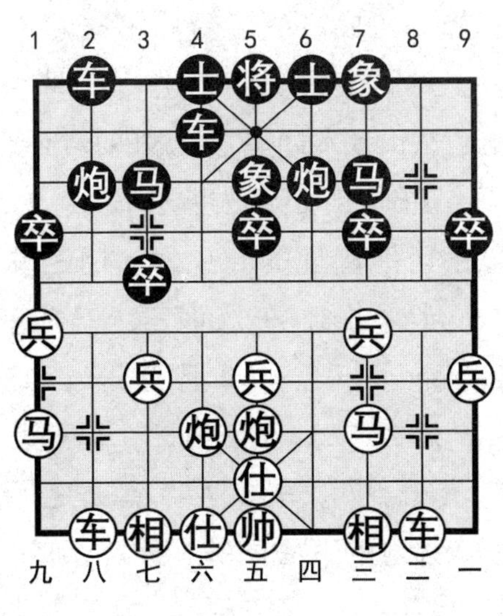

图129

棋谱中常见的走法是车八进四，则士4进5，兵九进一，炮2平1，以下红有车八进五和车八平四两种变着，各具特点。现红方一改故辙，挺兵活马，静观其变。这看似其貌不扬的一着，实则暗伏玄机。

9. ………… 车4进4

如图129形势，黑方进车骑河，应着积极，此乃纷繁变化中的最佳选择。如改走炮2进4，则车二进六，红方得势；又如改走士4进5，则车二进八，炮2退1，车二平三，车4进6，车八进八！车2进1，仕五进六，黑方丢子。

10. 车二进八 卒7进1

红方进车胁马，着法凶狠。如缓走相三进一，则士4进5，车二进八，炮2退1，车二退二，炮2进2，红方无趣。黑方弃卒解围，应着巧妙。双方一攻一守，俱见功力。

11. 车二平三

平车捉马，不可迟疑。如随手兵三进一去卒，则车4平7，黑方抢得先机。

11. ………… 马7进6　　12. 兵三进一 车4平7

13. 车八进四 车7平2（图130）

红方进车邀兑争先，是计划中的重要一环，对黑方是个考验。如改走车三平四，则象5进7，红方落空。如图130形势，对局已到了紧要关头，黑方在三岔路口面临重大抉择，实战着法接受兑车显然不妥。对局结果表明，这一示弱性的应法，是本局黑方致败的直接原因。正确的对抗着法是走车7进1，以下可能出现的变化为：相三进一，士4进5，车八平三，车7退1，相一进三，炮2退1，车三退二，炮2进2，车三进二，马6进7，炮五平四，车2平4，黑方足可满意。另外，在图示局面下，黑方同样误入迷途的下法是车7退1，则车三退三，象5进7，马三进二，马6退7，炮五平三，象7退5，炮三进四，红方稳占优势。

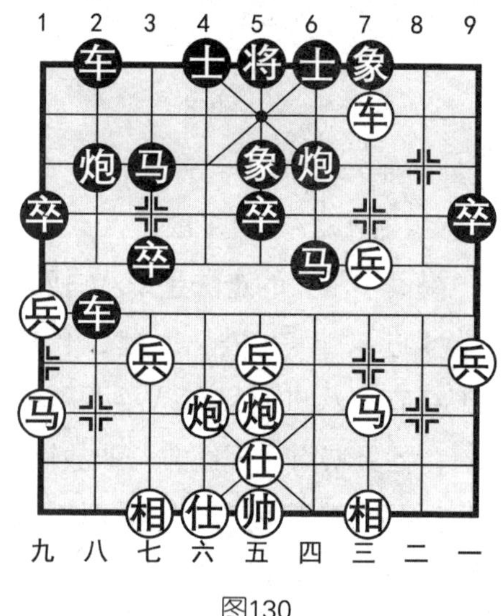

图130

14. 马九进八　马6进4　　15. 兵三进一　炮2平1

16. 兵三平四　车2进5

红方平兵捉炮，着法紧凑，黑方兑子迫于无奈。如改走炮6平9逃炮，则马八退六，马4进2，炮六平八，炮1平2，炮八进五，车2进2，炮五平八，车2平1，车三平八，红方得子。

17. 兵四进一　士4进5　　18. 兵四进一　炮1退1

红兵已威逼九宫，黑方阵地危机四伏，现退炮牵兵次序有误。应改走马4进5兑掉红方中炮，然后再走炮1退1，尚可在下风中抵抗。

19. 炮五平四　卒5进1　　20. 马三进四

红方平炮、跃马，势如破竹，黑方败局已定，余着为：

20. …………　马4退6　　21. 马四进二　马6进5

22. 马二进四　车2平4　　23. 车三进一　车4平6

24. 马四进六　炮1平4　　25. 炮六进六　车6平7

26. 炮六平八　将5平4　　27. 车三退五

红胜。

第9局　甘肃钱洪发——上海胡荣华

（1984年12月3日弈于广州）

1. 炮二平五　马2进3　　2. 马二进三　炮8平6

3. 兵三进一　马8进7　　4. 车一平二　卒3进1

5. 马八进九　象7进5　　6. 车九进一　卒1进1

7. 炮八平七（图131）

以上形成中炮三兵直横车对反宫马飞左象布局阵势。通常情况下，此着红方多走车九平四，士6进5，车四进三，车1进3，双方对峙。现红方平七路炮，看似与先前的布置不协调，其实是钱老精心研究过的着法，貌似悠闲，暗伏争先手段。

7. …………　士6进5

黑方补士固防，以逸待劳，机敏隐藏于朴拙之中，显示了“十连霸”超一流的应变能力。如图131形势，黑方如不察红方意图而改走车1平2的惯性应对，则车九平四，士6进5，车四进三，炮2平1，兵九进一，炮1进3，车二进六，黑方左马受攻，右车也无好点

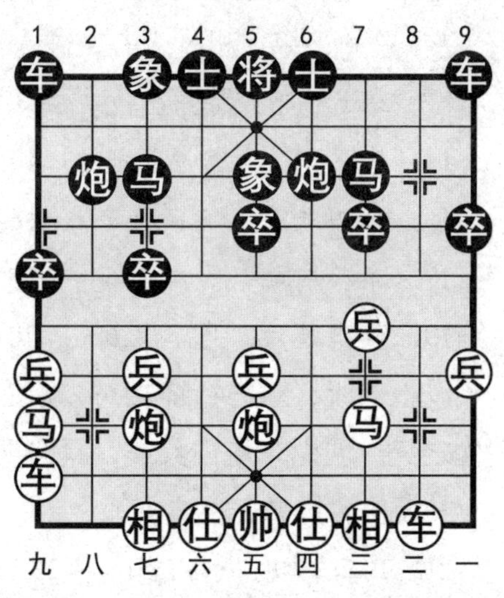

图131

可占，红方布局成功。

8. 车九平八　炮2平1　　9. 兵五进一

冲中兵，是现势下红方打开局面的唯一途径。如改走车二进六，则炮1进1，反助黑方好形；又如改走车八进三，则炮1进4，伏卒1进1欺车，红方难下。

9. …………　车9平6

炮后藏车，着法含蓄。如改走炮1进4贸然出击，则车二进六，车9平8，车二进三（如车二平三，炮6进4，车三进一，炮6平7，黑方弃子有强烈攻势），马7退8，车八平二，马8进7，车二进五，黑方左翼空虚，红方占优。

10. 车二进三　炮6进5

红方高车兵线，攻守两利。如改走炮五平四，则车6平7，红方中兵虚起，失去配合，黑方反而便宜。现黑方进炮邀兑，削弱红方攻击力，是上着车9平6的相关战术。

11. 炮七平四　车6进7　　12. 马三进二　车1平2

13. 车八平三

平车避兑，保持复杂多变，是积极的对策。如改走车八进八，马3退2，马二进一，马7进9，车二进六，车6退7，车二退三，马2进3，车二平一，车6进5，黑方占优。

13. …………　车2进5　　14. 马二进三　车2平5

15. 仕四进五　车6退7　　16. 兵三进一　马3进4

17. 车二平六　马4进6　　18. 车六平四　马6退7

19. 车四进六　马7退6　　20. 兵三进一　车5进1

以上一段，双方针锋相对，着法俱见紧凑，经过兑子转换，形成黑方稍优之势。现黑车进占兵线，是必要的一着，如改走卒3进1急攻，则炮五平一反击，黑方无益。

21. 兵三平四　卒5进1　　22. 车三进四　卒3进1（图132）

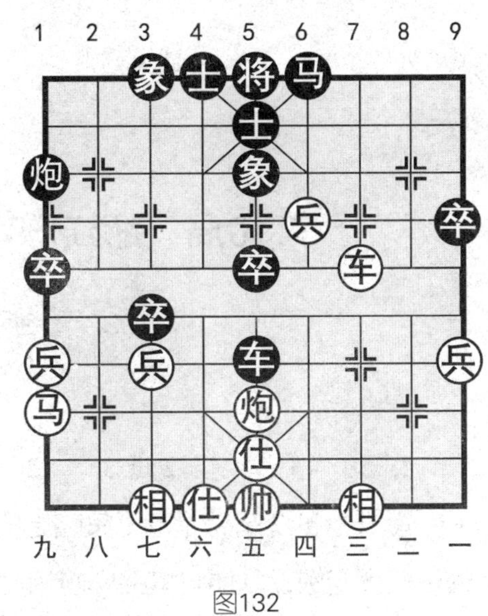

图132

红方进车抢夺中卒，着法有力。如改走车三进三消极防守，则车5平9顺手吃兵，红方少兵，前景暗淡。现黑方弃卒抢攻，争胜意识强烈。如改走车5平6，则车三平五，车6退3，车五平七，车6平5，车七退一，马6进8，仍为黑方易走，但局势相对平稳，红方可以应付。

23. 炮五进三

炮打中卒，失算，造成边马丢失而致败。如图132形势，红方应走兵七进一，炮1平3，仕五进六，炮3进7，仕六进五，虽属黑方好下，但红方亦有牵制谋和之机。

23. ………… 卒3进1　　24. 炮五平八　炮1平3

25. 相七进五　卒3进1

至此，红方边马必丢，黑方已稳操胜券。

26. 车三退一　卒3平2　　27. 马九退八　卒2进1

28. 炮八进一

如改走车三平七，则炮3进2，马八进六，车5平2，红方逃马失炮，败局难挽。

28. ………… 卒2进1　　29. 兵一进一　车5平6

30. 兵四平五　车6平1　　31. 炮八平一　马6进7

32. 炮一进三　车1平6　　33. 兵五平六　将5平6

34. 兵六平七　炮3平4　　35. 兵七平六　炮4平2

36. 车三平八　炮2平1　　37. 车八平三　马7进8

38. 兵一进一　马8进6　　39. 兵一平二　马6进4

40. 炮一退八　炮1平2　　41. 车三平六　马4退6

黑胜。

第10局　浙江陈孝坤——上海胡荣华

（1982年12月10日弈于成都）

1. 炮二平五　马2进3　　2. 马二进三　卒7进1

黑方抢挺7卒，是基于策略上的考虑，其目的是为了避开红方较为稳健的进三兵变例，以便将棋路导向相对复杂的进七兵（卒）中去。

3. 兵七进一　炮8平6

红方进七兵嫌缓，应改走车一平二比较紧凑。黑方平炮士角，可延缓红方左翼子力的出动，是灵活的布置。

4. 车一进一　马8进7

5. 马八进七（图133）

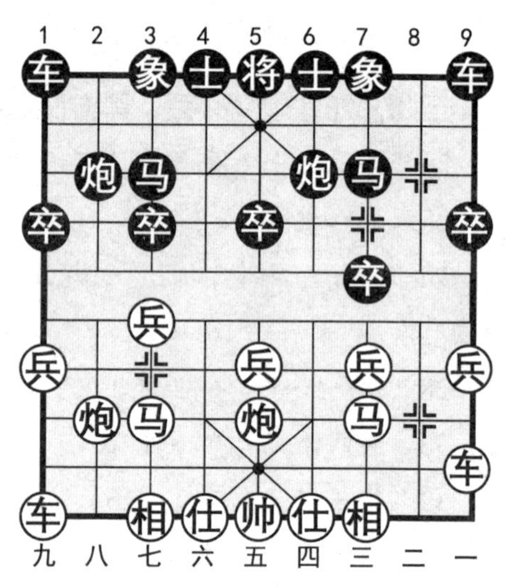

图133

形成中炮横车对反宫马，至此红方一般多走车一平四控肋，然后再相机调动左翼子力。现红方先上七路马，别出心裁，其目的是诱使黑方进炮串打。红方这一构思虽有破规范，但却不乏机巧之变，黑方不可掉以轻心。

5. …………　士4进5

如图133形势，黑方补士静观其变，应着稳妥。如不察红方意图而随手走炮6进5，则车一平七！士4进5，车九进二！象3进5，马七进六，红方得计。

6. 车一平六

红方平车六路仍然给黑方串打之机。显得勉强，应以改走车一平四或炮八平九为宜。此外红方另如改走马七进六，则象3进5，炮八平六，车9平8，车九平八，车8进5！马六进五，马3进5，炮五进四，车1平4，黑方满意。

6. ………… 炮6进5

此时黑进炮串打正是时机，以下红方仍要平车保马而净亏一先。

7. 车六平七

无奈之着。如误走炮五进四，则马3进5，炮八平四，车9平8，车九平八，炮2平5，仕六进五，车8进6或马5进6，红方难应。

7. ………… 车9平8 8. 仕六进五 炮6进1！

9. 仕五进四

红方上仕自乱阵形，易留后患，正着应走仕五退六。

9. ………… 炮6平8 10. 炮八进二 象7进5

11. 马七进六 卒1进1

挺卒边线开车，为全面反攻创造条件，着法精细。

12. 炮五平九 车1进3 13. 兵九进一 炮2平1

14. 车九平八 车1平2 15. 兵九进一 炮1进5

16. 相七进九 炮8退4

上列变化中，黑方以边卒为诱饵，引红入围，从而实现了兑去红方左炮，孤立其右马的战术计划。现退炮打兵，攻守有序，黑方已渐入佳境。

17. 兵七进一

与其苦守，不如一战，红遂弃兵强攻，以求一逞。

17. ………… 卒3进1 18. 马六进八 车2平3

19. 马八进七 车3退1 20. 炮八进五 士5退4

21. 车七平六 士6进5 22. 兵九进一 车8平6

23. 车八进二 卒3进1

驱卒渡河，全速推进，使红方难有松透之机。

24. 兵九平八　卒3进1　　25. 兵八进一　车3进2

26. 兵八进一

改走仕四进五虽不致速败，但并无实际意义，黑方大兵压境，取胜只是时间问题而已。

26. …………　卒3进1　　27. 车八进五　车6进7

28. 车八平五　卒3平4　　29. 车六平三　炮8进5

30. 车三平二　马7退6　　31. 车五平八　车6平5

致命的一击，红方的任何抵抗均将无效。例如：马三退五，则车5进1！车二平五，车3平6，车五平二，车6进5，帅五进一，车6平5，帅五平四，卒4平5，车二退一，车5退1，帅四退一，卒5平6，黑方胜定。

32. 帅五平六　车5平7　　33. 车二退一　车3进4

34. 帅六平五　车3平6　　35. 相九进七　卒4进1

36. 车八退五　卒4进1　　37. 帅五平六　车6进1

38. 帅六进一　车6退1　　39. 帅六退一　车7进1

黑胜。

第11局　湖北柳大华——河北阎文清

（1997年8月17日弈于上海）

1. 兵七进一　炮2平3　　2. 炮二平五　象3进5

3. 马二进三　卒3进1

双方以当前热门的挺兵对卒底炮布局列阵。黑方冲3卒是将局面导向复杂化的积极应法。此外另有车 9 进 1 侧重防守反击的主要变例，以下红方大致有两种变化：（1）车一平二，车 9 平 2. 马八进七，马 2 进 4，炮八平九，马 8 进 9，马七进六，士 4 进 5，炮九平六，红方稍先；（2）炮五进四，士 4 进 5，相七进五，马 2 进 4，炮五退一，车 1 平 2，马八进六，车 9 平 6，兵三进一，车 2 进 4，兵五进一，车 6 进 5，形成红方多兵，黑方出子较快的两分之势。

4. 马八进九　卒 3 进 1　　5. 车一平二　车 9 进 1

6. 仕六进五　车 9 平 4　　7. 车二进四（图 134）

红车巡河捉卒，求变之着，对黑方是个考验。此时红方一般多走炮五进四，士 4 进 5，炮五平一，马 8 进 9，车二进四，以下黑有车 4 进 4、卒 7 进 1 和卒 3 进 1 等多种应着，均有不同的复杂变化。

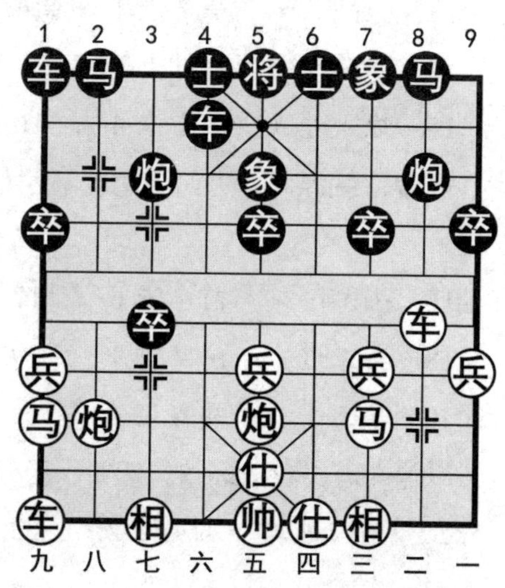

图134

7. …………　车 4 进 4

如图 134 形势，黑方进车邀兑，乃纷纭变化中的最佳应着，另有两种走法均为不利：（1）卒 3 进 1，炮八平六，车 4 进 5，兵九进一，马 2 进 1，炮五进四，士 4 进 5，马九进八，车 4 退 3，炮五平一，卒 7 进 1，炮一进三，红有攻势；（2）车 4 进 2，车九平八，马 2 进 1，炮八平六，红方占先。

8. 炮八进二　车 4 退 2

升炮打车，是红方预谋的兑子争先战术，并带有一定的欺骗性。黑方退车，化解巧妙，乍一看似乎红方抢了一先，但实质上由于红炮位置欠佳，反而使黑方得到便宜。此时黑如随手走车 4 平 8，则炮八平二，马 8 进 7，兵三进一，红方得计。

9. 炮八平九

平炮打车，势在必行。如改走车二平七吃卒，则马2进4，红子力占位不够协调，黑方易走。

9. …………马2进1　10. 车二平七　卒1进1

11. 炮九进三　车1进2　12. 车九平八　马8进7

13. 炮五平六

兑掉一子后，红方先手尽失。由于意识到这一点，红方当即卸炮调形，为打持久的阵地战做好准备。如改走兵三进一，则炮8进4，红无益处。

13. …………　卒7进1　14. 相七进五　炮3平4

平炮邀兑，取得兵种上的优势，简明有力。

15. 炮六进五　车1平4　16. 车八平六

软着，使谋和增加了难度。应兵九进一或兵三进一，以及时兑兵活马为宜。

16. …………　前车进6　17. 仕五退六　马7进6

18. 兵三进一　卒7进1　19. 车七平三　车4进4

20. 车三平四　马6退4

以退为进，着法细致。如随手走马6进4，则仕四进五，黑方反难进取。

21. 车四进二　马4退2　22. 车四平五　马2进3

23. 车五平一　车4平1　24. 马九退八　车1平4

平车控肋，阻止红左马盘出，要着。

25. 车一平二　炮8平6　26. 车二退五

红方平车捉炮后再退车二线防守，弈来十分顽强。

26. …………　卒1进1　27. 马八进六　马3进2

28. 马六进八　车4平3　29. 马三进四　车3进1

进车捉马，取强攻之势。如改走车3平5扫兵，则车二平六，车5平6，马四进六，红方局面松透。

30. 马八退七　卒1进1　31. 马七进九　车3平1

32. 马九退七　车1平3　　33. 马七进九　马2进3

34. 车二平六　车3退1　　35. 相五进三

红方扬相失算。应改走马四进六，黑如车3退2，则马六退四，卒1进1，马九退七，下手有马四退六强行兑子的手段，这样，黑欲取胜难度极大。

35. ………… 马3进1

冷着，黑方马入边角，令红方措手不及，黑方由此步入佳境。

36. 车六进二　车3退1　　37. 马四退五　卒1进1

38. 车六平九　卒1进1　　39. 车九退二　车3进4

进车保马，稍有勉强之感，不如改走车3平7来得简明，以下红如车九退一，则车7进4，这样红缺双相，黑方取胜机会较多。

40. 仕四进五　炮6退1　　41. 兵五进一　炮6平5

42. 帅五平四　炮5进4　　43. 马五进三　炮5平6

44. 相三退五　车3平2

45. 马三进四

红进肋马判断有误，应马三进五，再择机进边兵渡河，以利谋和。

45. ………… 士6进5　　46. 马四退六

红方退马，急于寻机兑子，失策。应改走兵一进一，以尽快渡兵为宜。

46. ………… 炮6平8　　47. 相三进一　炮8平5

48. 帅四进一　炮5平6　　49. 相一进三　将5平6

50. 帅四退一（图135）

50. ………… 车2退6

黑方出将，暗藏杀机。红方帅四退一失察，导致速败。应改走兵一进一静观其变。如图135形势，黑方退车极妙，顿令红方难应。

51. 车九进四

无奈之着。如改走车九退一吃马，则车2平6，相五退七，炮6平5，仕五进四，车6进4，帅四平五，车6平5，再车5平1抽吃红车，黑方速胜。

51. ………… 象5进3

飞象拦车，恰到好处。至此，红方为化解黑方车2平6迫在眉睫的威胁，只好被迫吃象通车，从而让黑马活跃，至此胜负已明。

52. 车九平七 炮6退3

53. 车七进一 车2进2

54. 车七退二 车2退2

55. 车七进二 车2进2

56. 车七退二 车2退3

胜势之下不可掉以轻心！如误走车2进1，则车七退四，红有转机。

57. 兵一进一 车2平4

58. 仕五进六 马1退2

红方认输。

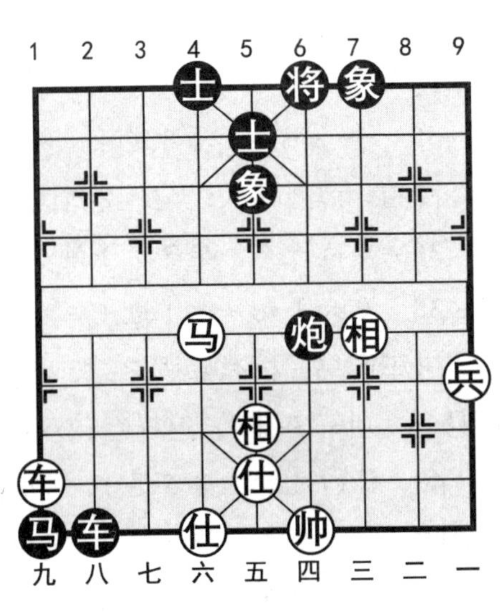

图135

第12局　河北李来群——大连陶汉明

（1988年4月4日弈于孝感）

1. 兵七进一 卒7进1　2. 炮二平三 象7进5

3. 马二进一 炮8进4（图136）

一般多走马8进7，车一平二，车9平8，车二进四，双方布局正常，理论上倾向于红方占先。现黑方进炮过河，意在借先手射兵封锁红方右车，这一打破常规的应着，顿使局势变得扑朔迷离。

4. 车一平二

面对黑方的挑战，红方毅然决然亮车捉炮弃空头，针锋相对，气度不凡。如图 136 形势，红方如改走带有妥协性的马八进七，则马 8 进 7，车一平二，车 9 平 8，相七进五，马 2 进 1，兵一进一，炮 2 平 3，车九平八（炮八进二，车 1 平 2，马一进二，卒 3 进 1！黑方反先），车 1 平 2，炮八进四，卒 3 进 1，兵七进一，炮 3 进 5，炮三平七，炮 8 平 5 叫将兑车，然后再象 5 进 3 从容去兵，黑方取得满意之势。此外红方另如改走兵三进一，则卒 7 进 1，车一平二，卒 7 平 8，兵一进一，炮 2 进 2，马一进二，炮 2 平 8，黑方亦可应付。

4. ………… 炮 8 平 5　　5. 马八进七　炮 5 退 2

6. 马七进六　马 2 进 1

趁黑方出子缓慢之际，红方迅速跃马抢先，弈来十分紧凑。黑方右马屯边，及时疏通子力，不失为明智的选择。此时黑如过分贪恋空头炮的威力而改走炮 2 进 4，则马六进七，炮 2 平 5，马七退五，卒 5 进 1，兵九进一，马 8 进 7，车九进三，炮 5 退 1，车九平六，马 2 进 3，炮八平七，以下黑如马 3 进 5，则车六进二；又如车 1 进 2，则兵七进一，均为红方优势。

7. 马六进七　马 8 进 7　　8. 马七退五

以马兑炮，继而进车占卒林，战术简明可取。

8. ………… 卒 5 进 1

9. 车二进六　卒 9 进 1

10. 兵七进一　象 5 进 3

红方弃兵争先，佳着。黑方随手飞象打兵欠妥，由此导致全线受制。应改走车 9 进 3 邀兑红方过河车，黑方尚可坚守待变。

11. 炮八平五　象 3 退 5

12. 车九平八　车 1 平 2

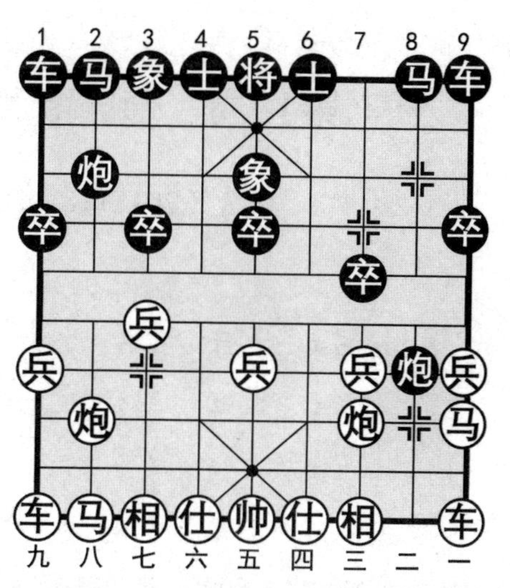

图136

13. 车八进五　车9进3

红方左车亮出后，攻势锐增，如火如荼。现黑方进车邀兑为时已晚，缓不济事，并且造成左翼空虚，给了红方迅速突破之机。不如改走士6进5，以严防死守为宜。

14. 车二平一　马7进9　　15. 车八平五　士6进5

16. 车五进一　马9退7　　17. 车五平三　将5平6

黑方出将已是“无可奈何花落去”，如改走它着，红炮三进三出击，黑方亦难应付。

18. 兵三进一

扩先入局的前奏，次序井然。如径走仕四进五，则炮2平3，兵三进一，车2进5，节外生枝。

18. …………　卒7进1　　19. 仕四进五　马7退8

20. 车三平四　马8进6　　21. 帅五平四　士5进6

22. 炮三平四

至此，黑方阵形支离破碎，已无法续弈，遂停钟认负，红胜。

第13局　德国薛涵第——中国郑惟桐

（2015年8月22日弈于慕尼黑）

1. 炮二平五　马8进7　　2. 马二进三　车9平8

3. 车一平二　马2进3　　4. 兵七进一　卒7进1

5. 车二进六　炮8平9　　6. 车二平三　炮9退1

7. 马八进七　车8进8（图137）

这是2015年在德国慕尼黑应用语言大学举办的第十四届象棋世界锦标

赛的一局棋。“蜀山少侠”郑惟桐，近几年棋艺精进，战绩辉煌。此番他以2014年全国个人赛冠军的身份首次代表中国队出战世锦赛，面对各路豪杰的狙击，他后手棋下得也很积极。现在他打破常规，祭出了点车下二路的冷着——典型的布局骗着！求胜之心已跃然盘上。如图137局面，红方面临考验。

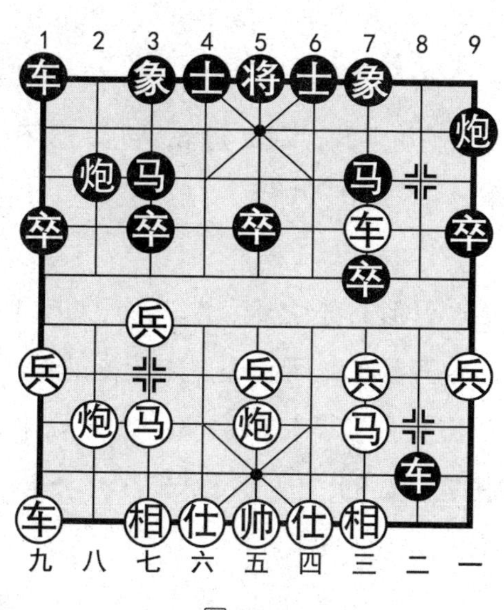

图137

8. 车三退一 …………

代表德国参赛的小将薛涵第实力不俗（本届比赛获男子组个人第四名），拥有中国棋协大师称号，山西太原人，师从赵利琴等山西名手，曾获山西省等级赛冠军及多届省少年赛冠军，2012年赴德留学。初次登上国际大赛的他，显然有些经验不足，特别是面对强大的对手，心里难免有些紧张，因此走得过于保守消极。树欲静而风不止，想求稳有时候是稳不住的。应改走兵五进一展开对攻，详细变化请参考下一局。

8. ………… 炮9平7 9. 车三平八 …………

如车三平六，则象3进5，车六退一，士4进5，炮八平九，炮2进4，黑反夺主动。

9. ………… 炮2进5 10. 炮五平八 车8平3

在骗着初步得手后，黑方仍然不甘平淡。就棋而论，更加有利的走法是卒3进1，以下红有三种应法试演如下，甲：车八退一，卒3进1，车八平七，马3进4，车九平八，车1平2，黑方子力开扬，更具发展潜力。乙：车八平七，车1进2，马七退五，象7进5，车七进一，车8平6，炮八退一，车6退1，黑有多种攻招，红有失子之危。丙：车八进二，车1

进2，车八平九，象3进1，兵七进一，象1进3，兵三进一，象3退5，车九平八，马7进6，红阵形不稳，黑方明显占优。

11. 马七进八 …………

看似必走之着，其实应改走马三退五困车，可延缓黑方反击速度，对抗机会较多。马退窝心，一般来说是不好的，但在特殊的棋形下仍不失为一种良策。

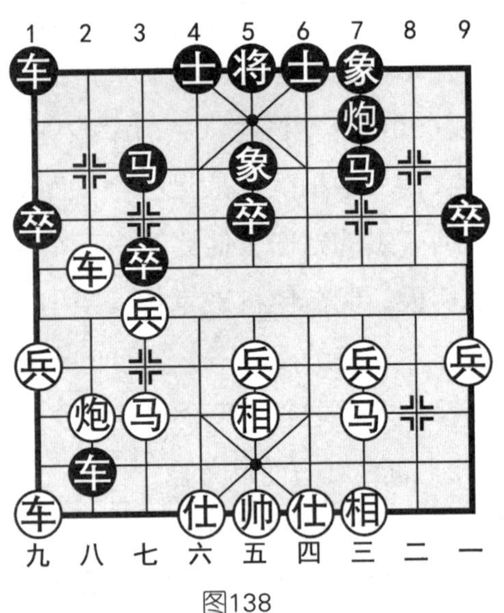

图138

11. ………… 象3进5

12. 相七进五 …………

坏棋！忽略了对方潜在的手段。此时红仍应走马三退五，局势尚不致恶化。

12. ………… 车3平2　13. 马八退七　卒3进1（图138）

如图138形势，黑方冲卒，吹响了进攻的号角。红方攻守失据，难免陷入困局。

14. 车八进二　马3进4　15. 车九平八 …………

如改走兵七进一，则马4进6，红方亦难招架。

15. ………… 车2平3　16. 马七退五　卒3进1

17. 前车平六　车3平4　18. 兵三进一　士4进5

19. 车六退一 …………

退车为了保持一定的牵制力。如走车六平八，则马7进6，红方形势依然艰苦。

19. ………… 马7进6　20. 车六平七　马6进4

21. 相五进七　后马进2

黑方已计算好连续的进攻手段，可追击得子获胜。走后马退 6 更为严厉！以下车七平六，马 6 进 7，相三进五，马 4 进 6，黑速胜。

22. 车七平八　马 4 进 3　　23. 后车平七　车 1 平 4

24. 车八进三　象 5 退 3　　25. 炮八退二　马 3 进 2

26. 马三进四　前马退 3　　27. 马五进六　后车进 5

28. 仕四进五　后车平 6　　29. 马六进八　马 3 退 2

红方大势已去，主动认负。黑胜。

最终，郑惟桐如愿以偿地夺得了本届世锦赛的男子个人冠军，并与队友谢靖一起荣获男子团体冠军，可喜可贺！

第14局　开滦股份蒋凤山——成都孙浩宇

（2016年5月30日弈于西安）

1. 炮二平五　马 8 进 7　　2. 马二进三　车 9 平 8

3. 车一平二　马 2 进 3　　4. 兵七进一　卒 7 进 1

5. 车二进六　炮 8 平 9　　6. 车二平三　车 8 进 8

2016 年“腾讯棋牌天天象棋”全国象棋甲级联赛对赛制进行了大力改革，其中比赛用时规定为每方 20 分钟自由用时，每走一步棋加 5 秒。速度明显加快，这更加考验棋手的战术素养和基本功，也使结果更具悬念。从而，“骗着”重出江湖有了新的用武之地。来自成都龙翔通讯的孙浩宇大师多才多艺，棋风不拘一格，往往在布局阶段走出奇特的变例。现在他不畏风险，强行走出了车 8 进 8。

7. 马八进七　炮 9 退 1　　8. 兵五进一　…………

本局与上一局走子次序略有不同，但殊途同归。代表煤矿开滦股份队的业余豪强蒋凤山喜攻好杀，棋风硬朗，此着冲中兵符合他的棋艺风格且兵针锋相对。如改走炮八平九，则车 8 平 2，红左车被封难以满意。

8. ………… 炮 9 平 7 9. 车三平四 马 7 进 8

10. 兵五进一 …………

黑方上一手跳外马是为了加速反击，一般本手多走士 4 进 5 伺机而动。而红方从中路继续攻势也无可非议。另一种值得提出进攻思路是车四进二捉炮，由于黑方中路少补一手士，失去了炮 2 退 1 驱车的手段，以下若接走炮 7 进 5，则马三进五，车 8 平 7，马七退五，之后红方可以从容兵五进一，形势占优。

10. ………… 士 4 进 5（图 139）

11. 马三进五 …………

红方受急进中兵的定势思维影响，选择了马三进五。如图 139 局面，红方新颖且有力的走法是炮八进二！攻守兼备，可有效避免黑方冲 7 卒的反击。以下黑如象 3 进 5，则车四平三，炮 7 平 8（如马 8 退 9，车三平四占优），兵五平六或兵五进一，红棋较优。

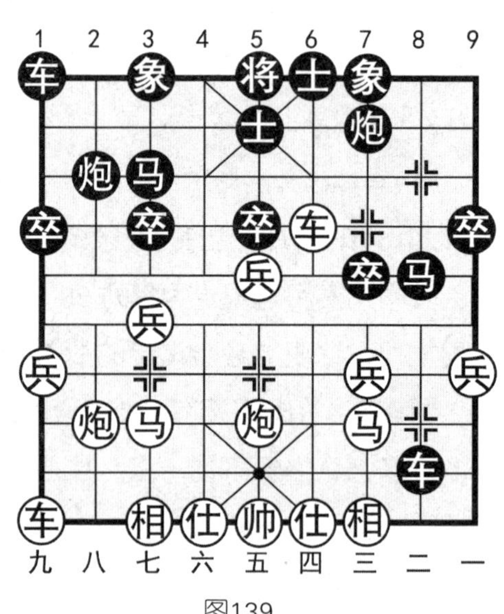

图139

11. ………… 卒 7 进 1

12. 车四平三 马 8 退 7

回马打车保留复杂局面。可改走马 8 进 6，车三进二，马 6 进 4，炮五平六，炮 2 进 4，炮六退一，炮 2 平 5，马七进五，马 4 进 2，车九进一，变化相对平稳，双方基本均势。

13. 车三平四 卒 7 进 1

双方经过演变转化，有趣的是现在还原成急进中兵的一个定式走法。黑方成功地将对手引入到自己比较熟悉的领域，可以说在布局方面获得成功。

14. 仕四进五 …………

补仕易遭黑反击，风险较大。应走马五进六属于正变，对攻局面，双方各有千秋。

14. ………… 车8进1 15. 马五进六 象3进5

16. 马七进八 …………

坏棋！这步弃炮无异于自投罗网。也许是红方临场一时没有找到理想的走法，匆忙之中想简化局面而背错了棋谱（第14回合红走马五进六，黑象3进5，马七进八可以成立）。此手如走马六进七，则卒7平6，车四退三，炮7进8，车九进一，卒5进1，黑棋弃子有攻势，形势乐观。

16. ………… 马7进8 17. 车四平三 马8退9

回马金枪恰到好处。

18. 车三进二 马9退7 19. 炮八进五 卒7平6

20. 马六进七 卒6进1

黑方弃子夺势，颇识大局。但这手下卒操之过急，应卒5进1简洁有力。

21. 车九平八 …………

还是应该兵五进一寻求对攻给黑方牵制较大。双方时间紧张，难免有一些失误。

21. ………… 车8平7 22. 仕五退四 卒6平5

23. 炮八进二 …………

红仍应兵五进一。

23. ………… 前卒平6

黑还是应后卒进1为好。

24. 兵五进一　马7进8（图140）

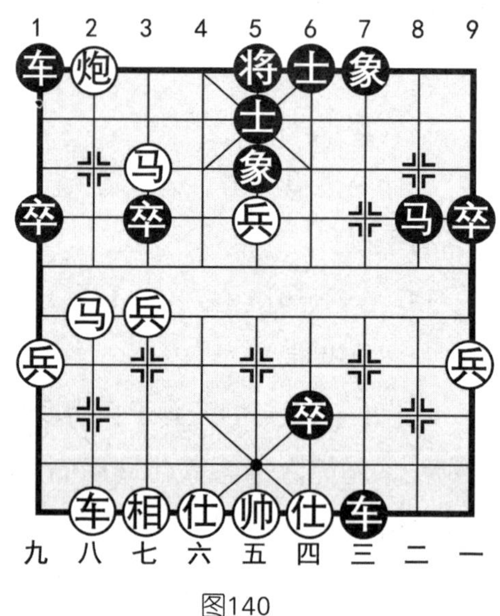

图140

黑上马进攻看似紧凑，实则应士5进4支起羊角士，攻守兼备，局面可控，前景看好。

25. 车八进三　…………

最后的败招！如图140所示，红方进车兵线酿成大祸。应车八进一攻守兼备，士5进4，兵五平六，士6进5，马八进七，双方仍是互有顾忌的局面。

25. …………　马8进7

26. 车八平六　车1平2

黑弃车砍炮，石破天惊！以下车马卒形成金钩挂玉的连杀局面。

27. 马七进八　卒6进1　　28. 仕六进五　马7进6

29. 相七进五　卒6平5

黑胜。

第15局　成都孙浩宇——厦门刘明

（2016年8月22日弈于大庆）

这是2016年“腾讯棋牌天天象棋”全国象棋甲级联赛的一则对局。红方棋手孙浩宇大师来自成都龙翔通讯队，他是江西万载人，早年曾代表湖南队参战象甲，后加盟四川队成为象甲中的一名中坚力量。最近一段时间，他经常活跃于网络教室，传授棋艺，多与棋友们真诚交流，直面赛场内外，文采激扬，棋迷关注度直线上升，成为当今的象棋“网红”。代表厦门海翼队的刘明大师是宁夏银川人，目前是宁夏唯一一位土生土长的本土象棋大师（运动健将）。对棋艺的执着追求，使他不断进步，不断走向成熟，年近中年成功从绿林好汉转身为一名职业棋手，着实不易。曾效力于河北队，近两年则转战厦门海翼队。

1. 炮八平五　马2进3　　2. 马八进七　车1平2

3. 车九平八　马8进7　　4. 兵三进一　卒3进1

5. 车八进六　炮2平1　　6. 车八平七　炮1退1

7. 马二进三　士6进5　　8. 马三进四　炮1平3

9. 车七平六　车2进5　　10. 炮二进二　象7进5

11. 车一进一（图141）…………

浩宇布局喜欢走炮八平五，反其道而行之。也许是出于习惯，也许是出于心理战，想让对手在方向上产生错觉。如图141所示，红方对这着进车情有独钟，并多次在大赛上运用，虽属于正着范围，但也不乏欺骗意图。

11. …………　炮8退1

黑方退炮巩固后防，严阵以待，着法可取。本书推荐的着法是卒3进1（不能走卒7进1，详见典例第13局变化），以下红若马四进三，则车9平6，兵七进一，车2进1，马七进六（如车六退四，则车2平3），车2平5，黑阵型厚实，弹性十足。

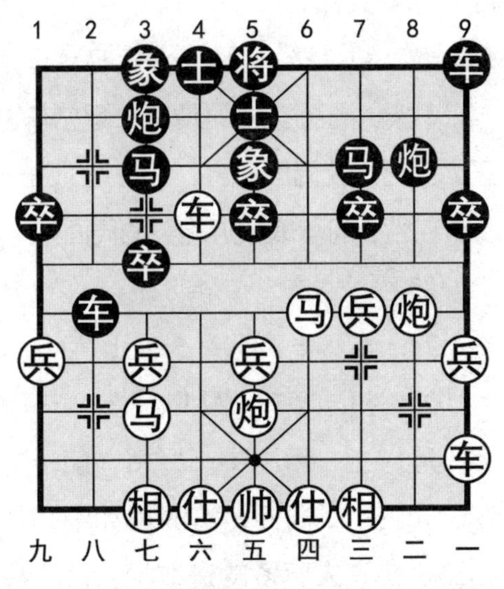

图141

12. 炮五平四　炮8平6

朴实有力！兑炮争先，借此破坏红方的阵形。

13. 兵七进一　车2退1

红方弃兵意在争先，黑方明察秋毫，如误走车2平3，则相七进五，车3进1，炮二退一，黑车被伏。

14. 炮四进六　炮3平6　　15. 车六平七　车9平8

16. 车一平二　车2进3　　17. 马七退五　…………

红棋马退窝心，意在连接右翼子力。如改走车二进一，则马3退1，兵七进一，炮6进2，车七进二，马1进2，黑方借用打车先手腾挪，亦可满意。

17. …………　马3退1　　18. 兵七进一　炮6进2

19. 车七进二　马1进2　　20. 车七平八　车2平6

21. 马五进三　马2退4　　22. 车八退七　马4进3

以上一段着法，黑方在看似后手的局面下，运子有方，不仅消灭了红方过河兵，并且获得了攻守兼备的“象尖马”，子力占位良好，趋于反先。红方骗着失计。

23. 炮二平一　…………

软着！红方见难讨便宜，想兑车缓解压力简化。就局面而言，红应炮二进一更具针对性，可争取接近均势的局面。

23. …………　车8进8

24. 车八平二　卒5进1

25. 相三进五（图142）…………

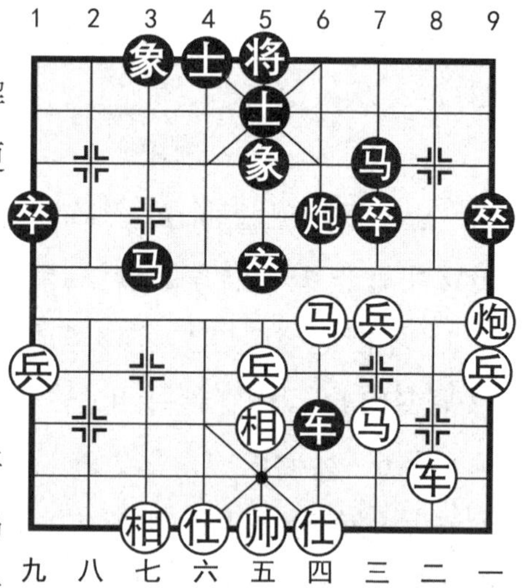

图142

黑方上一手冲中卒好棋，使子力开扬。如图142局面，这时再冲中卒使局面透松，失去更多的进取机会。黑应走车 6 退 1，相持局面中，红方子力拥塞，黑方进取机会较多。

25. ………… 卒 5 进 1　　26. 兵五进一　马 3 进 4

27. 炮一平二　卒 7 进 1

和棋。

黑方送卒意在简化局面，若走车 6 退 1 或炮 6 退 2 可继续纠缠，形势略优。

走到这里双方无心再战，同意和棋。以下变化大致为兵三进一，马 4 退 6，马三进四，车 6 进 2，帅五进一，车 6 退 4，兵三进一，车 6 平 5，兵三平四，马 7 进 8，兵四平三，基本形成两难进取局面，和意甚浓。

第16局　成都苗利明——广东郑惟桐

（2016年11月26日弈于深圳）

1. 炮二平五　马 8 进 7　　2. 兵三进一　卒 3 进 1

3. 马二进三　马 2 进 3　　4. 车一平二　车 9 平 8

5. 炮八平七　象 3 进 5

这是 2016“腾讯棋牌天天象棋”全国象甲联赛半决赛的一场对决。红方先平七路炮属于正常的攻着，同时具有一定的欺骗性。黑方选择了象 3 进 5 的着法，求变之着。在本书典例 25 局中我们推荐走法是士 4 进 5。

6. 兵七进一　士 4 进 5　　7. 炮七退一　…………

黑方补士是郑惟桐改进性的着法，以往多走马 3 进 2 容易吃亏。红方退炮针锋相对，是当前局面下调整阵形的好棋！若改走马八进九，则马 3 进 2，兵七进一，象 5 进 3，车二进五，象 7 进 5，车二平六，车 1 平 4，红方难有便宜。

7. ………… 车1平4　　8. 兵七进一　象5进3

9. 马八进七　马3进2　　10. 炮五平四　…………

红方摘中炮继续调整阵形，协调子力以逸待劳。若轻易走炮七进四轰象，黑车4平3，车二进五，卒7进1！车二平三，象7进5，红难免丢子。

10. ………… 炮2平3　　11. 车九进二　…………

机警之着！如随手走相七进五，黑有炮8进5偷袭手段，红方失策。

11. ………… 车4进8　　12. 炮七进四　卒7进1

13. 兵三进一　车4退4

黑方采取了先弃后取的手段，是既定的战术，目的是想先手活通左马争取先手。而实战中，红方则顺水推舟，实施弃子夺势战。

14. 兵三进一　车4平3　　15. 兵三进一　炮3进5

16. 兵三平二　…………

强手！如马三进四，则炮8进5，马四进五，车3平8，黑方主动。

16. ………… 炮3平7

17. 炮四进二　炮7退3

18. 兵二进一　车8平9

19. 炮四平一　炮7平9

20. 车二进七　车3退2

面对红方的攻势，黑方恐怕事先估计不足，现退车邀兑，过于保守应对有误。应改走车3平5以攻代守为好，双方互有顾忌，红棋略占主动。

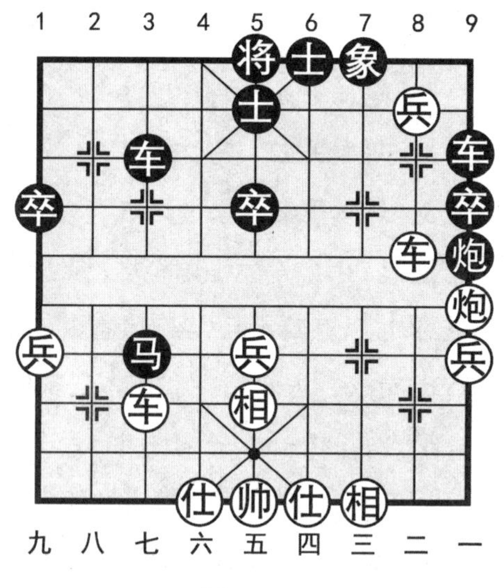

图143

21. 车二退二　马2进3

22. 车九平七　车9进2

23. 相七进五（图 143） 车 9 平 8

也许是到了半决赛的关键之战，棋手们都承受着很大的压力。这一回合双方都有失误。先是红方飞相看似工稳，实则是一步不明显的漏招！应改走炮一平二，再兵一进一捉死黑炮，红将明显占优。而黑方急于兑车简化局面，错失战机，并导致局势一发不可收拾！

如图 143 局面，黑方应改走马 3 进 5 先行破掉红方一相，待红车七平五（显然不能车七进五，由于马 5 进 7 先手叫将），再车 9 平 8，可极大地改善局面。红方后防存在隐患，在残局中获胜难度极大。

24. 车二进二 车 3 平 8 25. 车七进一 炮 9 进 2

26. 车七进六 …………

先手叫将脱身，随后红方针对黑方少象的特点，运用车炮兵展开了卓有成效的攻势：

26. ………… 士 5 退 4 27. 炮一平五 士 6 进 5

28. 兵二平三 卒 5 进 1 29. 炮五平八 车 8 平 2

30. 炮八平七 炮 9 平 1 31. 车七退四 士 5 退 6

32. 车七平五 士 4 进 5 33. 炮七平五 将 5 平 4

34. 车五平六 士 5 进 4 35. 炮五平六 将 4 平 5

36. 车六平五 …………

上列一段着法，红方着法紧凑，利用威胁闪击等手段，牢牢地控制了局面并逐步扩大了战果。这步平车叫将，不如改走兵三平四更为精确。

36. ………… 士 4 退 5 37. 炮六平三 象 7 进 9

38. 炮三平二 象 9 退 7 39. 炮二进五 车 2 平 8

40. 炮二平一 车 8 平 9 41. 炮一平二 车 9 退 1

42. 车五平三 炮 1 平 2 43. 炮二退五（图 144）…………

如图 144 局面，红回炮及时有力，黑方缺象怕炮，防御已捉襟见肘。

43. ………… 炮 2 退 5 44. 炮二平五 士 5 进 4

45. 炮五平一　象7进9
46. 车三进一　士6进5
47. 炮一平五　士5进6
48. 仕六进五　将5平6
49. 车三平七　…………

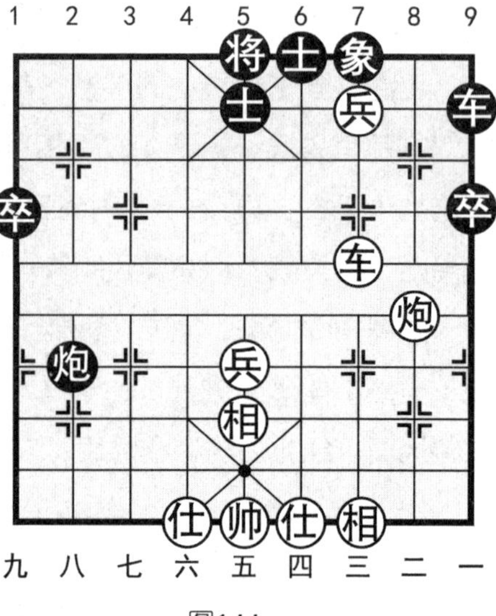

图144

红平车锁定得子，简单明了。走兵三平四弃兵更加巧妙！黑如将6进1（若车9平6，则炮五平四得车），则炮五平四，将6平5，车三平五，将5平4，炮四平六，士4退5，车五平六，士5进4，车六平八，红棋可运用车炮的闪击，直接抽子；黑又如将6平5，则车三平七，炮2平4，车七进三，炮4退1，车七退一，红胜定。

49. …………　车9平7　50. 车七进三　将6进1
51. 车七退一　士6退5　52. 车七平八　…………

至此红方得子胜定。以下尽管红棋走得不够干净利索，但胜势仍不可动摇。余着为：

52. …………　车7进5　53. 车八退五　卒1进1
54. 炮五平七　卒1进1　55. 炮七进四　士5进6
56. 炮七退七　卒1平2　57. 车八平七　士6退5
58. 仕五进四　卒9进1　59. 炮七平四　士5进6
60. 车七进五　将6退1　61. 车七进一　将6进1
62. 车七退一　将6退1　63. 兵五进一　车7平5
64. 车七进一　将6进1　65. 车七退一　将6退1
66. 炮四平五　车5平6　67. 车七进一　将6进1
68. 兵五进一　车6进1　69. 炮五平九　车6退4

70. 车七退六　将6退1　　71. 车七平五　士6退5
72. 仕四进五　车6平1　　73. 炮九平七　车1平3
74. 炮七平六　将6平5　　75. 炮六进三　车3进1
76. 炮六平四　卒2进1　　77. 炮四退一　卒2进1
78. 炮四进二　车3退1　　79. 车五平一　卒2平3
80. 车一进二　象9退7　　81. 车一进四　车3平7
82. 车一退六　卒3进1　　83. 车一平七　卒3平4
84. 车七平六　卒4平3　　85. 车六进一　车7进1
86. 车六平三

红胜。

第17局　王天一——钟少鸿

（2016年9月23日弈于温岭）

1. 兵七进一　卒3进1

这是2016年“温岭·长屿硐天杯”全国象棋国手赛上的一场对阵。辽宁小将钟少鸿，少年成名，曾获全国少年赛和亚洲锦标赛少年组冠军。2015年晋级象棋大师，同年在湖南长沙望城进行的“天龙立醒杯”全国象棋个人锦标赛32进16与16进8的单淘汰赛中接连击败状态不错的蒋川和如日中天的王天一两位世界冠军、特级大师，被喻为当年最大的“黑马”。2016年加入厦门海翼队参战全国象甲联赛。

此番两人再次遭遇。令人意想不到的是，面对“等级分第一”的对手，黑方竟然选择了弃卒变的典型布局骗着，令人匪夷所思！这是一种明显吃亏的变化，一般认为黑棋至少亏两先，在全国顶级大赛中是绝无仅有的！

2. 兵七进一　象3进5　　3. 相七进五　…………

红方当仁不让吃掉黑卒，现不动声色，补相固防暂且观望对手的动向，以便采取相应的对策。冷静而又从容，细腻而不失积极，体现了王天一的弈战风格。走兵七进一也是不错的选择。

3. …………　马2进4

宁可放任红兵，也要体现这种个性。若高象飞兵，白白损失两先，黑棋当然不肯接受。

4. 兵七平六　车1平3　　5. 炮八平六　马4进3

6. 马八进七　马3进1　　7. 兵九进一　车3进7

8. 兵九进一　卒1进1　　9. 仕六进五　…………

通过这一段的转换，红方有效地扼制了黑方的快速反击，补仕巩固局面，稳中求变，策略可取。另有一路凶悍的变化炮六进七，黑若车3进1，红可炮六退一。以下黑如走车3平8，则炮六平二生根；黑又如车9进1，则炮六退二，马8进7，车九平八。车9平2，炮六进一！红方优势。

9. …………　车3退1　　10. 马二进三　卒7进1

11. 车九平八　…………

出车稍缓。九路车本身捉卒在手，尽管现在不便直接杀出去，但可保留这一先手。应该走车一进一，迅速把右车投入战局，红方更为有利。

11. …………　车3平4　　12. 车八进五　炮2平3

13. 炮二进四　马8进7　　14. 炮二平三　卒9进1

15. 车一平二　车9进3　　16. 车二进七　车9平7

17. 车二退三　车7平6

通过转换，红方依然控制局面，稳持多兵优势。黑方平车意义不大，应先走士6进5巩固阵型坚守待变。

18. 车二平七　炮3平4　　19. 兵三进一　卒7进1

20. 车七平三　车6进1

忽略了红方的巧着！黑应走车6退1，尽管局面还是艰难，但红方想迅速推进还是有难度的。

21. 兵六平五（图145）…………

如图145局面，红方平兵借力使力，有如四两拨千斤之妙！走得精巧，是扩大优势的关键！

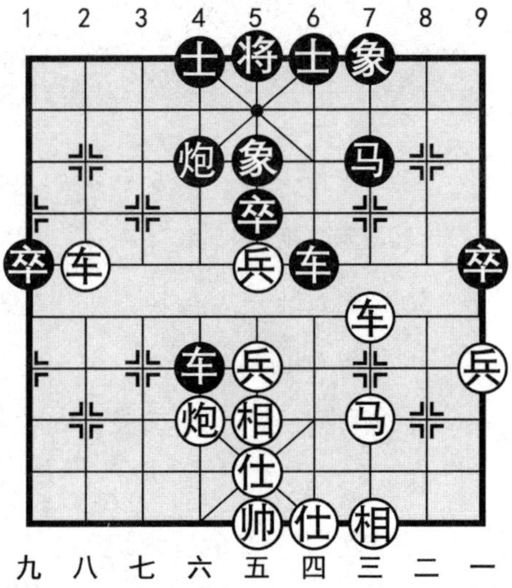

图145

21. …………　车6平7

22. 车三进一　象5进7

23. 前兵进一　…………

走得精细！如随手走炮六进五，黑车4退4，兵五进一，马7进5，车八平五，车4平5，红方无益。

23. …………　炮4进5

黑方显然不能马7进5吃兵，红可车八平五得子。

24. 仕五进六　象7进9　　25. 车八平九　士6进5

26. 车九平五　车4退1

黑方退车意在增强防御，但于事无补。应改走车4进1破掉红一士，较实战顽强。

27. 前兵平四　…………

红方也可走士四进五稳步进取。

27. …………　车4退2　　28. 兵四进一　马7退8

29. 兵四平五　…………

平兵便于操控，破黑士象后可以争取更多战术机会。如改走车五平四，则车4退1，兵四进一，车4平6，兑车后红取胜困难。

29. …………　马8进7　　30. 马三进四　车4平6

31. 车五退一　马7退6

黑方急于驱赶红过河兵，但没有实际作用。还是应改走车6进1顶马为好。

32. 前兵平六　车6平4　　33. 兵六平七　车4平3

34. 兵七平六　车3平4　　35. 兵六平七　车4平8

36. 车五进一　车8退1　　37. 马四进六　马6进5

38. 车五进一　…………

红马顺利跃出直接参战，向胜利又迈出了坚实的一步。

38. …………　车8进3　　39. 马六进八　…………

可行之着。改走马六进四更加凶狠，黑如走车8退2，则兵七平六速胜；黑又如走象9退7，则兵五进一，红将一路推进。

39. …………　车8平6　　40. 仕四进五　车6进1

41. 兵五进一　车6平9　　42. 车五平二　…………

也可先车五平四把住肋门。

42. …………　车9平6　　43. 兵五进一　将5平6

44. 马八退七　象9退7

45. 马七进六　车6退5

46. 兵五进一　马5进3

47. 车二退二　车6进1

48. 兵五进一（图146）…………

如图146形势，红方见时机成熟，强行突破，果断发动了进攻！

48. …………　车6平5

黑如车6进1，红可兵五进一破双士。

49. 车二平四　士5进6

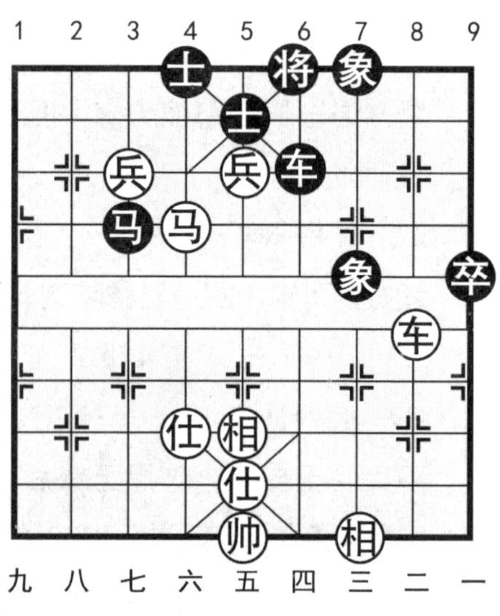

图146

50. 马六进四　车5平3

51. 马四退三　将6平5　　52. 马三进四　…………

经过这几回合的交锋，红棋成功破掉黑棋士象，黑方逐渐难以招架陷入困境。

52. …………　将5进1　　53. 马四进三　将5退1

54. 马三退四　将5进1　　55. 帅五平四　车3平5

56. 车四进二　马3进5　　57. 马四进三　将5平4

58. 车四平九　车5平2

顽强的下法是士4进5，红叫将吃士后马一时受困，黑棋还可维持一段。以下红方运用车马冷着，迅速锁定胜局：

59. 车九进二　将4进1　　60. 车九退三　车2进7

61. 帅四进一　马5进6　　62. 车九进二　将4退1

63. 马三退四　将4平5　　64. 马四退六　将5平4

65. 车九平五　士4进5　　66. 车五进一　将4进1

67. 马六退七　车2退5　　68. 仕五进四　车2平3

69. 车五退五　马6退7　　70. 帅四平五　将4退1

71. 相五进三　车3平4　　72. 马七进九

红胜。

第18局　王天一——赵金成

（2017年1月6日弈于佛山）

1. 兵七进一　炮8平3　　2. 相三进五　…………

这是2017年元月在广东佛山举行的“财神杯”电视视频快棋赛上的

一场交锋。面对对手的仙人指路，近两年崛起的新秀赵金成大师，祭出了金钩炮的冷门布局，打算出其不意，攻其不备。而王天一也许是出于策略上的考虑，为避开黑方事前的准备，选择了飞右相。可谓高手善变！一般多走相七进五避开黑炮锋芒，显得更加稳正一些。

2. ………… 马8进7　　3. 炮二平四　…………

红方布起了先手反宫马的基本阵形，是发展先手较好的步调，红如正常走马二进三，则卒7进1，以下因黑有金钩炮的原因，红方左正马不能顺利跳起，红棋不畅。

3. ………… 车9平8　　4. 马二进三　卒7进1

5. 马八进七　　象3进5

当前局面下，黑方补哪个象都不容易协调好阵形，补左象显得右翼子力过于拥塞，实战中补右象则定型嫌早易受攻击。此时可以考虑走炮2进4加强反击。

6. 炮八平九　…………

好棋！给黑方右翼施压。

6. ………… 马2进1

跳马后造成子力拥挤不堪。目前还是走士4进5静观其变为好，以下红车九平八，则马2进4，将来有炮3退2调整阵形的机会。

7. 兵九进一　…………

从局部来看这步进边兵也是好棋，一是控制黑方边马，二是树立边兵优势。另一紧凑的着法是车九平八亮车。

7. ………… 车1平2　　8. 车九平八　卒3进1

红方亮车无可厚非。另一种进攻方案是炮九平八，车2平3，兵九进一，卒1进1，车九进五，红方大出车后可直接给黑方施加压力。黑方想借此疏通子力，除此也没有更好的方法。

9. 兵七进一　炮3进5

黑直接换马不合时宜。不如先走象5进3消掉红兵，伺机而动，可有更多回旋余地。

10. 炮四平七　象5进3　　11. 车一进一　象7进5

黑方联象想固守待变，但稍显保守。应改走车8进5使左车及时参入战局，要明显好于实战。

12. 车一平四　炮2平3　　13. 车八进九　马1退2

14. 炮七平六　炮3退2

黑棋退炮无助于防守，不如改走马2进1正常出子为好。

15. 车四进六　炮3进2　　16. 车四退三　炮3退2

17. 车四进三　车8平7

双方经过几手相互试探意图，现黑方主动选择变着为平车保马，打算右马正起加强防御。如仍走炮3进2，则车四退三，炮3退2，红可炮九进四，多兵亦优。以下红方紧握战机，塞炮象眼，直接发动了攻击。黑方局面更加艰难。

18. 炮六进四　将5进1　　19. 炮六进一（图147）…………

红方接连两手推炮助攻，直点黑棋要害，恰到好处！也许是在重压之下，黑方有些急躁了。无暇细算下决定跃马反扑，结果造成右马被擒的局面。如图147所示，黑应该走炮3进2，尚不致失子。

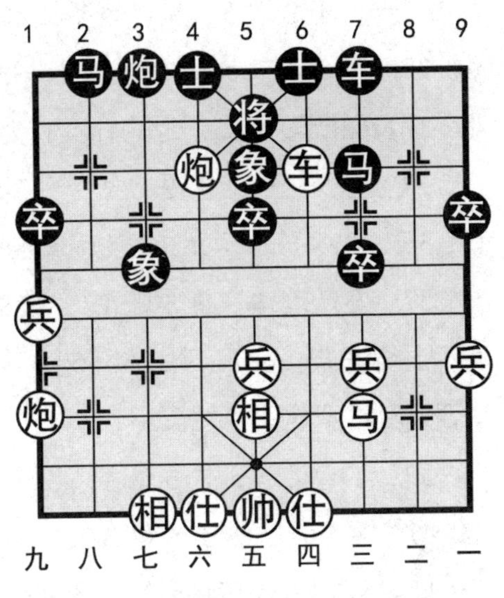

图147

19. …………　马7进8

20. 车四平二　马8进7

21. 车二进一　将5退1

22. 车二平八　…………

红平车扣死黑马，奠定了多子

的优势局面。由于是快棋，黑方还是继续顽强奋战。

22. ………… 卒7进1 23. 马三退二 …………

红方在时间紧张的情况下，走得也不够准确。应改走车八进一，不惧黑方进马反扑。黑如马7进9，则车八退八，卒7进1，马三退一，红方可从容化解黑方反击，之后可持多子优势步入胜局。

23. ………… 车7平8 24. 马二进一 炮3进9

25. 相五退七 马7进9 26. 炮六平八 …………

黑方在不利形势下，弈来十分顽强，尽可能给红方制造麻烦。红方平炮急于进攻，在已经得子的情况下似乎没有必要，还是应先仕六进五巩固后防为好。

26. ………… 马9进7 27. 帅五进一 车8进6

28. 炮八进二 象5退3 29. 车八退五 车8平9

30. 帅五平六 士6进5 31. 炮九进四 象3退1

黑方退边象虽能防住红炮下底，但使中路空虚。应该走象3退5，以下红仕六进五，则马7退8，炮九进三，车9退2，车八平六，马8退6，兵五进一，车9平3，黑有较多战术机会。

32. 仕六进五 卒7平6 33. 炮八退三 …………

红及时调转炮口，走的朴实有力。

33. ………… 卒5进1 34. 车八进二 卒5进1

35. 炮八平五 士5进6 36. 车八平六 卒5进1

37. 车六进四 将5进1 38. 车六退一 将5进1

上将无奈，如果下将，红炮九平八！黑有象无处飞，绝杀无解！初学者要尤其注意这类杀法。

39. 车六退一 将5退1 40. 车六进一 将5进1

41. 炮五退一 士6退5 42. 车六退二 …………

此时双方进入读秒阶段，红退车有点啰嗦。应改走炮九平五，将5平

6，车六退四，车9退1，后炮进三，击溃黑防线，红将锁定胜局。

42. ………… 车9退2　43. 车六平五　将5平6

44. 车五平四　将6平5　45. 车四平五　将5平6

46. 炮九退一　车9进3

黑看进车保卒也是苦守，索性弃掉过河卒，作背水一战。当然就棋而论，还是车9进1更为顽强。

47. 车五平四　将6平5　48. 车四平五　将5平6

49. 车五平四　将6平5　50. 车四退二　车9平3

51. 相七进九　车3退3　52. 炮五退一　车3平4

53. 炮五平六　卒5平4　54. 车四平三　…………

空着！应帅六退一，安定红帅更利于把控局面。

54. ………… 马7退6　55. 车三平五　将5平6

56. 车五平四　将6平5　57. 车四退一　车4进1

58. 车四平一　…………

双方时间极度紧张，都来不及细想了。红方此手应改走车四进三，黑如仍按实战着法，卒4平3，仕五进六，卒3进1，车四平五，以下黑如将5平6红可炮九平四，黑又如将5平4，红帅六平五，接近实战效果。

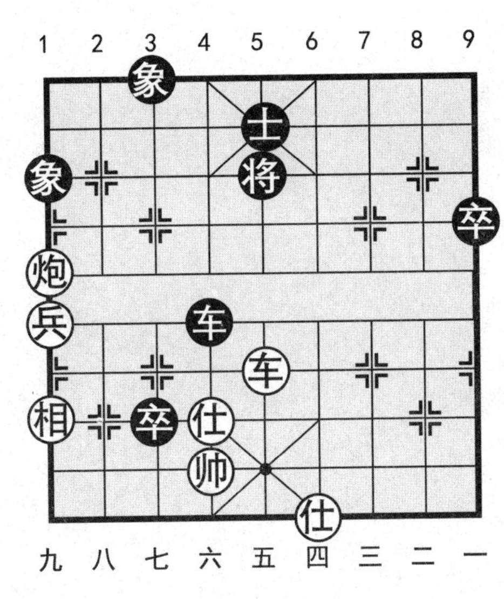

图148

58. ………… 卒4平3

59. 仕五进六　卒3进1

60. 车一平五（图148）

黑方经过顽强的奋战，终于赢得了转危为安的机会，但因时间紧张产生错觉痛失良机。如图148所示，黑应走将5平6，以下红只好帅六平五，则车4平6，这样双方将形成互有顾忌的对攻局面。

60. ………… 将5平4　　61. 帅六平五　卒3平4

最后的败着！应改走象1进3拦住红炮，延缓红方的进攻速度，将为自己赢得时间，红取胜还有很大难度。

62. 炮九平二　士5进6　　63. 兵九进一　将4退1

64. 兵九平八　卒9进1　　65. 兵八进一

黑由于时间紧张最终超时作负。红胜。

图书在版编目（CIP）数据

象棋特级大师讲布局．骗着与对策 / 阎文清，张强著．-- 北京 ：九州出版社，2017.6（2023.8 重印）
ISBN 978-7-5108-5395-1

Ⅰ．①象… Ⅱ．①阎… ②张… Ⅲ．①中国象棋－布局（棋类运动）Ⅳ．①G891.2

中国版本图书馆 CIP 数据核字（2017）第 128979 号

象棋特级大师讲布局．骗着与对策

作　者　阎文清　张　强　著
出版发行　九州出版社
地　址　北京市西城区阜外大街甲 35 号（100037）
发行电话　(010)68992190/3/5/6
网　址　www.jiuzhoupress.com
电子信箱　jiuzhou@jiuzhoupress.com
印　刷　三河市华东印刷有限公司
开　本　720 毫米 ×1000 毫米　16 开
印　张　24.75
字　数　320 千字
版　次　2017 年 8 月第 1 版
印　次　2023 年 8 月第 6 次印刷
书　号　ISBN 978-7-5108-5395-1
定　价　45.00 元